Erläuterung zum Übersichtsplan

Dieser gegenüberliegende Übersichtsplan veranschaulicht die Abfolge der Materialien in der didaktischen Leiter. Bereiche, die in einem Feld mit dem gleichen Grünton liegen, können vom Kind weitestgehend parallel bearbeitet werden.

Innerhalb der Felder 1 und 2 ist bei der Abfolge Folgendes zu beachten:

Hat das Kind den Lernstand von Kapitel 1.3 erreicht, kann es im Zahlenraum 10 (1.4 bis 1.7) weiterarbeiten, oder zum Goldenen Perlenmaterial (Kapitel 2) wechseln, weil es jetzt die Voraussetzungen dafür hat. Es kann von hier weg in beiden Bereichen tätig sein.

Das Gleiche gilt für das Kleine Einmaleins (Kapitel 7). Das Kind soll sich zuvor im Zahlenraum 100 (Kapitel 6.3) eingearbeitet haben.

übersichtsplan

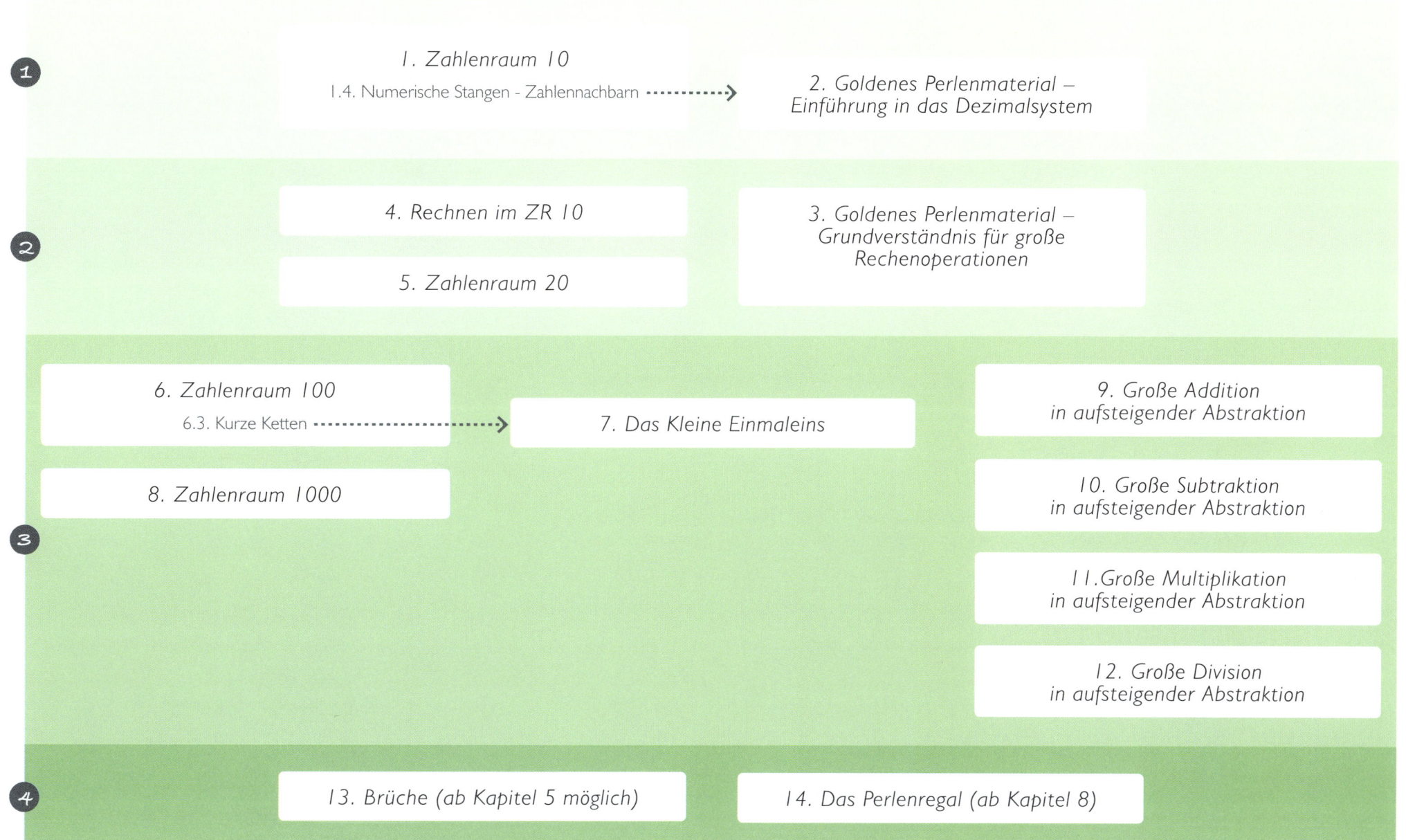

1

1. Zahlenraum 10

1.4. Numerische Stangen - Zahlennachbarn ·····►

2. Goldenes Perlenmaterial –
Einführung in das Dezimalsystem

2

4. Rechnen im ZR 10

5. Zahlenraum 20

3. Goldenes Perlenmaterial –
Grundverständnis für große
Rechenoperationen

3

6. Zahlenraum 100

6.3. Kurze Ketten ·····►

7. Das Kleine Einmaleins

8. Zahlenraum 1000

9. Große Addition
in aufsteigender Abstraktion

10. Große Subtraktion
in aufsteigender Abstraktion

11. Große Multiplikation
in aufsteigender Abstraktion

12. Große Division
in aufsteigender Abstraktion

4

13. Brüche (ab Kapitel 5 möglich)

14. Das Perlenregal (ab Kapitel 8)

Vorwort

Die Materialien sind ein eindeutiges Erkennungszeichen, durch sie sind Montessori-Einrichtungen auf der ganzen Welt unverwechselbar. Es wäre aber ein Trugschluss, zu meinen, dass allein das Material die Pädagogik mache.

Es sind

· die respektvolle Haltung des Erwachsenen dem Kind gegenüber,
· seine Fähigkeit zu beobachten und die richtigen Schlüsse daraus zu ziehen,
· die Ordnung und
· die sichere, soziale Atmosphäre.

Sie schaffen den Rahmen, in dem das Material erst seine Bildungswirkung entfalten kann.

Wie dieses pädagogische Wirkungsfeld entwickelt werden kann, vermitteln die Literatur zur Montessori-Pädagogik und vor allem die Ausbildungslehrgänge. Ihre besondere Aufgabe liegt in der Verknüpfung der theoretischen Grundlagen mit der konkreten Praxis.

Dieses Buch widmet sich der Arbeit mit den Mathematischen Materialien Montessoris.
Es soll Ihnen als Leserin und Leser den Zugang dazu erleichtern, im Lehrgang ein hilfreicher Begleiter sein und nicht zuletzt bei der Arbeit mit den Kindern einen sicheren Rahmen bieten.

Wilhelm Weinhäupl und Maria Neuhauser

Ein Dankeschön!

Bilder sprechen mehr als tausend Worte. Sie sollen als „Seele" des Buches einen guten Überblick und eine rasche Orientierung ermöglichen. Dass das gelungen ist, danken wir der Mithilfe von Ingrid Laube, ihrer Ausdauer, Geduld und Akribie.

Danken möchten wir auch den Pädagoginnen, Eltern und Kindern, die uns gestattet haben, Fotos aus der pädagogischen Praxis mit aufzunehmen.

Nicht zuletzt ein Danke den guten, kritischen Geistern, für ihren Blick auf das Detail, und ihre hilfreichen Rückmeldungen. Danke an Birgit Moritz und Helmut Deußner.

Die Leiterin

Wir haben uns entschieden, so wie im ersten Band, den/die handelnde/n Erwachsenen als Leiterin zu bezeichnen. Leiterin, weil diese Bezeichnung die Rolle treffend charakterisiert und die weibliche Form, weil in der Montessori-Praxis überwiegend Frauen tätig sind. Natürlich sind immer auch die männlichen Pädagogen gemeint.

Dr. Wilhelm Weinhäupl

Volks- und Hauptschullehrer

Professor an der Pädagogischen Akademie des Bundes in Salzburg

Wichtige Lernerfahrungen während der zwanzigjährigen wissenschaftlichen Betreuung des Montessori-Standortes Liefering in Salzburg

Lehraufträge zur Didaktik der Mathematik an der Freien Universität Bozen

Schulbuchautor für Geographie und Wirtschaftskunde und Mathematik an der Volksschule

Dozent für Theorie, Kinderhaus und Mathematik in Montessori-Diplomlehrgängen

Leiter von Montessori-Diplomlehrgängen in Salzburg, Südtirol und Slowenien

Publikationen zur Reformpädagogik

Maria Neuhauser

Volksschullehrerin, unterrichtet derzeit eine jahrgangsgemischte Klasse an der VS 9 Wels Vogelweide

Leiterin von Montessori-Lehrgängen und Dozentin für Montessori-Pädagogik (Schwerpunkte: Theorie und Mathematik)

Tätigkeit in der Erwachsenenbildung

Referentin an der Pädagogischen Hochschule OÖ

Schulbuchautorin für Mathematik in der Volksschule

Wilhelm Weinhäupl und Maria Neuhauser
sind auch Autoren der Schulbuchreihe „Ich hab's!" für die Mathematik der Volksschule – Verlag Ivo Haas Salzburg. „Ich hab's!" ist durchgehend für selbsttätiges Lernen konzipiert und mit den Montessori-Materialien kompatibel.

Einleitung

Was macht die Montessori-Mathematik so besonders?

Nie hätte ich zu Beginn meiner beruflichen Laufbahn gedacht, dass ich einmal bei der Mathematik landen würde.

War doch die Wahl meiner ersten Studienfächer - Englisch und Geographie - unter anderem dadurch bestimmt, dass sie nicht zu nahe an der Mathematik liegen durften.

Mathematik, ein staubiger Exerzierplatz, abgeschnitten vom Leben, voll mit Drill und nur halb Verstandenem.

Dass sich meine Sicht allmählich ins gerade Gegenteil gewandelt hat, verdanke ich Montessori und der Art, wie sie die Mathematik für Lernende greifbar macht.

„Hätte ich doch als Kind schon so lernen und verstehen dürfen, mein Weg durch die Schule wäre ein anderer gewesen." Dieser Seufzer entschlüpft regelmäßig LehrgangsteilnehmerInnen, wenn beim Arbeiten mit einem Material bisher Unverstandenes plötzlich klar und verständlich wird.

Montessoris Mathematik, eine Folge der anderen Sicht des Kindes

Zuallererst ist es die andere Sicht des Kindes und das fundamental richtige Verständnis davon, wie Lernen funktioniert. Im Mittelpunkt steht das Kind, ein Individuum, von Grund auf interessiert und zutiefst motiviert. Es möchte sich die Welt und das Wissen über sie selbständig und höchst aktiv aneignen.

Montessori sieht im Kind kein passiv erduldendes Wesen, dem Stoff beigebracht werden muss, der dann so lange zu üben ist, bis er sitzt. Sie sieht im Gehirn viel mehr als nur eine Vorratskammer zur Lagerung von Wissen für späteren Gebrauch.

Das Kind (und auch der Erwachsene) lernt unmittelbar, es geht an die Sachen heran, sucht Erfahrungen über die Sinne, probiert und handelt. So konstruiert es sein Wissen von der Welt.

Ein Kind kann gar nicht nicht lernen. Lernen läuft einfach mit, ist ein natürlicher Teil des alltäglichen Verhaltens.

Tritt jedoch das absichtsvolle, schulische Belehrtwerden in sein Leben, so ändert sich das Befinden meist schlagartig. Lernen wird mühevoll.

Es liegt nicht nur daran, dass dieses „andere" Lernen von außen gesteuert und der eigene Lernfortschritt an anderen gemessen wird. Ein wesentlicher Grund dürfte sein, dass schulisches Lernen meist dort einsetzt, wo Montessori den Endpunkt sieht: Die Arbeit mit Symbolen, mit Regeln und abstrakten Modellen.

Der Weg zum Verstehen

Montessori-Kinderhäuser und -Schulen unterscheiden sich in Inhalten und Zielen nicht grundsätzlich von lehrplangebundenen Einrichtungen. Auch unter der Leitung von Montessori-Pädagoginnen sollen Kinder das Lesen, Schreiben und Rechnen lernen und zum Staunen über die Welt, zum Forschen und Wissen über sie gelangen.

Aber der Weg dorthin und seine Wirkung auf die Lernenden sind anders.

Am Beispiel der Mathematik möchte ich das verdeutlichen.

Seien es der Satz des Pythagoras oder die simple Addition $5 + 2 = 7$, immer sind es Elemente, die in eine Beziehung zueinander gebracht werden.

Einmal sind es die Quadrate über den Katheten, die im rechtwinkeligen Dreieck zum Quadrat über der Hypotenuse in der besonderen Beziehung der Gleichheit stehen, bei der Addition sind es zwei Zahlen, die, wenn man sie zusammen fügt, die Zahl sieben ergeben.

Immer wählt Montessori den gleichen Weg. Sie verdinglicht (materialisiert) die Elemente.

So können die Quadrate über den Seiten des Dreiecks mit Metallplättchen gelegt und die Addition mit Perlenstäbchen gelöst werden. Die Materialien dienen jedoch nicht vordergründig der Veranschaulichung, es ist die Handlung, in der sich die bedeutsame Beziehung erschließt.

Durch sie nimmt der Gedanke Gestalt an und in ihrer Wiederholung klärt und festigt er sich.

Es ist die Aufgabe der Leiterin, in der Einführungslektion die jeweiligen Elemente zu benennen und in einem präzise durchgeführten Handlungsablauf, der „Lektion", dem Kind die Beziehung zwischen den Elementen zu verdeutlichen. Sie fügt zusammen, nimmt weg, verteilt, misst, … und stellt das Ergebnis fest.

Begreifen durch konzentriertes Tätigsein

Damit ist der Anstoß für das Kind gegeben, sich in die Sache zu vertiefen.

In einem ersten Schritt imitiert es oft nur die Handlungen, die es bei der Leiterin beobachtet hat. Es tut so, als würde es dividieren, es spielt Rechnen, vorerst noch ohne tieferes Verständnis.

Rasch tritt es jedoch in die Phase des Überlegens ein. Die erinnerten Handlungsschritte werden mit Verständnis hinterlegt, das Kind rekonstruiert, es bringt den Ablauf in einen sinnvollen Zusammenhang.

Dieser Ordnungs- und Klärungsprozess, in dem vom Kind sein inneres Denken und sein äußeres Handeln in Einklang gebracht werden, zieht es in eine Phase der tiefen Konzentration. Von Montessori als Polarisation der Aufmerksamkeit beschrieben ist dieser Prozess der zentrale und wirksamste Moment im Selbstbildungsprozess des Kindes!

In der Polarisation der Aufmerksamkeit reift die Rekonstruktion zur inneren Konstruktion.

Diese ist losgelöst von der ursprünglichen Handlung und steht dem Kind als Denkmittel bei der Lösung von mathematischen Problemen und dem Modellieren von Sachsituationen zur allgemeinen Verfügung.

Das Ziel ist die Abstraktion, das hantierende Rechnen der Weg dorthin.

Verstehen ist nicht teilbar, braucht Zeit und individuelle Erfahrung

„Nur in Verbindung mit der freien Hingabe an die Arbeit wird sich der Charakter dieses Materials voll auswirken können und ein mathematisches Denken heranreifen." (Helming 1997, 117.)

Das Heranreifen des mathematischen Denkens verläuft höchst individuell, es kann weder auf mehrere Kinder aufgeteilt noch darf es zeitlich komprimiert werden. Jedes Kind braucht sein persönliches Quantum an konkreten Handlungserfahrungen, bis es eine mathematische Operation denken und in Symbolen repräsentieren kann.

Aus dieser Sicht kann Lernen, das zum sicheren Verstehen führt, gar nicht anders als individuell gestaltet und organisiert werden. Lernen im Sinne Montessoris braucht die offene Organisationsform der Freiarbeit.

Aufbau des Materials und Abfolge der Lernschritte

So, wie in der Mathematik die Zahlenräume kontinuierlich aufeinander aufbauen und die Operationen an Komplexität zunehmen, folgen auch die Montessori-Materialen einem hierarchischen Aufbau.

Anders als sonst oft üblich, wird bei Montessori jedoch das mathematische Feld nicht kleinschrittig erweitert. Sie bietet dem Kind von Beginn weg Sinneinheiten und größere Zusammenhänge, also ein Ganzes an. Bei einer Materialeinführung begegnet das Kind einem vollständigen Gefüge, z.B. dem Zahlenraum Zehn oder dem Dezimalsystem. Es kann Details aus diesem Zusammenhang herauslösen und auch dorthin zurück ordnen.

Hier manifestiert sich wohl auch die Sicht Montessoris auf das Kind. Ihm wird Gesamtheit zugetraut und zugemutet. In der Zusammenschau wird das Detail leichter verständlich und Regelhaftigkeiten treten klar hervor.

Die aufsteigende didaktische Leiter, nach der die Materialien geordnet sind, folgt jedoch nicht der simplen, linearen Abfolge der Zahlenräume, sondern dem Aufbau tragender Strukturen. Diese Ordnung macht es möglich, dass Kinder schon, nachdem sie im Zahlenraum 10 zählen, auch mit Tausenderzahlen handelnd rechnen können. So können Bereiche, die ansonsten zeitlich starr aufeinander folgen, parallel bearbeitet werden.

Um diese Struktur sichtbar zu machen, sind diese Materialien – Montessori nennt sie Parallelmaterialien – im Übersichtsplan und im Inhaltsverzeichnis im gleichen Grünton zusammengefasst. Durch die Parallelmaterialien erweitert sich für das Kind das Spektrum der Wahlmöglichkeiten beträchtlich.

Vom Zählen zum Rechnen

Schon früh, meist im häuslichen Umfeld, setzt das Kind durch Zählen seine ersten Schritte in die Mathematik. Zählend vergleicht es die Mächtigkeit von Mengen und löst Rechnungen, indem es vorwärts und rückwärts zählt. Diese zählende Strategie ist eine Durchgangsphase. In ihr sollte das Kind nicht zu lange verharren, da sie auf längere Sicht in eine fatale Sackgasse führen würde.

Auch bei Montessori bewältigt das Kind seine ersten mathematischen Aufgaben durch Zählen.

Das menschliche Gehirn jedoch ist ein Organ, das darauf ausgelegt ist, aus jeweils Konkretem Allgemeines zu extrahieren. Es überwindet von sich aus das zählende Rechnen, weil neue Einsichten zu einfacheren Verfahren und schneller zu Ergebnissen führen.

In der Regel vollzieht das Kind diesen Schritt von alleine. Die Materialien, die ja zu abstrahierende Zusammenhänge materialisieren, erleichtern diesen Prozess. Wenn notwendig begleitet die Leiterin das Kind durch richtige Fragen und Hinweise darauf, was im Material zu erkennen und in der Handlung zu erfahren ist.

Montessori-Mathematik - ist sie noch zeitgemäß?

Aus der Sicht der heutigen Didaktik hält die Montesssori-Mathematik einer kritischen Überprüfung nicht nur Stand, ihr methodischer Zugang wird durchgehend bestätigt. Um diesen Bezug herzustellen, werden im vorliegenden Buch, dort wo es hilfreich ist, Kapitel oder Materialien auch aus dieser aktuellen Perspektive erläutert.

In einigen Bereichen wie zum Beispiel der Nutzen der Kraft der Fünf oder die Arbeit mit den Kernaufgaben im Kleinen Einmals und ähnlichem, war es, da sich diese nahtlos in Montessoris Konzept einfügen, naheliegend, sie als sinnvolle und hilfreiche Erweiterungen anzufügen.

Die Erweiterungen bzw. Fortführungen sind im Inhaltsverzeichnis als solche gekennzeichnet.

Die Aufgaben der Leiterin

Mit der Ausstattung und Gestaltung der vorbereiteten Umgebung schafft die Leiterin einen didaktisch aufgeladenen Raum in dem das Kind durch konzentrierte Aktivität seinen mathematischen Geist entwickeln kann.

Das Montessori-Material zur Mathematik:

Am Beginn steht die Auswahl der Mathematik-Materialien. In nach Jahrgängen geführten Klassen oder in Kindergartengruppen bilden jene Materialien, die dem Alter der Kinder entsprechen den Schwerpunkt. Hier sollte die Bandbreite jedoch auf keinen Fall zu eng gewählt werden, da die Kinder in ihrer Entwicklung und ihren Interessen oft weit auseinander liegen. In Klassen die drei oder mehr Jahrgänge umfassen, ist es sinnvoll, den gesamten Kanon an Mathematik-Materialien bereit zu stellen.

Die Anordnung der Materialien in den Regalen ergibt sich aus den einzelnen didaktischen Bereichen bzw. ihrer Abfolge in der aufsteigenden Komplexität.

Angebote zum Üben:

Die Nachhaltigkeit der am Material erworbenen mathematischen Einsichten und Kenntnisse ist weitgehend abhängig von der Qualität und Regelmäßigkeit der daran anschließenden Übungen. Es ist nicht die Fülle, die in Zeiten der schier unbegrenzten Downloadmöglichkeiten die Kinder zu überfluten droht, sondern vielmehr die Konzentration auf die Etablierung eines tragfähigen Wissensbestandes.

Im vorliegenden Buch wurde Wert darauf gelegt, herauszuarbeiten, was dauerhaft als Wissen erhalten und als Können zur Verfügung stehen soll.

An viele Materialien schließen unmittelbar Angebote zum schriftlichen Weiterarbeiten an. Sie stehen den NutzerInnen dieses Buchen auf *www.montessori-ausbildung.at* als Download kostenlos zur Verfügung.

Nicht zuletzt gehören in die vorbereitete Umgebung Materialien, Karteien und Bücher, wo das Kind Möglichkeiten findet, seine mathematischen Kompetenzen in der Bearbeitung von Sachaufgaben und oder der Lösung von Problemen zu erproben.

Die Leiterin als Bindeglied zwischen dem Kind und dem Material:

Montessoris Verständnis vom Lernen bewirkt eine radikale Verschiebung der Aktivität hin zum Kind. Jedoch dem Kind erschließt sich in der Regel das Material nicht von selbst. Es braucht die Leiterin, die durch eine Lektion das Kind mit den Handlungsmöglichkeiten bekannt macht. Ihre Aufgabe ist, das Interesse zu wecken und das Rad der kindlichen Aktivität in Schwung zu setzten. Dann beobachtet sie, versucht zu erkennen, welche geistigen Mittel das Kind nutzt bzw. gerade im Begriff ist zu entwickeln.

Nach getaner Arbeit versucht sie gemeinsam mit dem Kind das Geschehene in Worte zu fassen, das hilft ihm, sich des Gehalts seiner Arbeit bewusst zu werden .

Aus der Reflexion können dann Angebote für die Arbeit auf der Stufe der nächsten Entwicklung folgen.

Zusammenschau

„Wenn das Werk des Menschen auf dieser Erde mit seinem Geist, seiner schöpferischen Intelligenz verbunden ist, müssen Geist und Intelligenz den Mittelpunkt der individuellen Existenz und aller Funktionen des Körpers bilden." (Montessori, Das kreative Kind, 1972, 56.)

Zur Erfüllung dieser Bestimmung des Menschen leistet die Mathematik einen nicht unerheblichen Beitrag. Dies gelingt umso besser, je mehr das Kind im Zentrum des Lernprozesses stehen kann, und ist weitgehend von der planerischen, didaktischen, diagnostischen und reflexiven Kompetenz der Leiterin bestimmt. (Vgl. Lipowsky 1999, 224.)

Ich hoffe, wir können mit diesem Buch dazu einen hilfreichen Beitrag leisten.

Wilhelm Weinhäupl

Literatur:

HELMING, HELENE:
Montessori-Pädagogik.
Ein moderner Bildungsweg in konkreter Darstellung.
Freiburg: Herder, 17. Auflage 1997

MONTESSORI, MARIA:
Das kreative Kind. Der absorbierende Geist.
Hrsg. und eingeleitet von Paul Oswald und Günter Schulz-Benesch. Freiburg: Herder, 4. Auflage 1972

LIPOWSKY, FRANK:
Offene Lernsituationen im Grundschulunterricht.
Eine empirische Studie zur Lernzeitnutzung von Grundschülern mit unterschiedlicher Konzentrationsfähigkeit.
Frankfurt a. M. , 1999

1. Zahlenraum 10

Bereits bei den Übungen des praktischen Lebens und der Arbeit mit den Materialien zur Schulung der Sinne ist das logisch-mathematische Denken des Kindes gefordert.

Beim Schütten erzeugt es Ungleichheit und Gleichheit. Beim Öffnen und Schließen der Rahmen erlebt es, dass Handlungen umkehrbar sein können. Es setzt sich mit der Invarianz von Mengen auseinander und lernt, sich in sachlogisch richtiger Abfolge an Ziele heranzuarbeiten.

Schon bei den Sinnesmaterialien ist der Zahlenraum 10 präsent. Aber lange bevor gezählt und gerechnet wird, entwickelt das Kind grundlegende mathematische Denkfiguren. Es ordnet Materialien aufsteigend oder absteigend, es setzt begonnene Baumuster fort oder besser noch, es erfindet selbst neue. Gleichheit, Ungleichheit, die Beziehung „größer als / kleiner als" und Nachbarbeziehungen, werden gedacht, gelegt und sprachlich gefasst.

So begegnet das Kind schon im Kinderhaus dem Zahlenraum 10 als einem ganzheitlichen Beziehungsgefüge. Zwar wechselt seine Erscheinungsform, einmal Rosa Turm, dann Rote Stangen, ... die innere Struktur bleibt jedoch immer die gleiche.

Mit den Numerischen Stangen macht das Kind den ersten Schritt aus der vorzahligen Mathematik in die Welt der Zahl.

1.1. Numerische Stange - Zählen

1. Tragen – Ordnen

· einzeln zum Teppich tragen
· ohne Ordnung ablegen
· linksbündig graduieren
· der Länge nach über jede Stange streichen
· mit der Hand die Stufen nachspüren

Hinweis:

Wie bei den roten Stangen werden die Numerischen Stangen einzeln zum Teppich getragen.

Durch das Tragen zwischen den Handflächen verändert sich die Spannweite und das Muskelgedächtnis registriert einprägsam die Veränderung der Länge in Schritten von jeweils 1 Dezimeter.

Aus der Unordnung am Teppich ordnet die Leiterin mit dem Kind die Stangen linksbündig von lang nach kurz.

Damit das Kind die verschiedenen Längen nicht nur mit dem Auge wahrnimmt, wird mit der Hand jede Stange der Länge nach in Schreibrichtung entlang gestrichen.

Ziel: Entwicklung des Zahlbegriffs im Zahlenraum 10

Warum wählt Montessori für den Einstieg Stangen, also eine „gebundene" Menge?

„Werden zum Zählen kleine Gegenstände benutzt, ganz gleich welcher Form, nehmen wir einmal an, kleine Würfel, warum sagt man dann eins, wenn der erste hingelegt wird, und zwei, wenn ein weiterer dazukommt und so fort? Das kleine Kind neigt dazu, eins im Zusammenhang mit jedem neu hinzugefügten Gegenstand zu sagen, also: eins, eins, eins, eins, eins anstatt: eins, zwei, drei, vier, fünf. ... Das Zusammenfassen von Einheiten, die in Wirklichkeit getrennt sind, zu einem Ganzen ist eine für das Kind zunächst nicht erfassbare geistige Arbeit."

Die Entdeckung des Kindes, Maria Montessori - Gesammelte Werke, Bd. 1
Hrg. H. Ludwig, Herder 2010, S. 30

Wenn das Kind die kürzeste Stange (die Eins) Kontrolle gehen lässt, manifestiert sich eine fundamentale Gegebenheit, nämlich dass der Unterschied zwischen benachbarten Zahlen immer der gleiche ist, und zwar eins!

Fehlt dem Kind diese Gewissheit, bleibt sein mathematisches Gebäude instabil und brüchig.

Im nächsten Schritt werden die Abschnitte der Stangen gezählt. Ab dann stehen die Stangen für Zahlen.

2. Die kürzeste Stange geht Kontrolle

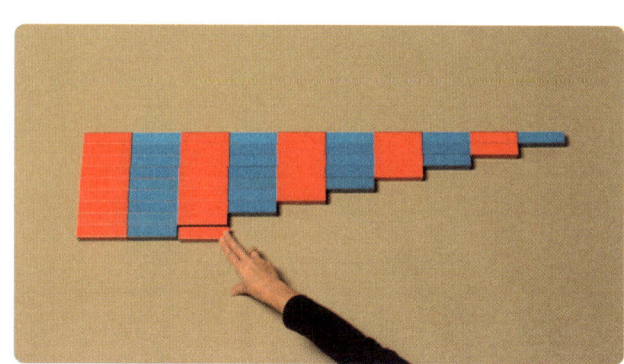

Von den Roten Stangen her weiß das Kind, wie es mit der Kürzesten überprüfen kann, ob es richtig graduiert hat.

Es lässt die kürzeste Stange „Kontrolle" gehen.

3. Wortlektion – Zählen

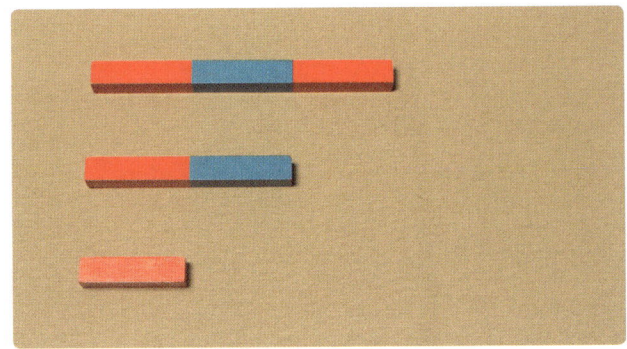

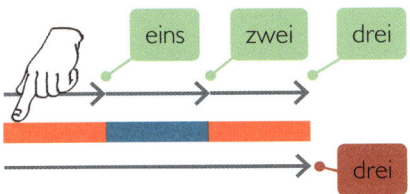

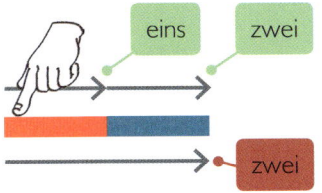

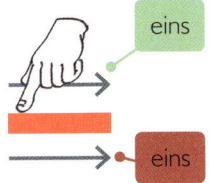

Wortlektion:

Die Leiterin wählt mit dem Kind drei Stangen (in der Regel 1, 2 und 3).

1. Stufe:

Zuerst streicht sie über die rot/blauen Abschnitte einer Stange und zählt dazu synchron. Anschließend streicht sie in einem Zug über die gesamte Stange und nennt die Zahl. Das macht sie bei jeder Stange. *„Eins - eins"*, *„Eins, zwei – zwei"* …

2. Stufe:

„Zeig mir Stange 3. - Lege die Stange 2 vor den Teppich. - …"

3. Stufe:

„Welche Stange ist das?"

Das Kind soll dabei nicht nur die Stange benennen sondern auch über die Abschnitte streichen und sie dabei zählen. Dann nochmals in einem Zug über die ganze Stange streichen und die Zahl nennen.

So können alle Stangen der Reihe nach eingeführt werden.

Zählen - diese elementare Fähigkeit ist komplexer als man annehmen möchte.

a) Schrittweises Zählen

Die Mächtigkeit einer Menge kann, wenn sie kleiner ist, auf einen Blick (simultan), oder, wenn sie größer ist, durch schrittweises Zählen erfasst werden.

Schrittweises Zählen ist ein Zusammenspiel von zwei Fähigkeiten. Das Kind muss dabei die Zahlwortreihe richtig aufsagen und synchron dazu in gleichen Schritten, auf die einzelnen Elemente zeigen (bei losen Mengen verschieben, weglegen, ….). Dies gelingt kleinen Kindern meist nicht

auf Anhieb. Es lässt sich beobachten, dass es nach einigen Zählschritten seinem Impuls, die Zahlwortreihe ganz rasch aufzusagen nachgibt, und die Hand den Zahlworten nicht mehr folgen kann.

Nach dem Zählen über **die ganze Stange streichen und nochmals das Zahlwort nennen**.

Diese beinahe beiläufige Bewegung vermittelt dem Kind, dass die ganze Stange die Zahl repräsentiert und nicht nur ihr letzter Abschnitt.

Bei der Dreierstange ist der letzte Abschnitt der Dritte (der ordinale Aspekt einer Zahl), die ganze Stange steht für die Menge drei (der kardinale Aspekt einer Zahl). Montessori beugt der Gefahr der Verwechslung dieser beiden Aspekte vor, indem das erste Zählen an einer **gebundenen Menge** geübt wird. Das Kind kann gar nicht in Versuchung kommen, den dritten Abschnitt „alleine" zu holen, wenn es aufgefordert wird, die Drei(erstange) auf den Tisch zu legen, was bei losen Mengen durchaus vorkommen kann.

b) Simultanes Zählen

Im täglichen Leben spielt das simultane Zählen eine wichtige Rolle. Mengen bis fünf können ohne schrittweises Zählen, also auf einen Blick, erfasst werden. Diese Fähigkeit soll genutzt und gefördert werden.

Oft scheint es, als ob man auch Mengen, die größer sind als fünf, simultan erfassen könnte. Dahinter steht jedoch ein blitzschnelles Erfassen und Addieren von Teilmengen.

Es handelt sich also um ein **quasisimultanes Zählen**.

Sicher haben Sie die Anzahl der Kreise erfasst, ohne sie einzeln zu zählen. Welche Teilmengen haben sie gesehen? Bei Mengen von sechs bis zehn ist das quasisimultane Zählen besonders nützlich.

1.2. Sandpapierziffern - Ziffern lesen und schreiben

Wortlektion zur Einführung der Ziffern

Die Leitern lässt das Kind drei Ziffern auswählen, die es kennen lernen möchte.

1. Stufe:

Die Leiterin spurt eine Ziffer mit Zeige- und Mittelfinger nach und nennt den Namen. „Drei."

Dann soll das Kind ebenso die Ziffer nachfahren und ihren Namen nennen. Genauso verfährt man bei der zweiten und dritten Ziffer.

2. Stufe:

Die Leiterin nennt eine Ziffer. Das Kind soll sie finden und richtig nachspuren. Leiterin: „Zeig mir die Fünf."

3. Stufe:

Die Leiterin fragt das Kind nach den Namen der Ziffern. Leiterin: „Wie heißt die?"

Anschließend kann das Kind mit geschlossenen Augen Ziffern ertasten und benennen.

Ziel: Lesen und Nachspuren der Ziffern

· Nachdem das Kind gelernt hat, die Stangen abzuzählen, es also an einem konkreten Material einen ersten Begriff der Zahlen erworben hat, arbeitet das Kind mit der Ziffer, einem Symbol.

· Im Unterschied zu den Stangen, deren Längen es sehen und spüren kann, die es miteinander vergleichen und die es abzählen kann, stehen ihm bei den Ziffern diese sinnfälligen Informationen nicht mehr zur Verfügung.

· Die Bedeutung eines Symbols muss aus dem Wissen hergeleitet werden.

Hinweis:

Die Entscheidung, welche Ziffern es zuerst kennen lernen möchte, dem Kind zu überlassen, berücksichtigt das Interesse und den aktuellen Wissensstand.

Es ist lediglich darauf zu achten, dass die Wahl nicht auf drei sehr ähnliche Ziffern fällt.

Anmerkung:

Sandpapierziffern sind am Markt in verschiedenen Schreibweisen erhältlich. Bei Neuanschaffung wird empfohlen, die Schreibweise zu wählen, welche mit der gebräuchlichen Schulschrift ident ist.

· Auf diese Weise werden allmählich alle zehn Ziffern eingeführt.

· Auch zum oftmaligen Nachspuren und zum Schreiben motivieren.

· Wichtig ist, dass die Schreibrichtung eingehalten und der Bewegungsablauf gefestigt wird.

· Auch in der alltäglichen Umgebung Ziffern finden und benennen lassen.

1.3. Numerische Stangen und Ziffernbrettchen - die Ziffer wird zur Zahl

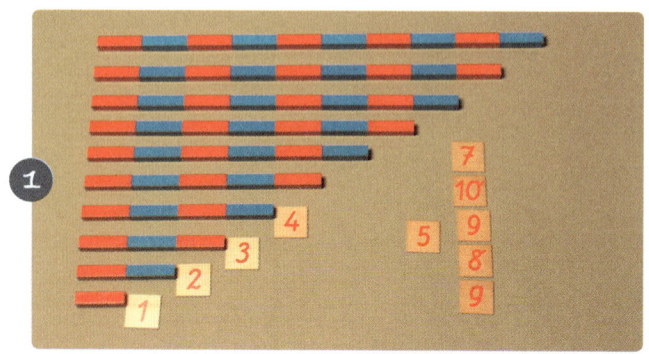

Die Stangen liegen in aufsteigender Reihe, die Ziffernbrettchen werden zugeordnet.

Nachdem das Kind die Ziffern kennen gelernt hat, werden für die weitere Arbeit die Ziffernbrettchen verwendet.

Die Kombination 1 und 0 ist neu. Das Kind muss mit der 10 bekannt gemacht werden.
„Zusammen bedeuten die Eins und die Null zehn."

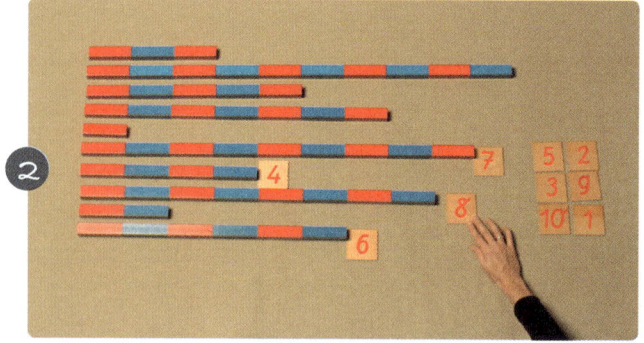

Die Stangen liegen ungeordnet.
Das Kind ordnet die Brettchen zu.

Ziffer – Zahl

Ziffern können als Zeichen in verschiedenen Bedeutungen Verwendung finden. Zum Beispiel:

· zum Ordnen (1., 2., 3., ...),
· zum Messen (3 Finger breit),
· zum Codieren (Pincode).

Steht hinter einer Ziffer die Bedeutung der Mächtigkeit einer Menge, so ist sie eine Zahl (eine Kardinalzahl).

In dem Augenblick, in dem das Ziffernbrettchen zu seiner Numerische Stange wandert, wird es zur Zahl, es steht für die Mächtigkeit einer Menge.

Weitere Übungen:

· In der aufsteigenden Ordnung Fehler einbauen (Brettchen vertauschen oder Stange mit Brettchen herausnehmen)
· Stangen mit Brettchen liegen ungeordnet, dabei Brettchen vertauschen
· Stangen im Raum verteilen, Brettchen vom Teppich aus zuordnen.

1.4. Numerische Stangen - Zahlennachbarn

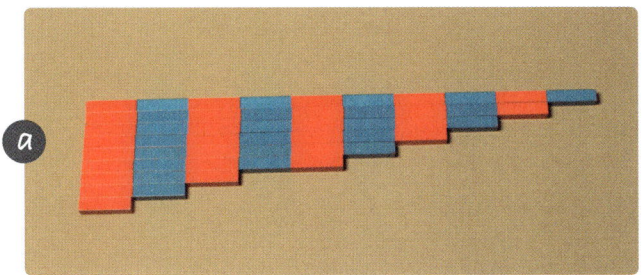

ⓐ Disharmonieübung
Die Leiterin bittet das Kind seine Augen zu schließen, dann nimmt sie eine Stange (und ein Brettchen) heraus und schließt die Lücke.

„Fällt dir etwas auf?" - „Welche Stange fehlt?" - „Zwischen welchen Stangen ist ihr Platz?" Kind benennt die Nachbarn.

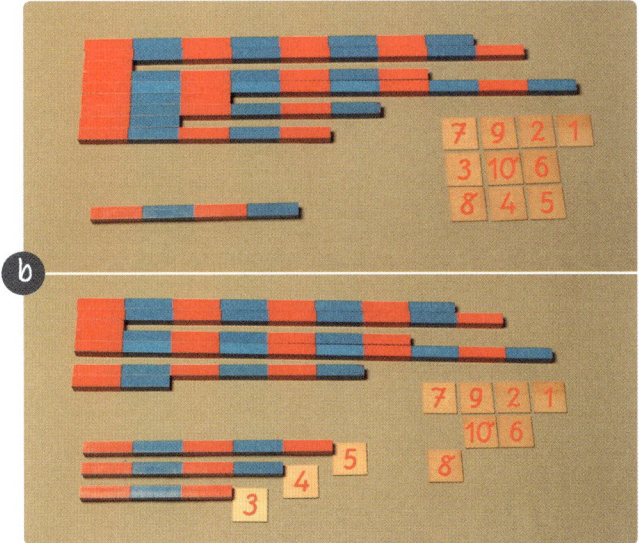

ⓑ Zahlenvorgänger und -nachfolger
Die Leiterin wählt aus der Unordnung eine Stange und lässt dann das Kind die beiden, die um 1 mehr bzw. 1 weniger sind, suchen, benennen …

„Welche Stange liegt hier?"
„Suche die, die um 1 länger ist."
„Suche die, die um 1 kürzer ist."

…und die Ziffernbrettchen zuordnen.

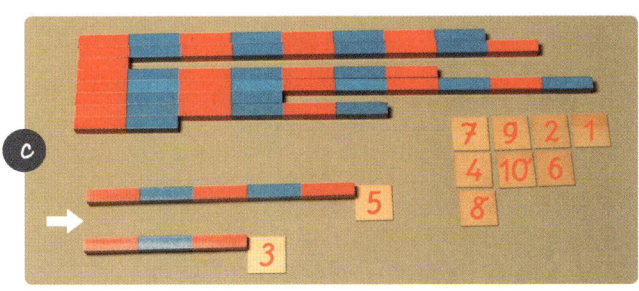

ⓒ Schließen auf die Lücke
Die Leitern wählt z.B die Stangen 3 und 5, dann lässt sie die dazwischen fehlende Stange suchen und benennen.
„Welche Stange gehört zwischen diese beiden?"

Gruppenübungen

· Ziffernbrettchen und Stangen werden verteilt. Die „Stangen-," und die „Brettchengruppe" stehen sich mit Abstand gegenüber. Die Ziffernbrettchen „rufen" ihre Stangen, indem sie die Brettchen hochhalten.

· Jedes Kind hat eine Stange, alle gehen im Raum umher. Auf ein Zeichen der Leiterin bilden sie rasch eine Reihe von 1 bis 10. Danach gehen sie wieder umher und tauschen die Stangen. Auf das Zeichen bilden sie wieder die Reihe.

Ziel:

Mit den Nachbarübungen soll das Kind dahin gelangen, dass es Fragen wie „Was ist um eins mehr als … ?" und „Was ist um eins weniger als …?" oder „Welche Zahl ist zwischen … und …?" ohne langes Nachdenken beantworten kann.

Sind die Nachbarn geläufig, ist der Schritt zu den +1 und -1 Aufgaben leicht gemacht. Mit ihnen beherrscht das Kind schon beinahe ein Viertel aller Aufgaben des Kleinen Einspluseins.

Die Nachbarübungen haben die gleiche Struktur wie Disharmonieübungen bei Roten Stangen.

· Jedes Kind bekommt eine Stange, zählt die Abschnitte und macht so viele Schritte nach vor und dann zurück, dabei zählt es jeweils vorwärts und rückwärts.

· Es zählt rückwärts und geht dabei zurück.

· Die Stange wird abgezählt indem die rechte und die linke Hand abwechselnd die Abschnitte greifen. Anschließend wird dann rückwärts gezählt und gegriffen.

· Die Zahl am Platz mit dem linken und dem rechten Fuß abwechselnd stampfen. Dabei kann einmal mit dem ersten, ein andermal mit dem zweiten Fuß fester aufgestampft werden.

· Es bilden sich zwei Gruppen:
Eine Gruppe, deren Stangen an einem Ende rot und am anderen Ende blau sind (2,4,6,8,10).
Eine Gruppe, deren Stangen an beiden Enden rot sind (1,3,5,7,9).
Die Gruppen stellen sich der Reihe nach auf.
Dann nennen die Kinder ihre Zahlen.

1.4.1. Numerische Stangen - Zahlen zerlegen und zusammensetzen

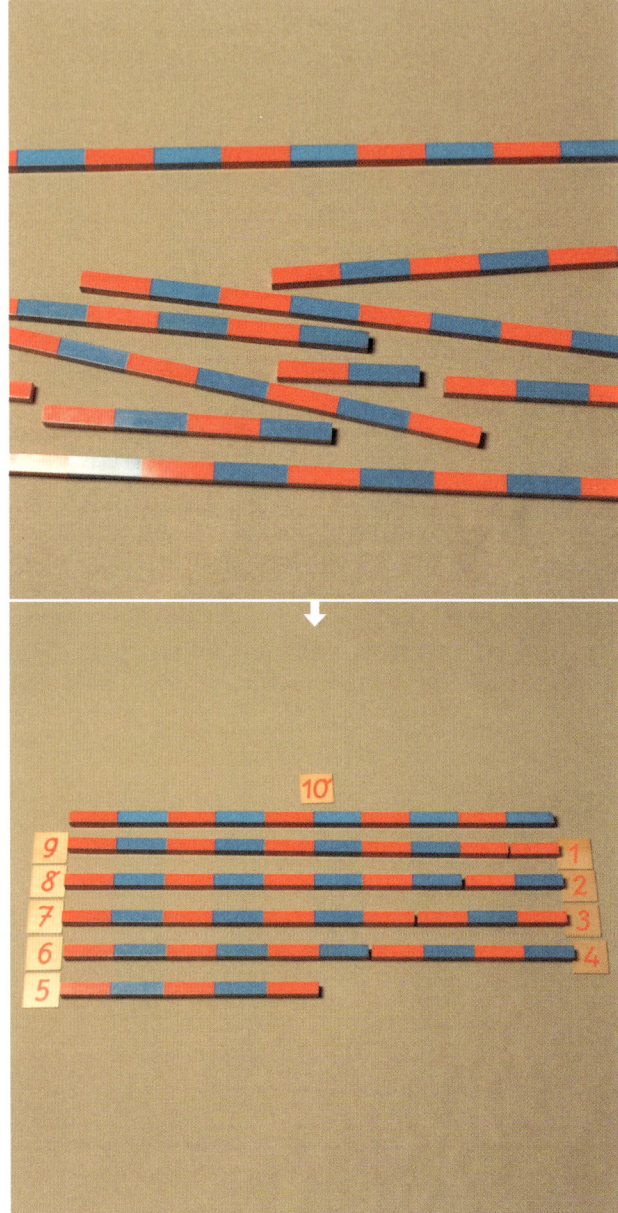

Die Zerlegung - Beispiel für die Zahl 10

Alle Stangen liegen ungeordnet auf dem Teppich:

Die Leiterin legt die 10 vor das Kind.
„Kannst du zwei Stangen finden,
die zusammen so lang sind wie die 10?"

Kind wird ermutigt alle Kombination zu finden.

Die Regelmäßigkeit der Zerlegungen wird besser sichtbar, wenn nach einem ersten Kombinieren die Zerlegungen auf- oder absteigend angeordnet werden.

Werden die Ziffernbrettchen dazu gelegt, begegnet das Kind zum ersten Mal den späteren Merkaufgaben zur Zahl 10.

Jede Zahl ist als Zusammensetzung aus anderen Zahlen zu verstehen.

Jede Zahl hat ihren Platz in der Zählreihe. Bleibt dieses Wissen um die Zahlen jedoch isoliert, so führt es in der weiteren Folge zum zählenden Rechnen.

Diese folgenschwere Sackgasse wird vermieden, wenn von Anfang an jede Zahl für sich nach ihren Beziehungen zu anderen Zahlen untersucht wird und diese Zusammenhänge allmählich zu einem festen Wissensbestand werden.

1.4.2. Numerische Stangen - die Reihenfolge vertauschen

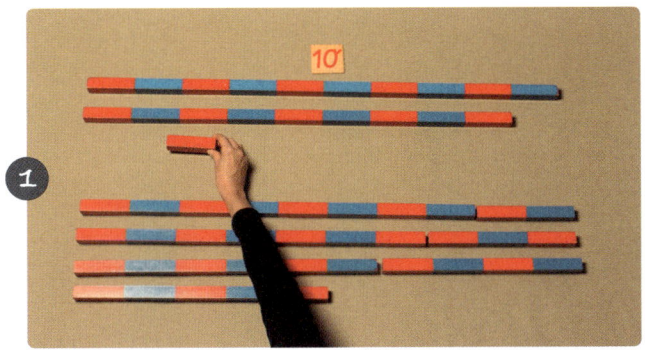

Die Zerlegungen der Zahl 10 liegen auf dem Teppich.

Die Leiterin streicht über die 9 und die 1 und spricht:
„9 plus 1 gleich 10."

Dann holt sie die 1 und schiebt sie vor die 9, streicht über die Stangen und spricht:
„1 plus 9 gleich 10"

Vertauschen:

Die Erfahrung, dass Zahlen in der Reihenfolge vertauscht werden können, ohne dass sich das Additionsergebnis ändert, ist besonders hilfreich, wenn es darum geht, die Zerlegungen der Zahlen im Zahlenraum 10 als Merkwissen zu verinnerlichen.

Versteht das Kind das Vertauschungsgesetz, so verringern sich die Merkaufgaben beinahe um die Hälfte.

10
$9 + 1 = 1 + 9$
$8 + 2 = 2 + 8$
$7 + 3 = 3 + 7$
$6 + 4 = 4 + 6$
$5 + 5 = 5 + 5$

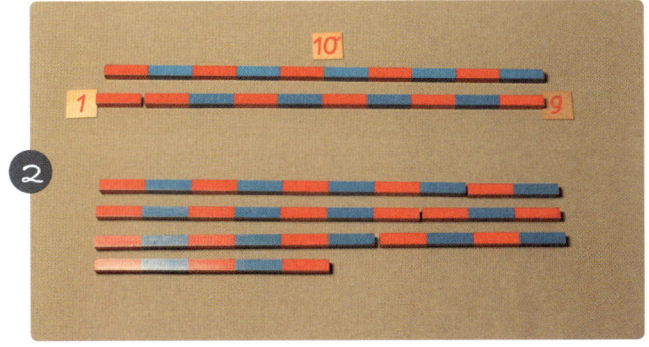

Das Kind soll bei allen Zerlegungen den Tauschvorgang auch selbst ausführen können.

Weiters macht das Kind bei den Zerlegungsübungen folgende mathematische Erfahrungen:

· Die Möglichkeiten, eine Zahl aus zwei anderen zu kombinieren, sind begrenzt.
Bei 5 gibt es nur $4 - 1$, $3 - 2$
(später kommt auch noch $5 - 0$ dazu).

· Jede Zahl, die kleiner als die zu zerlegende ist, wird gebraucht. Keine bleibt übrig, auch nicht bei den Verdoppelungen.

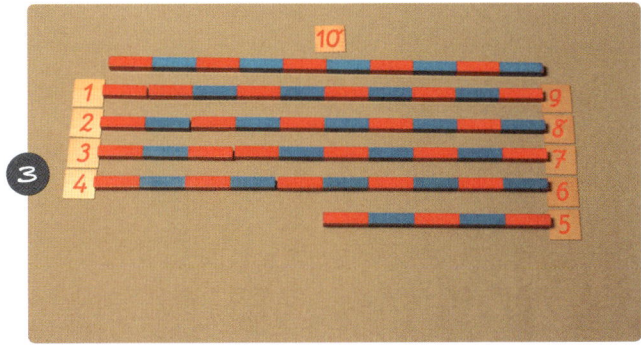

Auf diese Weise werden nach und nach alle Zahlen von 2 bis 10 auf ihre Zerlegungen untersucht.

1.4.3. Zusammengeben und Wegnehmen - Plus- und Minusaufgaben

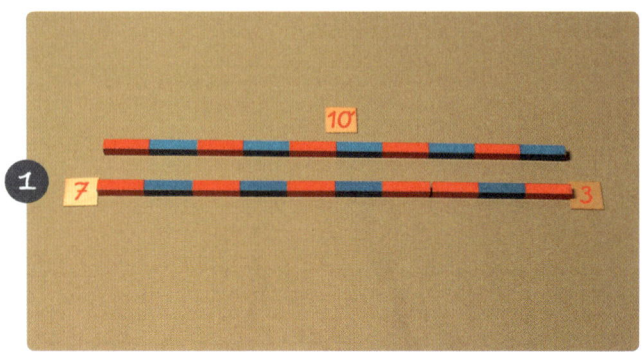

Leiterin: „Finde zwei Stangen, die zusammen 10 sind."

Das Kind legt eine Kombination.

Die Leiterin streicht über beide und spricht:
„7 plus 3 gleich 10."

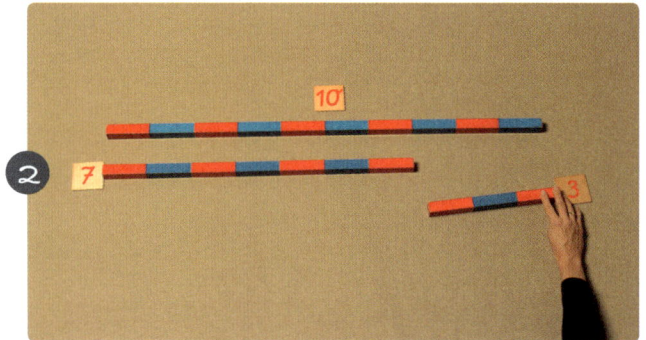

Danach nimmt sie 3 weg und spricht: „10 minus 3 gleich 7."

Weitere Kombinationen werden gesucht und dann das Zusammengeben und Wegnehmen als Rechnung kommentiert.

Weitere vertiefende Übungen mit den Numerischen Stangen

· Reihe herstellen, dann alle Stangen abzählen, dabei über die Abschnitte streifen
(1-1, 1, 2 – 2 , 1, 2, 3 – 3 , …)

· Auf eine Stange zeigen – benennen lassen

· Zählen, auch von 10 – 1

· Stangen liegen in der Unordnung, jede zählen

· Beliebige Stange herauslegen und von dort die Reihe auf- bzw. abbauen und zählen

· Erweiterte Nachbarübung: eine Stange auswählen, dann die Stange suchen, die um 2 länger/kürzer ist, und daneben legen

· Stangen im Raum verteilen. Leiterin nennt eine Zahl und lässt das Kind die entsprechende Stange holen.

· „Zähle nur die roten/blauen Abschnitte der 7er-Stange."

· „Die Stange, die ich meine, hat 3 rote und 3 blaue Abschnitte. Welche Stange ist das?"

· So viele Schritte, wie die Stange rote Abschnitte hat, vorwärts gehen, blaue Abschnitte rückwärts gehen

Übungen für die Gruppe

· Stangen an die Kinder verteilen und dann in der richtigen Reihe aufstellen lassen

· So oft hüpfen, wie die Stange Abschnitte hat

· 10er-Stange (9er, 8er, …) auswählen. Es suchen sich jene Pärchen, die zusammen 10 (9, 8, …) ergeben und legen ihre Stangen dazu.

1.4.4. Numerische Stangen – alle Zerlegungen im Zahlenraum 10

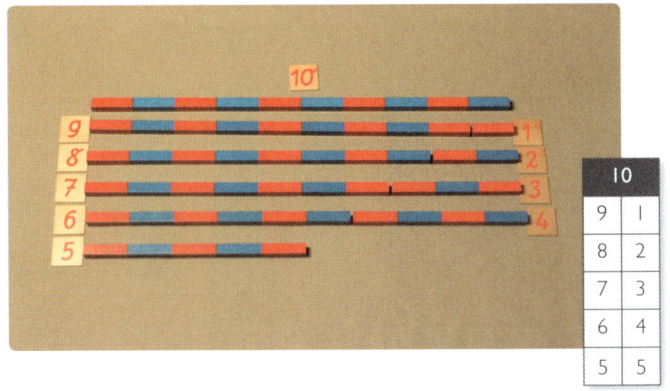

10	
9	1
8	2
7	3
6	4
5	5

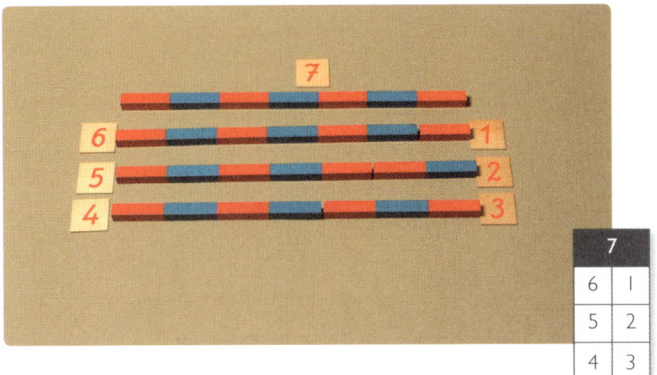

7	
6	1
5	2
4	3

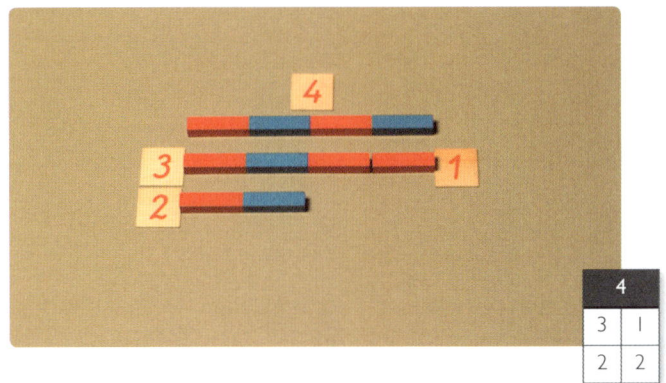

4	
3	1
2	2

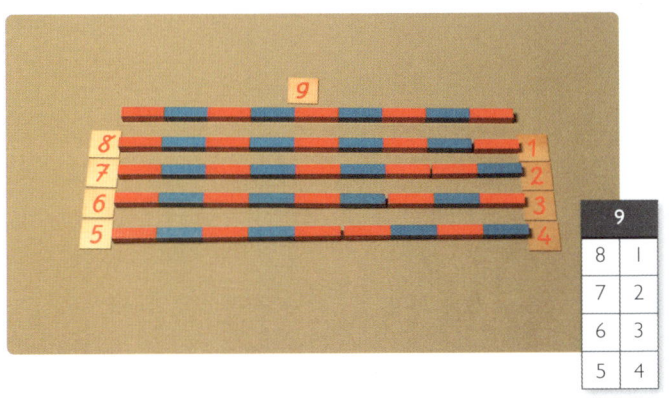

9	
8	1
7	2
6	3
5	4

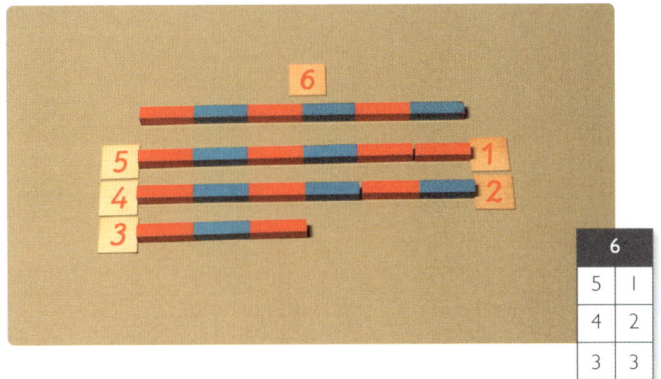

6	
5	1
4	2
3	3

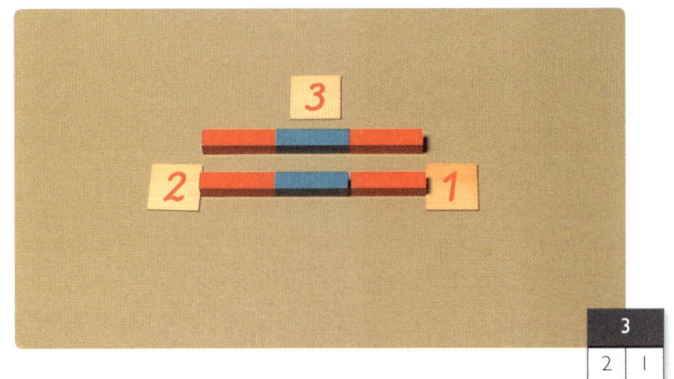

3	
2	1

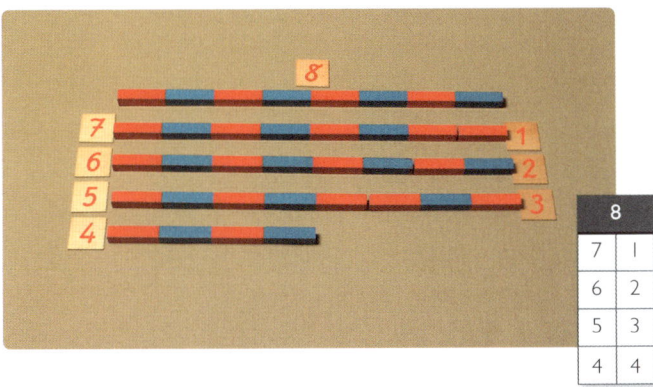

8	
7	1
6	2
5	3
4	4

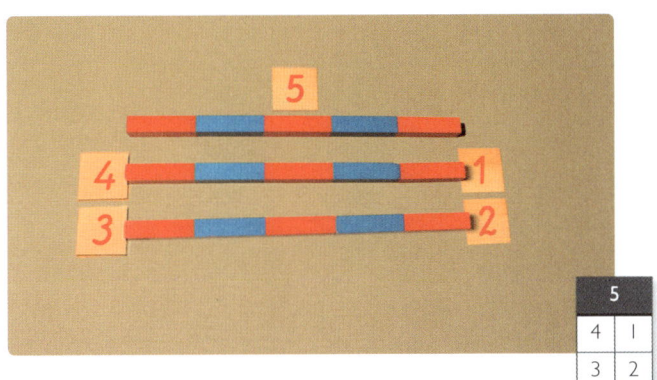

5	
4	1
3	2

2	
1	1

Die Zerlegungen im Zahlenraum 10

Schritt für Schritt erarbeitet sich das Kind alle Zahlzerlegungen im Zahlenraum 10.

Bei den nachfolgenden Materialien wie den Bunten Perlenstäbchen, dem Streifenbrett und den Schlangenspielen vertieft es die Erfahrung, wie Zahlen zerlegt und zusammengefügt werden können.

In Summe sind es nur 25 Kombinationen auf die das Kind später beim Lösen von Aufgaben zurückgreift.

 Hat es z.B. diese Zerlegung der 7 automatisiert, wird es bei **4+3=_** , **4 +_ = 7** oder **7 – 4=_** kaum noch auf die umständliche zählende Rechenstrategie zurückgreifen, sondern sein Wissen um die Zahl 7 nutzen.

Nicht zuletzt ist zu empfehlen, die Zahlzerlegungen in einer attraktiven Form (z.B. als Zahlenhausheftchen) jedem Kind zur Verfügung zu stellen. So wird ihre Bedeutung unterstrichen, und das Kind hat jederzeit die Möglichkeit sein Wissen zu überprüfen bzw. Lücken zu schließen.

Wichtig:

Nach der Einführung der 0 und der Arbeit mit dem Streifenbrett, soll bei der Notation der Zerlegungen auch die Zerlegung mit der Null angefügt werden.

Auf kleinen Vordrucken kann das Kind die Zerlegungen aufschreiben. Sie sollen allmählich zu seinem sicheren Merkwissen werden.

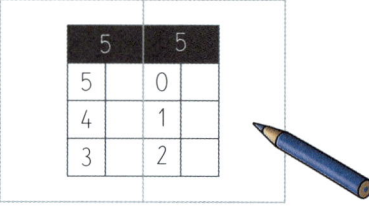

Vorderseite   Rückseite

Das Zerlegungsheftchen und alle weiteren Beiblätter können auf *www.montessori-ausbildung.at* heruntergeladen werden.

Allerdings darf das Kind nicht zu früh in die Verschriftlichung gedrängt werden!

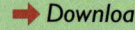 **Download**

1.4.5. Zerlegen mit der Kraft der 5

Die hilfreichen Zerlegungen der Zahlen bis 10 mit der „Kraft der Fünf"

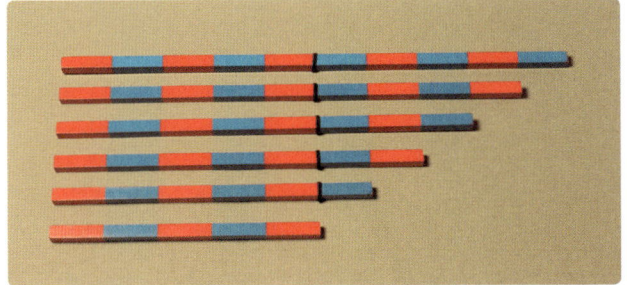

Numerische Stangen bei 5 mit Haargummi gekennzeichnet

Die Fünfer-Strukturierung erleichtert die simultane Wahrnehmung und vor allem auch die Verinnerlichung der Vorstellung der Zahlen 6 bis 10. Daher empfiehlt es sich, diese bei den Zerlegungen ganz besonders herauszuheben.

Wie stellst du dir 7 vor?
„7 ist 5 und noch 2 dazu."
(Kraft der 5-Sprechweise)

7	
6	1
5	**2**
4	3

2		3		4		5		6		7		8		9		10	
1	1	2	1	3	1	4	1	5	1	6	1	7	1	8	1	9	1
		2	2	3	2	4	2	5	2	6	2	7	2	8	2
				3	3	4	3	5	3	6	3	7	3
								4	4	5	4	6	4
												5	5

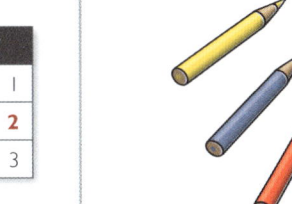

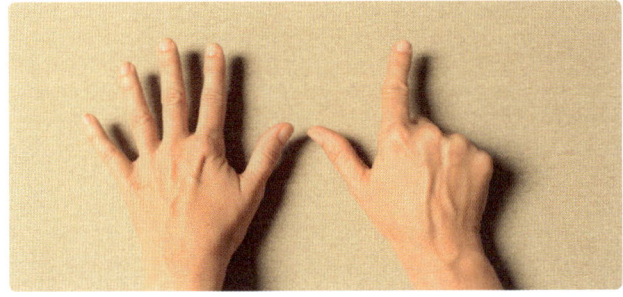

Mit den Händen gezeigt

Die Kraft der 5 Zerlegungen können gut mit den Fingern gezeigt werden. Auf diese Weise sind die Zahlen von 6 bis 10 simultan leicht zu erfassen.

Die 25 Zerlegungen im Zahlenraum 10

Vielleicht möchten Sie die folgenden Zerlegungen (Rechenaufgaben) farblich kennzeichnen: Zerlegungen mit 1, Verdoppelungen, Zerlegungen mit 5 (Kraft der 5). Welche Zerlegungen bleiben übrig?

Die Zusammenhänge im Zahlenraum 10

· Das Maß der Veränderung ist 1.

· Zahlennachbarn:
  Welche Zahl ist um 1 weniger, um 1 mehr?
  Welche Zahl ist zwischen …?

· Zahlzerlegungen:
  Jede Zahl lässt sich aus anderen Zahlen zusammensetzen.

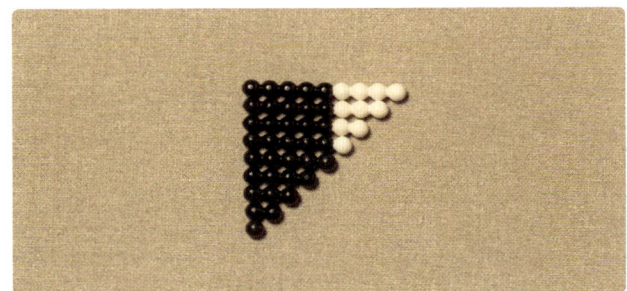

Platzhalterstäbe der Schlangenspiele

Die Fünferstruktur bei den schwarzweißen Platzhalterstäbchen der Schlangenspiele erleichtert das simultane Erfassen.

· Mit der Kraft der 5 können in der Vorstellung auch größere Zahlen (6 - 10) leicht erfasst werden.

· Vertauschungsregel:
  Bei den Zerlegungen können die Zahlen in der Reihenfolge vertauscht werden.

· Verdoppeln und Halbieren

1.5. Spindeln

Entbündeln – von der gebundenen zur losen Menge

Die Leiterin beginnt die Lektion bei eins aufsteigend. Um die Bedeutung der einzelnen Schritte plastischer darstellen zu können, wird hier die Arbeit mit der Drei gezeigt.

Zu Beginn sind alle Spindeln in den Fächern. Die Leiterin zeigt auf die 3 und lässt das Kind die Zahl lesen.

> Das Symbol steht für die Menge im Fach.

Dann holt sie die gebundenen drei Spindeln aus dem Fach, umfasst sie mit der ganzen Hand und wiederholt „drei".

> Die Menge ist gebunden, es sind drei.

Ziel:

· Mächtigkeit und Abfolge der Zahlen durch Zählen vertiefen

· Einführung der Null

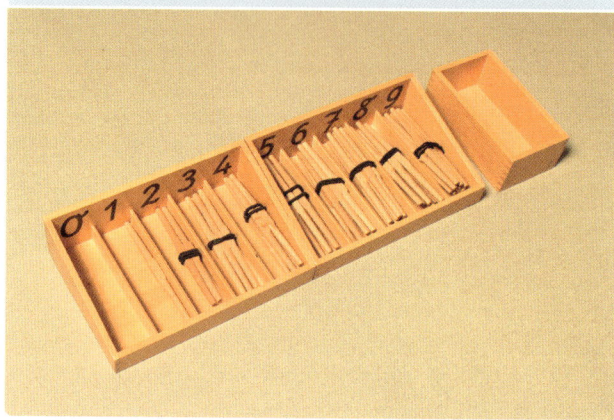

Diese Arbeit festigt die Zahlvorstellung:

· Zahlen sind Stationen in einer Abfolge, zugleich steigt ihre Mächtigkeit gleichmäßig an.

· Der Zuwachs ist in der Hand gut zu spüren.

· Selbstkontrolle durch die Anzahl der Spindeln (45).

Im Unterschied zu den Numerischen Stangen ist hier die Abfolge der Zahlen noch fix vorgegeben, die Menge jedoch schon lose.

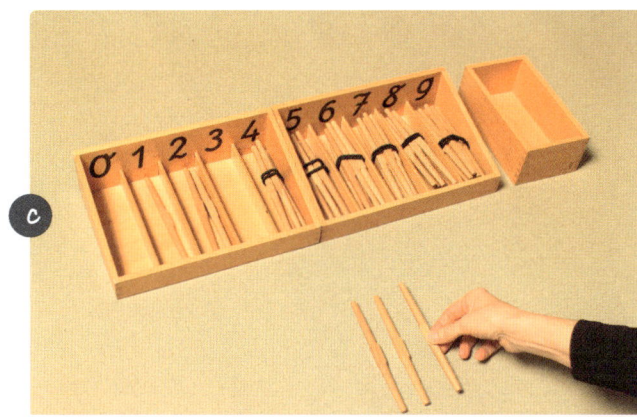

Sie löst den Gummi und zählt die Spindeln auf den Teppich – „eins, zwei, drei".

Die Menge ist nun lose, durch synchrones Sprechen und Legen wird ihre Mächtigkeit überprüft.

Zuletzt zählt sie die 3 Spindeln wieder zurück in ihr Fach.

Das Kind setzt die Übung fort, bis alle Spindeln lose in den Fächern liegen.

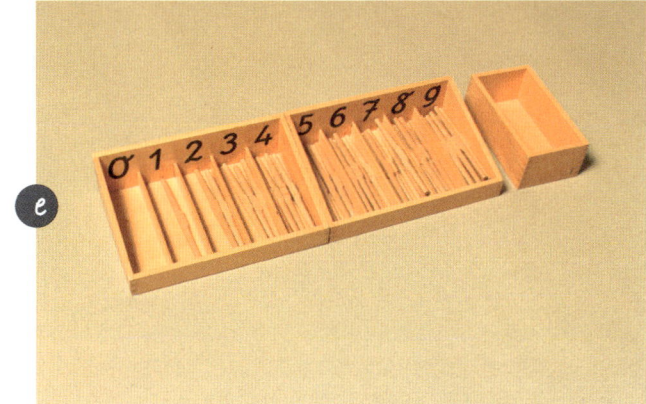

Übung zur Simultanerfassung:

Die Erzieherin legt Spindeln (bis 5 und dann mit der Kraft der 5) nebeneinander aus, Kind zählt rasch.

Sprechweise zu Kraft der Fünf:
„7, das ist 5 und noch 2 dazu."

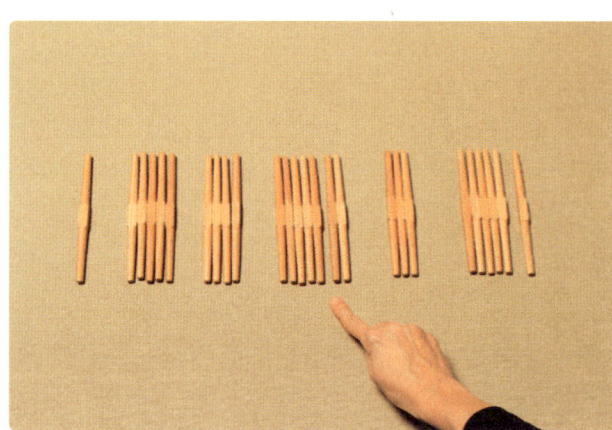

Herauszählen

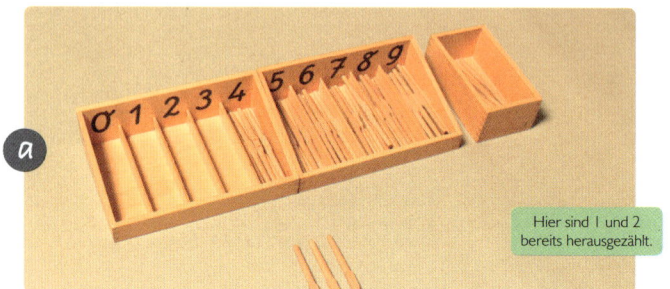

Hier sind 1 und 2 bereits herausgezählt.

Das Kind beginnt aufsteigend bei 1.
Es zählt die entbündelten Spindeln auf den Teppich.

Dann umfasst es die Menge und legt sie in die Schachtel.
Dazu spricht es nochmals die Zahl.

Die Übung wird fortgesetzt bis alle Spindeln gezählt sind
und in der Schachtel liegen.

Hineinzählen

Die Leiterin zeigt auf die 3 und spricht „3". Dann zählt sie
3 Spindeln aus der Schachtel - „eins, zwei, drei."

Dann werden die Spindeln mit dem Gummi
zusammengefasst – „drei" …

… und als Bündel in das Fach gelegt – „drei".
Zuletzt liegen alle Spindeln gebündelt in ihren Fächern.

Sprechweise zur Kraft der 5:

„7, das ist 5 und noch 2 dazu"

Synchron sprechen und legen.

Alle zusammen sind 3 (Kardinalzahl).

Einführung der Null

Finger weisen auf die Null über dem leeren Fach.

Alle Spindeln sind in den Fächern.

Bevor sie zur Null kommt zeigt die Leiterin auf eine Zahl, fragt wie sie heißt, und wie viele Spindeln im Fach liegen. Das macht sie so bei zwei oder drei Fächern, dann zeigt sie auf die Null und fragt in folgenden Schritten.

Leiterin: „Wie viele Spindeln liegen in diesem Fach?"
Kind: „Keine, das Fach ist leer."
Leiterin: „Das bedeutet Null."

Sie zeigt auf das Symbol 0, spricht: „Null."

Das Kind lernt, dass an der Stelle, an der die Null steht, nichts drin ist – die Mächtigkeit der leeren Menge. (Wichtig für das Verstehen des Dezimalsystems.)

Anwendung:

Leiterin:
„Hol mir zwei Stifte. Hol mir null Stifte."
„Zeig mir 7 Finger, zeig mir 0 Finger."
„Gehe dreimal um den Stuhl.
Gehe null mal um den Stuhl." etc.

Übungen:

· Rückwärts bei neun beginnend die Spindeln in die Fächer zählen.

· Die Spindeln liegen gebündelt in ihren Fächern. Das Kind nimmt ein Bündel heraus und überprüft rückwärts zählend die Anzahl - z.B. „5, 4, 3, ...".

· In ungeordneter Reihenfolge die Spindeln in die Fächer zählen.

· Die obere Hälfte des Kastens mit einem Tuch abdecken, sodass nur mehr die Fächer sichtbar sind. Die Spindeln hinein zählen.

· Eine Zahl entbündeln und geordnet auslegen. Links und rechts davon den Nachbarn dazulegen.

· Die obere Hälfte des Kastens ist abgedeckt. Die roten Ziffern aus dem Kästchen „Ziffern und Chips" werden den Fächern unten richtig zugeordnet.

· Das Kind legt die roten Ziffern aus dem Gedächtnis in der richtigen Folge auf.

1.6. Ziffern und Chips

1. Schritt

Die Leiterin beginnt die Ziffern von links nach rechts aufzulegen, und lädt das Kind ein, weiter zu machen.

Ziel:

· Abfolge und Mächtigkeit der Zahlen ohne unterstützende Hilfe, die im Material liegt, selbst herstellen.

· Gerade und ungerade Zahlen kennenlernen

2. Schritt

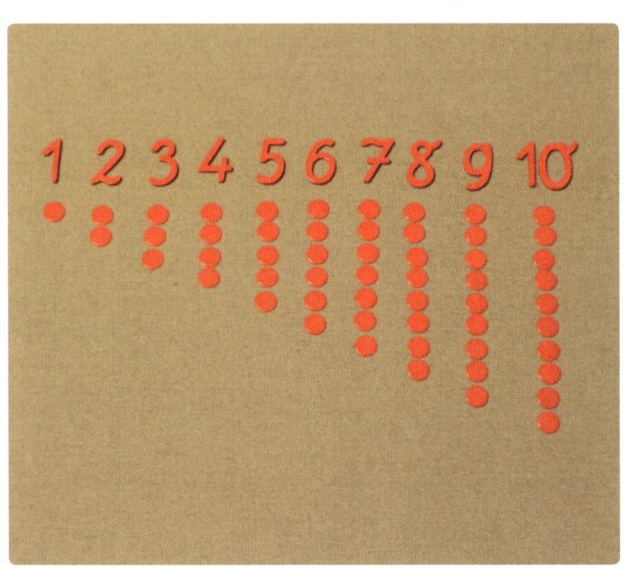

Die Leiterin lädt das Kind ein,
die Chips unter den Ziffern auszulegen.

Hinweis:

Ist das Kind beim Auslegen noch unsicher, wie die ausgesägten Ziffern aufzulegen sind, kann es die Zahlen am Spindelkasten oder die Ziffernbrettchen als Vorlage oder zur Kontrolle verwenden.

3. Schritt - gerade und ungerade Zahlen

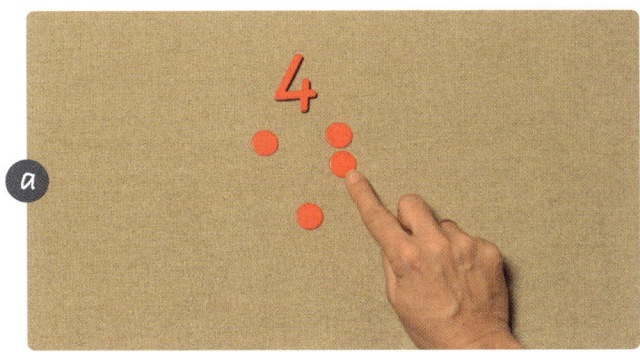

Die Ziffern und Chips liegen am oberen Rand des Teppichs. Die Leiterin holt die Vier in die Mitte und fragt: „Kannst du die vier Chips so verteilen, dass jeder von uns gleich viel bekommt?" Kind teilt auf.

Warum soll die Leiterin nicht einfach sagen: „Teile gerecht auf."

Wann ist etwas gerecht? Doch nicht nur, wenn jede/r gleich viel bekommt. Jemandem oder einer Sache gerecht werden, kann doch viel mehr bedeuten.

Beim Aufteilen würde ich „gerecht" meiden, weil dabei unterschwellig eine sehr verengte Vorstellung von Gerechtigkeit mitschwingt. Die Formulierung „teile so, dass jede/r gleich viel bekommt" bleibt bei der Sache, und greift nicht in die moralisch-ethische Dimension.

Hinweis:

Bei den Ziffern und Chips wurden die Hilfen durch das Material um einen weiteren Schritt zurückgenommen.

Nun sind sowohl Menge und als auch Ziffern lose. Das bedeutet, dass das Kind von sich aus die gesamte Ordnung erzeugen muss.

Sind die Chips verteilt, fragt die Leitern wie viele Chips jede/r bekommen hat. Dann stellt sie fest: „Jede/r hat gleich viel bekommen. Vier ist eine gerade Zahl." Die 4 und die Chips werden links zur Seite geschoben.

In gleicher Weise wird dann die Fünf auf ihre Teilbarkeit untersucht.

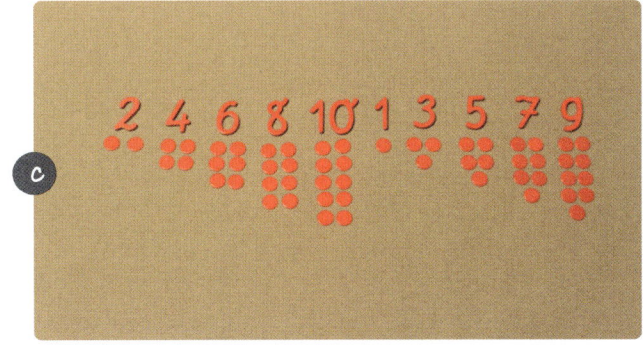

Wieder wird besprochen, wie die Verteilung gelungen ist Leiterin: „Fünf können nicht so verteilt werden, dass jede/r gleich viel bekommt. Fünf ist eine ungerade Zahl." Die Fünf und die Chips werden nach rechts zur Seite geschoben.

Auf gleiche Weise werden alle anderen Zahlen untersucht und nach links oder rechts geordnet.

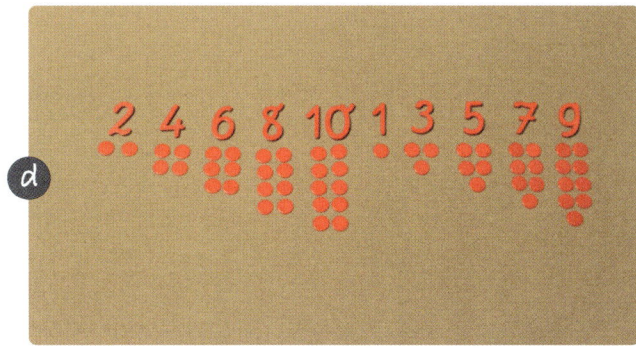

Leiterin und Kind betrachten und besprechen das Ergebnis der Untersuchung. „Was fällt dir auf?"

z.B.:
· fünf Zahlen kann man teilen
· fünf Zahlen kann man nicht teilen
· rechts bleibt immer eins über
· 8 hat 4 Pärchen, …

4. Schritt

Zuletzt werden die Ziffern und die Chips in der Zahlenfolge an den oberen Rand des Teppichs geschoben.
Mit einem Stift streicht die Leiterin durch die Zweierreihen.

Bei den ungeraden Zahlen behindert der letzte Chip den Stift, er muss ausweichen. Der Strich wird ungerade. Sie spricht: „ Eins ungerade, zwei gerade, drei ungerade, …"

Das Kind setzt fort oder wiederholt diese Abfolge.

Festigung:

„Mach die Augen zu.
Weißt du ob 2 gerade oder ungerade ist?"

„Kannst du die un/geraden Zahlen der Reihe nach aufsagen?"

Hinweis:

Hat das Kind keine Vorgabe, so kann man beobachten, dass die Chips in einer Reihe untereinander aufgelegt werden, und das ist vorerst gut so. Danach soll es aber auch mit der paarigen Anordnung arbeiten. Sie erleichtert das simultane Erfassen der Menge, und macht die Struktur von gerade/ungerade sichtbar.

Fragen wie: „Welche Gruppen kannst du z.B. bei der Sechs sehen?" ((6 = 3 + 3 oder 2+2+2 oder …) fördern den strukturierenden Blick auf Mengen.

1.7. Farbige Perlentreppe

1. Ordnen

Aus dem Kästchen heraus die Perlenstäbchen zu einer aufsteigenden Treppe ordnen.

2. Zählen

Jedes Stäbchen mit dem Reiterchen abzählen.
Dabei darauf achten, dass das Reiterchen bei jedem Zählschritt über die jeweilige Perle streicht.

3. Muster oder Folgen legen

Alter: Ab 4-5 Jahren

Ziel:

· Muster legen
· Zählen
· Zahlen kombinieren und zerlegen.

Die Assoziation der Zahl mit einer Farbe erleichtert später das Arbeiten mit den Stäbchen.

Hat sich die Farbe einer Zahl eingeprägt, kann das Kind z.B. schon am Dunkelblau die 9 rasch erkennen.

4. Kombinationen

Die Leiterin holt ein Stäbchen auf den Teppich, lässt es vom Kind zählen und bittet es dann Perlen zu bringen, die zusammen gleich viel sind.

Die gefundenen Kombinationen werden unter das Stäbchen gelegt.

5. Zerlegungen legen und Tauschaufgaben finden

Die Kombinationen können vom Kind auch gemalt werden.

6. Ergänzen

„Da liegt ein Fünferstäbchen. Schließe kurz deine Augen. Ich decke einige Perlen ab. Wie viele sind da drunter?"

Als Rechnung stellt sich diese Aufgabe so dar:
$3 + \_ = 5$

Es spricht nichts dagegen, die Handlung auch schon mit dieser Sprechweise zu begleiten. Sie bereitet das Kind auf das Verständnis auf die erst später zu lösenden Ergänzungsaufgaben vor.

➡ Download

2. Goldenes Perlenmaterial – Einführung in das Dezimalsystem

Wir könnten kaum rechnen, hätten wir für jede Zahl von null bis unendlich ein eigenes Symbol – ähnlich wie die Chinesen für jedes Wort ein Schriftzeichen - lernen müssen. Das Dezimalsystem ist eine geniale Erfindung. Es reichen zehn Zeichen, die Ziffern 0-9, um damit jede beliebige Menge, sei sie noch so groß oder auch noch so klein, genau beschreiben zu können.

Damit das Kind in diesem System sicher Denken und Handeln (=Rechnen) kann, braucht es nur wenige Bilder und einige ganz einfache Spielregeln zu verinnerlichen.

Die Stellenwerte

| Tausenderstelle - T | Hundertstelle - H | Zehnerstelle - Z | Einerstelle - E |

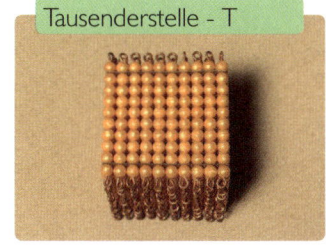
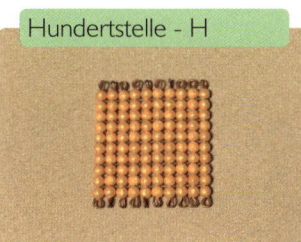

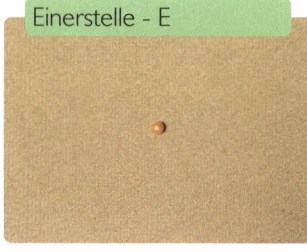

Würfel aus zehn Hunderterplatten · Quadrat aus zehn Zehnerstangen · Stange aus zehn Perlen · einzelne Perle

Spielregeln

1. Jede Stelle repräsentiert einen bestimmten Wert, den Stellenwert.

2. Nicht die Ziffer allein gibt Auskunft über die Größe einer Zahl, sondern vor allem die Stelle an der diese Ziffer steht.
   Ist die 3 an der Einerstelle so steht sie für drei Perlen. Ist die 3 aber an der Tausenderstelle,
   so steht sie für drei Tausenderwürfel.

3. Werden an einer Stelle 10 Einheiten erreicht, so muss nach oben in die höhere Stelle gewechselt werden.
   Das ist der Wechselzwang nach oben.
   Zum Beispiel müssen 10 Perlen in eine Zehnerstange gewechselt werden.

4. Soll von einer größeren Einheit eine kleinere weggenommen werden, so muss nach unten in die niedrigere Stelle
   gewechselt werden. Das ist das Aufbrechen nach unten.
   Will man z. B. von einem Hunderterquadrat 10 wegnehmen, muss zuerst das Hunderterquadrat in 10 Zehnerstangen
   getauscht werden. Dann kann eine Stange weggenommen werden.

   Die Einführungslektionen in das Goldene Perlenmaterial helfen dem Kind, das Gefüge des Dezimalsystems zu überblicken
   und seine Handlungsregeln zu verstehen.

Notizen:

2.1. Einführungstablett - die Stellenwerte kennen lernen

2.1.1. Benennen der vier Stellenwerte mit der Wortlektion

Alter: Ab 3-4 Jahren

Beim Auslegen der Stellen gleich vom Beginn an die Abfolge T H Z E von links nach rechts einhalten. So prägt sich mühelos die Schreibrichtung des Dezimalsystems ein.

Leiterin: „Das ist ein Einer. Das ist ein Zehner. Das ist ein Hunderter. Das ist ein Tausender"

Leiterin: „Gib mir … Lege … Verstecke …"

Leiterin: „Was ist das?"
Kind: „Das ist ein Tausender."

Dann zeigt die Leiterin auf verschiedene Stellenwerte und lässt sie vom Kind benennen, bis es sicher ist.

Ziel:

· Namen und Mächtigkeit der Stellenwerte kennen

· Regelwerk des Dezimalsystems kennen und anwenden können

Als Voraussetzung für die Arbeit mit den goldenen Perlen muss das Kind lediglich bis zehn zählen können.

Es kann also bald nach der Einführung in den Zahlenraum 10 mit dem Goldenen Perlenmaterial arbeiten und rechnen.

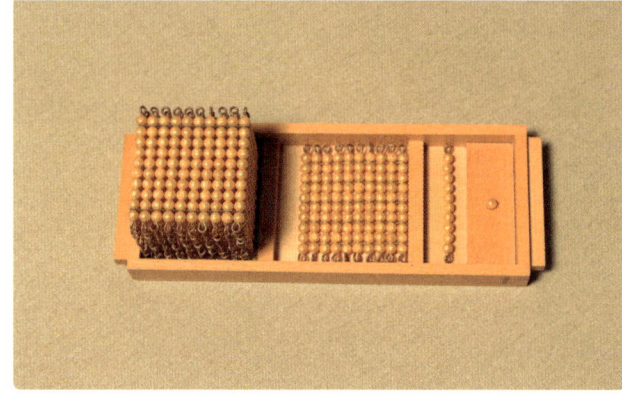

Hinweis zur Benennung:

Auf der Materialebene spricht man vom „Einer", „Zehner", „Hunderter" und „Tausender".

Bei den nachfolgenden abstrakteren Darstellungen (Kartensatz, Markenspiel,…) heißen sie dann „Eintausend", „Einhundert", …

2.1.2. Einführung in die Beziehung zwischen den Stellenwerten

Die Leiterin misst, mit der kleineren Kategorie, wie oft diese in der größeren Kategorie enthalten ist.

„1 Einer ,2 Einer, 3…,…10 Einer. Ein Zehner hat zehn Einer".

Messen - Einer im Zehner

„1 Zehner, 2 Zehner,…. 10 Zehner. Ein Hunderter hat zehn Zehner".

In gleicher Weise wird auch gemessen, wie oft der Hunderter im Tausender enthalten ist.

Messen - Zehner im Hunderter

Wichtige Erfahrung!

Die kleinere Kategorie steckt jeweils zehnmal in der nächstgrößeren Kategorie.

Die Bündelungszahl ist 10.

2.2. Arbeitstablett

2.2.1. Bilden von Mengen

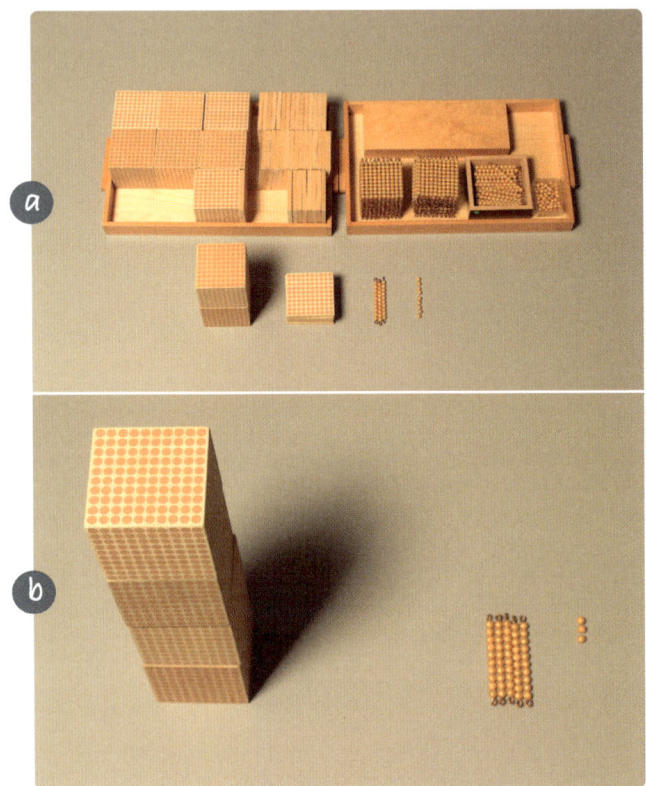

Die Leiterin fordert das Kind auf, aus dem Tablett Mengen auf den Teppich zu legen. Zuerst Einheiten nur von einer Kategorie, dann schrittweise bis zu vier Kategorien.

Leiterin:
„Gib mir 5 Hunderter."

dann:
„Lege 3 Zehner und 7 Einer auf den Teppich."
„Bringe 2 Tausender, 6 Hunderter, 3 Zehner und 9 Einer."

Die Mengen werden immer von links nach rechts angeordnet und zur Kontrolle nochmals gezählt.

Auch Mengen mit null Einheiten an einer Stelle sollen gebildet werden.
z.B.: „Hole 4 Tausender, 0 Hunderter, 5 Zehner und 3 Einer auf den Teppich."

Ziel:

· Mengen im Zahlenraum 9999 bilden und benennen.

· Einheiten nach oben wechseln.

· Einheiten nach unten aufbrechen.

· Sicht auf die Gesamtheit des Dezimalsystems entwickeln.

2.2.2. Benennen von Mengen

Die Leiterin bildet Mengen und lässt sie vom Kind benennen. Die Anzahl der Stellen wird dabei schrittweise gesteigert.

Leiterin: „Sag mir, was ich auf den Teppich gelegt habe?"
Kind: „2 Tausender, 5 Hunderter, 0 Zehner und 6 Einer."

Durch häufige Wiederholung festigen sich die Begriffe und die Vorstellung von der Struktur großer Mengen.

Notizen:

2.2.3. Wechseln nach oben

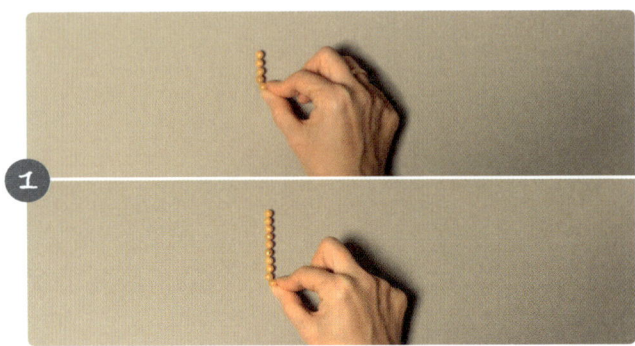

Das Wechseln nach oben braucht das Kind dann später bei beim Lösen von Rechenoperationen mit großen Zahlen.

Die Leiterin reiht 10 Perlen aneinander.

Bei zehn Perlen stopp!
Die zehn Perlen werden in einen Zehner gewechselt.

Sprechweise" 1 Einer, 2 Einer, 3 …., 10 Einer. - Stopp! –
Für 10 Einer müssen wir einen Zehner legen!"

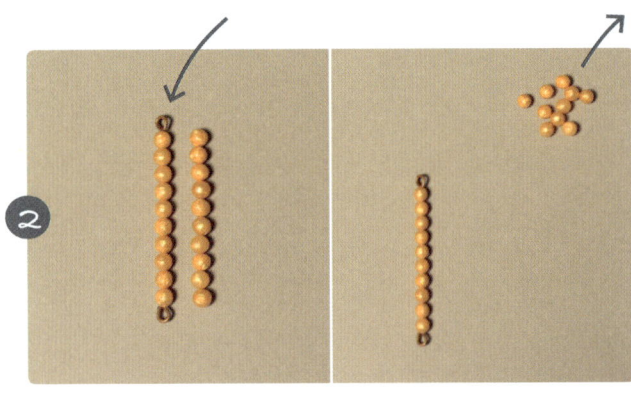

Beim Wechseln werden die Kategorien aus dem Arbeitstablett geholt bzw. dort hin zurück gegeben.

Damit die Gleichmächtigkeit augenscheinlich wird, legt die Leiterin beide Kategorien sorgfältig nebeneinander.

Dann weiter: „ 1 Zehner, 2 Zehner, …., 10 Zehner –
Stopp – Für 10 Zehner müssen wir einen Hunderter legen!"

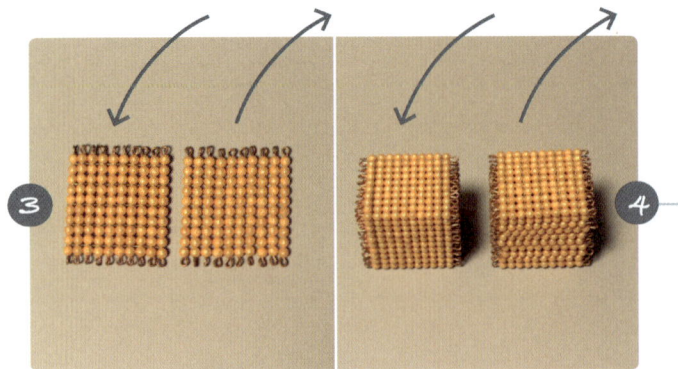

Beim Stapeln der 10 Hunderter zu einem Tausender ist darauf zu achten, dass die Quadrate nicht ineinander rutschen, da sonst die zehn Hunderter als wesentlich weniger erscheinen als der Tausender. Quadrate aus Seidenpapier zwischen den Schichten verhindern das Ineinanderrutschen.

2.2.4. Wechseln üben

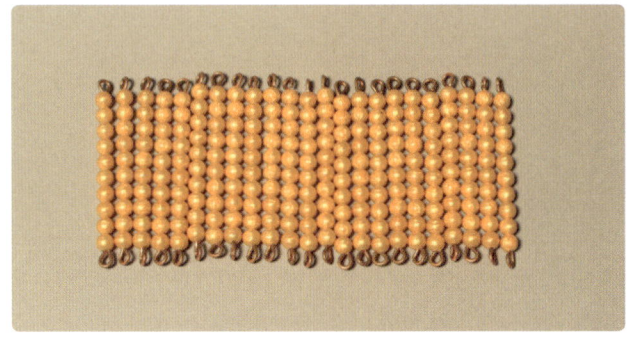

Die Leiterin legt eine größere Anzahl erst von einer, dann von mehreren Kategorien auf den Teppich und fordert das Kind auf, herauszufinden, wie viele Perlen das sind.

Leiterin: „ Wie viele Perlen sind das?"

Wichtig:

Wird in einer Kategorie 10 erreicht, muss gewechselt werden.

Beim Wechselvorgang ist die Gleichheit sichtbar zu machen. Also die Einheiten sorgfältig nebeneinander legen, erst dann austauschen.

2.2.5. Wechseln nach unten

Auch das Wechseln nach unten braucht das Kind später beim Lösen von Rechenoperationen mit großen Zahlen.

Die Leiterin legt einen Zehner auf den Teppich und bittet das Kind, ihr davon einen Einer zu geben.
Dabei das Kind möglichst selbst eine Lösung finden lassen!

Leiterin: „Da hast du einen Zehner.
Kannst du mir davon einen Einer geben?"

Vielleicht braucht das eine oder andere Kind noch den Hinweis, dass der eine Einer weder abgeschnitten oder abgezwickt werden soll.

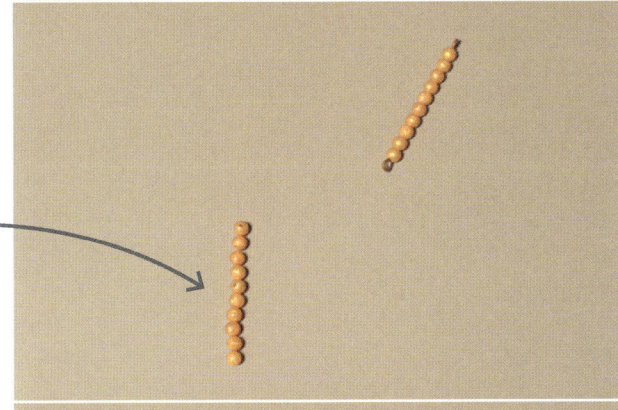

Kind wechselt aus dem Arbeitstablett den Zehner in 10 Einer und kann dann einen weggeben.

Steigerung der Schwierigkeit:

· zuerst in die nächst niedrigere Kategorie
„Gib mir von dem Hunderter 3 Zehner."
(Z → E oder H → Z oder T → H)

· dann eine Kategorie überspringen
(H → E oder T → Z)
„Gib mir von dem Hunderter 5 Einer."
„Gib mir vom dem Tausender 4 Zehner."

· zuletzt über drei Kategorien (T → E)
„Gib mir von dem Tausender einen Einer."

2.2.6. Stellenwerte auslegen

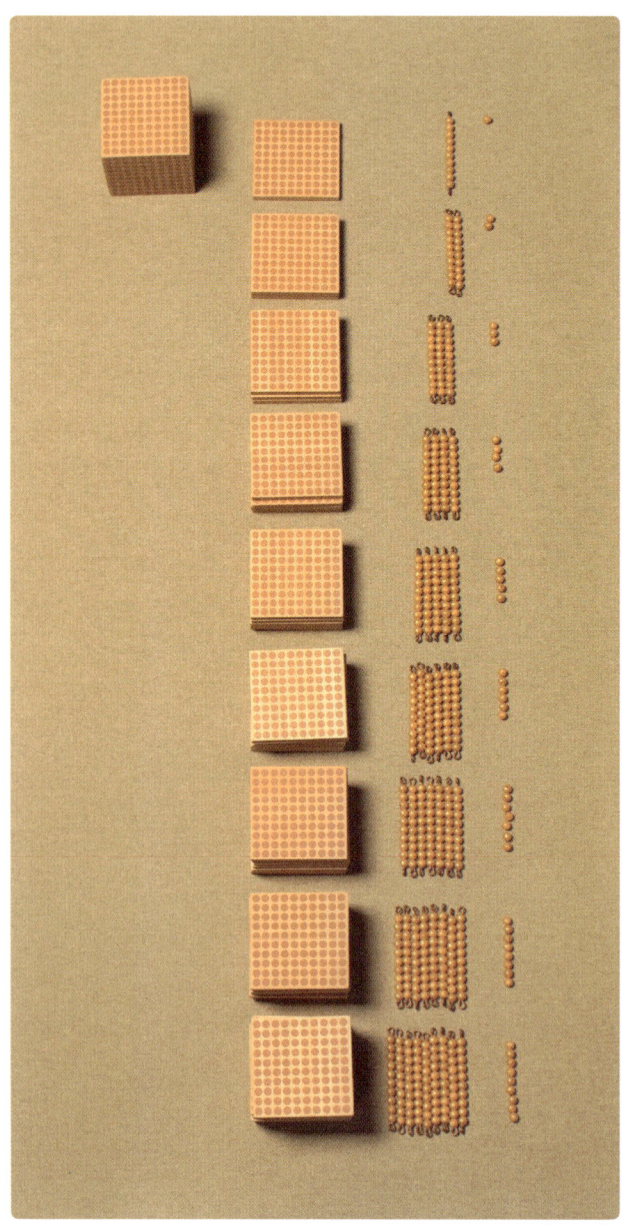

Die Perlen des Arbeitstabletts werden beginnend bei den Einern (1E bis 9E, dann 1Z bis 9Z, dann 1H ....) in dieser Ordnung ausgelegt.

Sprechweise: „1 Einer, 2 Einer, 3 Einer, ... 9 Einer und noch einen Einer dazu, das wären dann 10 Einer. Für 10 Einer legen wir einen Zehner."
Der Zehner wird dann oben links neben den ersten Einer gelegt.

In gleicher Weise wird bei den anderen Stellen verfahren.

Sind die Stellenwerte fertig ausgelegt, kann das Kind aufgefordert werden, Mengen zu zeigen oder zu nennen.
„Wo liegen 5H?"
„Zeig mir einen Tausender, zwei Hunderter, zwei Zehner und zwei Einer."

Die Leiterin zeigt z.B auf den Stapel der 5 Hunderter:
„Welche Menge Perlen liegt da."

Hinweis:

Durch das Auslegen zeigt sich dem Kind, dass sich an jeder Stelle die aufsteigende Ordnung von 1 bis 9 wiederfindet. Es erfährt nochmals, dass bei 10 in die nächst höhere Stelle gewechselt werden muss.

2.3. Großer Kartensatz

2.3.1. Auslegen der Karten

Die Leiterin legt die Karten in der abgebildeten Ordnung mit der Spalte der Einer beginnend vor dem Kind aus. Wenn das Kind möchte, kann es dabei schon helfen.

> Es hängt vom Vorwissen oder auch von der Kombinationsfähigkeit des Kindes ab, in welcher Weise es sich schon beim Auslegen der Ordnung beteiligen kann.
>
> Oft kommt es vor, dass ein Kind auch Karten über die Zehn hinaus lesen kann.
> Dieses Vorwissen kann in die Lektion leicht integriert werden.

2.3.2. Wortlektion mit der ersten Zeile

„Das ist eins, das ist zehn, das ist einhundert und das ist eintausend."

„Zeig mir einhundert."

„Lies diese Zahl.".

Alter: Ab 4-5 Jahren

Ziel:

· Die Zahlensymbole von der Einerstelle bis zur Tausenderstelle verstehen

· Große Zahlen legen und lesen

· Die Bedeutung der Stellenwerte kennen

Das Kind hat bei der Arbeit mit den goldenen Perlen große Zahlen gebildet und es hat die Regeln des Dezimalsystems handelnd vollzogen.
Nun kann des die symbolischen Repräsentanten dafür kennen lernen.

Im Unterschied zu den Perlen können bei den Zahlenkarten weder ihre Mächtigkeit erkannt noch die Wechselvorgänge als tatsächlich äquivalente Tauschhandlungen vollzogen werden.

Zahlen sind eben Symbole, die nur mit dem Wissen über ihre dahinter liegenden Bedeutungen sinnvoll und effektiv zu gebrauchen sind. Dieses Wissen entwickelt das Kind bei der Arbeit mit den goldenen Perlen.

2.3.3. Zahlen lesen

Die Leiterin zeigt und liest von oben nach unten die Kärtchen in jeder Spalte. Sie weist auf die Anzahl der Nullen und auch auf die Farbe hin. „Die Zehnerzahlen haben eine Null und ihre Farbe ist blau."

Die Zahlen 1 bis 10 kennt das Kind bereits von der Arbeit mit den Ziffernbrettchen. Oft klinken sich Kinder beim Lesen der Karten ein, weil ihnen die Sprechweise und ihre Regelmäßigkeiten bereits bekannt und geläufig sind.

2.3.4. Zahlen darstellen

Hinweis zur Sprechweise:

Bei den goldenen Perlen bittet die Leiterin um drei Hunderter.
Beim Kartensatz heißt es dann dreihundert.

Die Leiterin bittet das Kind, ihr ein bestimmtes Zahlenkärtchen zu geben: „Gib mir dreihundert."
Danach kann die Leiterin Zahlen mit zwei, drei oder vier Stellen darstellen lassen.

Nach jedem Schritt werden die Karten vom Kind wieder in die Systematik zurückgeordnet.

Warum haben Einer und Tausender die gleiche Farbe?

Man könnte meinen, dass es zur Unterscheidung doch hilfreicher wäre, für den Tausender eine andere Farbe zu verwenden. Durch die Farbwahl soll hier aber nicht der Unterschied sondern die Verwandtschaft der Stellen sichtbar gemacht werden.

In der Bündelungsfolge entstehen nämlich folgende Körper:

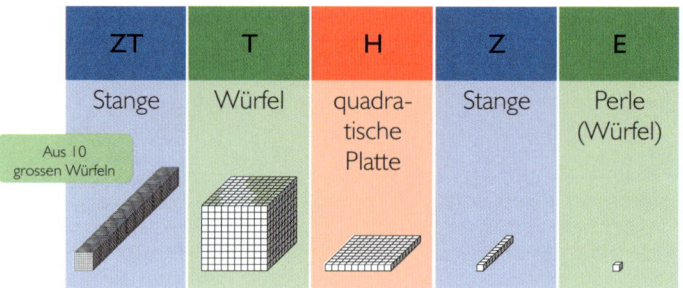

Die Farbgebung macht sichtbar, dass das einfache Baumuster des Dezimalsystems (Würfel – Stange – Platte -- Würfel – Stange – Platte – Würfel - …) sich bis in die höchsten Zahlen wiederholt.

Dieses Thema wird im Kapitel 9.4 „Hierarchie der Zahlen" noch ausführlicher behandelt und auch anschaulich dargestellt.

2.3.5. Zahlen benennen lassen

Die Leiterin legt eine
und dann später mehrere Karten heraus.
„Kannst du diese Zahl/en lesen?"

2.3.6. Große Zahlen schreiben und lesen

Die Leiterin bittet das Kind folgende Zahlen aus der Systematik heraus aufzulegen.

Dann zeigt sie, wie die Karten richtig übereinander gelegt werden. Die Rechtsbündigkeit wird dabei betont.

Zuletzt wird die Zahl gelesen.

Es gehört zu den Eigenheiten der deutschen Sprache, dass beim Lesen einer Zahl nach der Hunderterstelle zuerst die Einerstelle und danach die Zehnerstelle zu sprechen ist.

Fürs erste ist es nicht falsch zu lernen, wie die Zahl ohne diesen Wechselschritt zu lesen ist.

T → H → Z → E

Später sollte aber die gängige Sprechweise gezeigt und geübt werden.

T → H → E → Z

Der Finger zeigt in welcher Abfolge die Stellen gelesen werden.

2.4. Goldene Perlen und großer Kartensatz

2.4.1. Zusammenführen von Material und Symbol

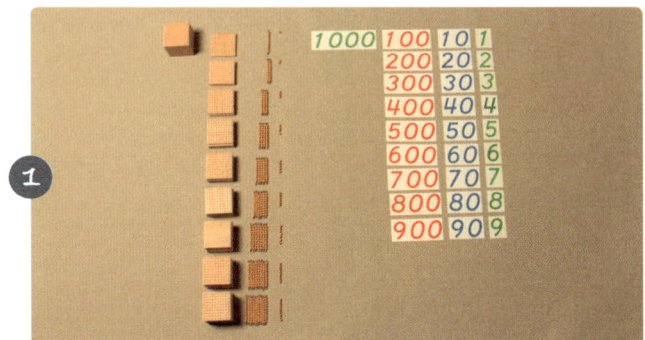

Der Kartensatz und die Perlen werden ausgelegt.

Die Leiterin legt eine Karte auf den Teppich und lässt das Kind die entsprechende Perlenmenge holen. Auch die umgekehrte Folge soll geübt werden.

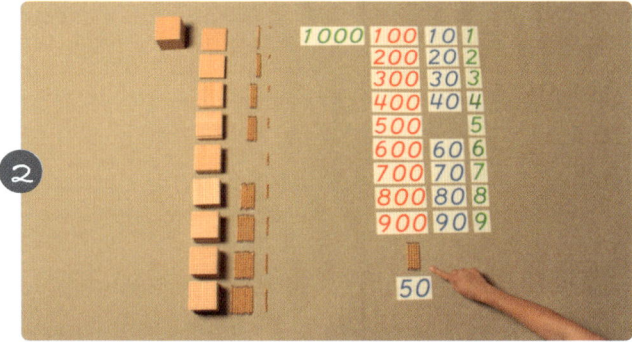

„Hole so viele Perlen."

Gleich danach können auch Karten und Perlen aus mehreren Kategorien geholt werden.

Alter: Ab 4-5 Jahren

Ziel:

· Koppelung von Zahlenbild und Mengenvorstellung

· Das Kind entwickelt innere Repräsentanten für große Zahlen. Es kann sich eine gut strukturierte Vorstellung von Mengen machen.

2.4.2. Übungen mit dem Arbeitstablett

Eine Menge der Zahl zuordnen.
„Hole vom Kartensatz 2000, 100, 50 und 4."

Die Karten werden nebeneinander aufgelegt.

Auch mit Zahlen, die Nullstellen haben, arbeiten:
„Lege die richtigen Karten zu dieser Menge. -
Lies dann die Zahl."

„Lege nun über jede Karte die richtige Menge an Perlen."

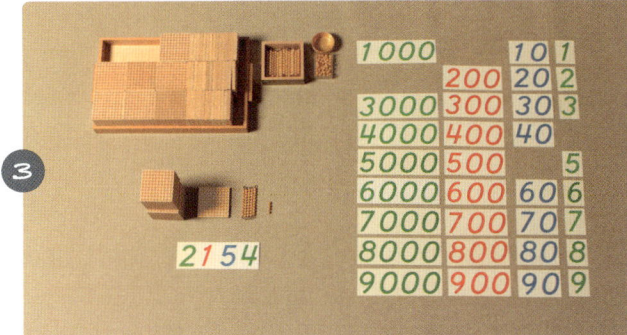

Zuletzt werden die Karten rechtsbündig übereinander
geordnet und die Zahl gelesen.

Auch soll der umgekehrte Weg geläufig werden.
Das Kind ordnet einer bestimmten Menge,
die von der Leiterin auf den Teppich gelegt wurde,
die entsprechenden Karten zu.

2.5. Perlenmenge und Kartensatz – Das Wechselspiel

Die Leiterin schüttet eine Menge Einer, Zehner, Hunderter und Tausender ungeordnet auf ein Tablett und fordert das Kind auf herauszufinden, wie viele das sind.

„Finde heraus, wie viele Perlen in diesem Tablett sind."

Ziel:

Einüben des Wechselns in den höheren Stellenwert

Dem Kind braucht nicht vorgegeben zu werden, auf welche Weise es die Aufgabe lösen soll.

Manche Kinder beginnen beim größten, andere wieder beim kleinsten Stellenwert. Auch wann der Wechselvorgang durchgeführt wird, kann das Kind selbst entscheiden. Wichtig ist nur, dass in keiner Kategorie auf das Wechseln vergessen wird.

Auch dass die Arbeit einfacher wird, wenn es von den Einern aufsteigend wechselt, kann das Kind selbst herausfinden.

Am Ende wird unter die Perlenmenge die Zahl gelegt. Vielleicht entdeckt das Kind erst bei diesem Schritt, dass es einen Wechselvorgang übersehen hat, wenn es z.B. versucht, zu 12 Hundertern die passende Karte zu finden.

Für manche Kinder wird es einfacher sein, wenn die Anzahl der Kategorien schrittweise gesteigert wird.

Immer ist darauf zu achten, dass zumindest in einer Kategorie die Zahl 10 überschritten wird.

3. Goldenes Perlenmaterial – Grundverständnis für große Rechenoperationen

3.1. Addition

Alter: Ab 5 Jahren

3.1.1. Elementares Verständnis der Addition

Ziel:

Die Addition als eine Handlung des Zusammenfügens verstehen

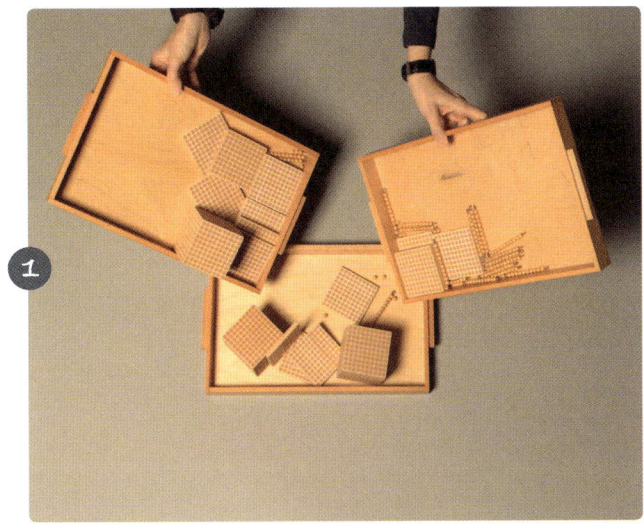

Die Leiterin lässt Kinder auf zwei oder mehreren Tabletts Perlenmengen holen. Dann werden diese Mengen auf ein leeres Tablett oder auf den Teppich zusammen geschüttet.

Leiterin: "Wir haben zusammen gegeben. Wir haben addiert. Das ist eine Addition."

> Diese erste Begegnung mit der Addition eignet sich auch für die Durchführung in der Gruppe.
>
> Sie dient vor allem dazu, die Vorstellung von der Addition in einer elementaren Handlung grundzulegen.

Zuletzt wird, wie beim Wechselspiel schon geübt, festgestellt, wie viel alles zusammen ist.

Das Ergebnis (die Summe) wird mit dem großen Kartensatz gelegt.

> Die Durchführung der Lektion bleibt auf der Ebene der realen Handlung mit konkretem Material.
>
> Die symbolische Darstellung der Rechnung mit Hilfe des Kartensatzes erfolgt erst in einem nächsten Schritt.

3.1.2. Große Addition – Einführung der Rechenoperation

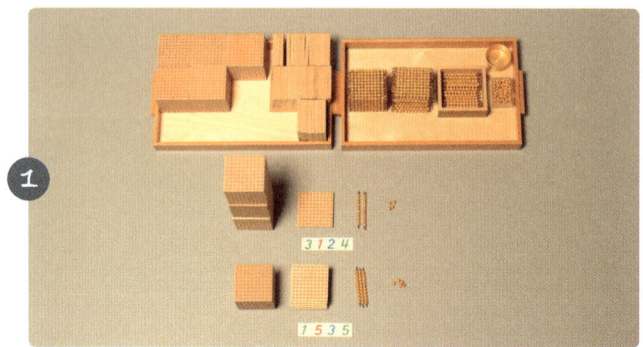

① Darstellung der Aufgabe

Die Leiterin legt zwei Summanden mit den kleinen Kartensätzen und lässt dazu die Perlenmengen bilden. Die Zahlen werden gelesen und die Perlenmengen kontrolliert.

② Durchführung der Operation

„Wir wollen wissen, wie viel die beiden Perlenmengen zusammen sind."

Die Perlen werden stellenweise nach unten zusammengeschoben.

③ Feststellen des Ergebnisses

An jeder Stelle werden die Perlen gezählt, und dann das Ergebnis in Großen Karten dargestellt.

Ziel:

· Einsicht in den Ablauf der Rechenoperation

· Additionen in aufsteigender Komplexität mit den goldenen Perlen handelnd lösen können

Voraussetzung für die Durchführung der großen Rechenoperationen ist lediglich das Kennen der Bauweise und der Regeln des Dezimalsystems.

Auf dieser Stufe wird noch nicht „gerechnet", sondern gezählt und falls nötig getauscht. Durch das Darstellen und das Zusammengeben der Mengen festigt das Kind sein Verständnis der Addition.

Die Lektionen zu den Rechenoperationen lassen sich in vier Schritte gliedern. Sie erleichtern die Planung und die Durchführung einer Lektion.

Manchmal kann es hilfreich sein, die Stufen auch zu benennen.

1. Darstellung der Aufgabe
2. Durchführung der Operation
3. Feststellen des Ergebnisses
4. Reflexion

④ Reflexion auf der symbolischen Ebene und Einführung des + Zeichens.

Nachdem das Kind das Ergebnis festgestellt hat, werden die Karten nach rechts geschoben.

Leiterin:

„Wir haben zwei Perlenmengen zusammen- gegeben. Wir wollten wissen, wie viele Perlen das zusammen sind.

Wir haben zusammen gegeben, wir haben **addiert**. Man spricht: 3124 plus (nun wird das Pluszeichen zur Rechnung gelegt) 1535 gleich 4659. – Das ist eine *Addition*."

Nun wird das Kind aufgefordert, in eigenen Worten das Geschehene zu beschreiben.

Erste Aufgaben:

Bei der Wahl der Summanden ist in dieser ersten Phase darauf zu achten, dass an jeder Stelle die Summe unter 10 bleibt.

So kann die Addition ohne Wechseln in den höheren Stellenwert durchgeführt werden.

Materialanordnung bei der Durchführung großer Rechenoperatiomen.

Zwei Sichtweisen des Gleichheitszeichens

3 1 2 4 + 1 5 3 5 = 4 6 5 9

Wichtig ist anzumerken, dass hier bei den Rechenoperationen das Wort „gleich" (dargestellt als Gleichheitszeichen = oder als Strich _____) auf das Ergebnis einer Handlung, im Sinn von „ergibt" hinweist. Für das Kind ist die Rechnung eine Handlungsanweisung, es soll Mengen zusammen geben, weg nehmen oder verteilen. Diese Interpretation des Gleichheitszeichens liegt seiner Lebenserfahrung näher.

In der weiteren Schullaufbahn wird das Gleichheitszeichen um eine zweite Vorstellung erweitert. Das „=" kann auch als Beziehungszeichen verstanden werden.

Dahinter steht die Vorstellung der Balkenwaage.

4+3 = 3+4

In dieser Funktion informiert das „=" über eine Gleichheit. Beim Übergang von der Arithmetik zur Algebra gewinnt diese Interpretation an Bedeutung.

Gruppenübung:

Diese ersten großen Additionen können auch als Gruppenübung durchgeführt werden, bei der einzelne Kinder verschiedene Aufgaben übernehmen:

Ein Kind spielt Bankier. Es übernimmt das Arbeitstablett (die Bank), teilt Perlenmengen aus und wechselt.

Ein oder mehrere Kinder legen die Kartensätze aus und betreuen diese. Zwei oder drei Kinder holen mit ihrem Tablett Perlenmengen und Karten, welche ihnen von der Leiterin aufgetragen wurden.

Ein Kind übernimmt die Durchführung der Addition, es fügt die Perlenmengen zusammen und stellt das Ergebnis fest.

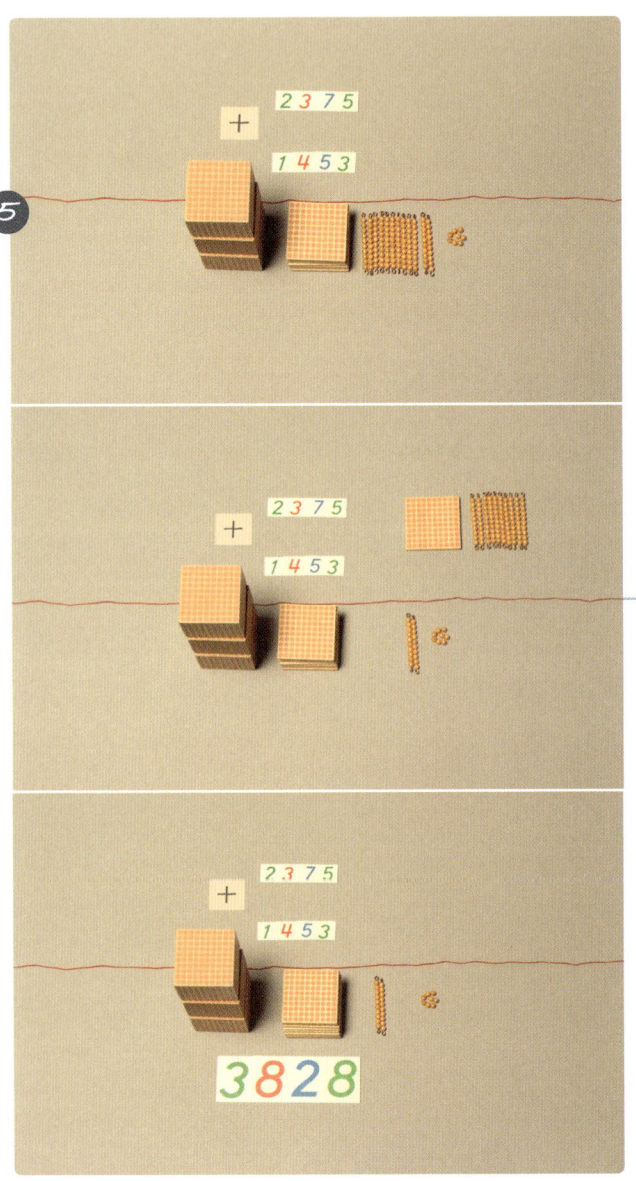

5 Nächste Stufe der Schwierigkeit

Aufgaben, bei denen auf einer oder mehreren Stellen die Bündelungszahl erreicht wird und daher nach oben gewechselt werden muss.

1. Aufgabe darstellen – wie oben
2. Operation durchführen – wie oben
3. Ergebnis feststellen

Der Wechselvorgang soll sorgfältig durchgeführt werden, am besten so:

· 10 Zehnerstäbchen etwas abseits bündig nebeneinander auflegen

· ein Hunderterquadrat aus dem Arbeitstablett holen und auf oder neben die Zehner legen (Gleichmächtigkeit sichtbar machen)

· die Zehnerstäbchen in das Arbeitstablett - den Hunderter zur Summe

Lebensbezug:

Schon früh kann die Leiterin in kleinen Geschichten einen Bezug zu Lebenssituationen herstellen, in denen das Kind die Fragestellung der Additionen erkennen und mit den goldenen Perlen auch lösen kann.

Übungskartei:

Eine Übungskartei kann nach folgenden Stufen aufgebaut sein.

1. Ohne Wechseln nach oben
2. Mit Wechseln nach oben an einer, zwei und drei Stellen.
3. Mit Nullstelle/n bei den Summanden
4. Mit Nullstelle/n im Ergebnis

Der große und die kleinen Kartensätze

Man könnte meinen, dass die großen Karten für das Ergebnis verwendet werden. Dem ist aber nicht so.

Bei allen großen Rechenoperation gilt:
Die jeweils größte Zahl wird mit großen Karten dargestellt.
Das sind bei der Addition die Summe, bei der Subtraktion der Minuend, bei der Multiplikation das Produkt und bei der Division der Dividend.

Die anderen Zahlen werden mit den kleinen Karten gelegt.

3.2. Subtraktion

3.2.1. Elementares Verständnis der Subtraktion

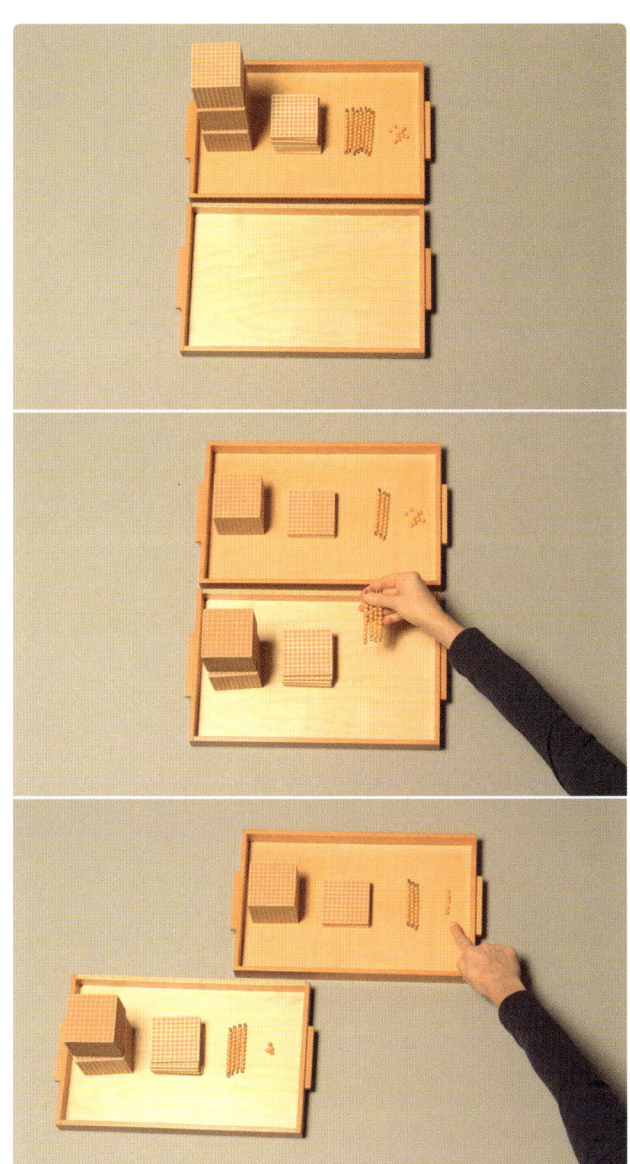

Die Leiterin lässt das Kind eine große Menge Perlen auf den Teppich legen. Dann fordert sie das Kind auf, davon etwas wegzunehmen.

Zuletzt zählen die beiden gemeinsam, wie viel noch übrig geblieben ist.

Alter: Ab 5 Jahren

Ziel:

Die Subtraktion als eine Handlung des Wegnehmens verstehen

Bei der ersten Begegnung hat das Kind hier die Möglichkeit, das Wesen der Subtraktion in einer elementaren Handlung zu erfahren.

Der Kartensatz wird erst im nächsten Schritt herangezogen.

„Du hast von der großen Perlenmenge etwas weggenommen. Du hast subtrahiert.
Das ist eine *Subtraktion*."

3.2.2. Große Subtraktion – Einführung der Rechenoperation

1 *Darstellung der Aufgabe*
Die Leiterin lässt das Kind den Minuenden in goldenen Perlen und großen Karten darstellen. Dann legt sie den Subtrahenden in kleinen Karten darunter.

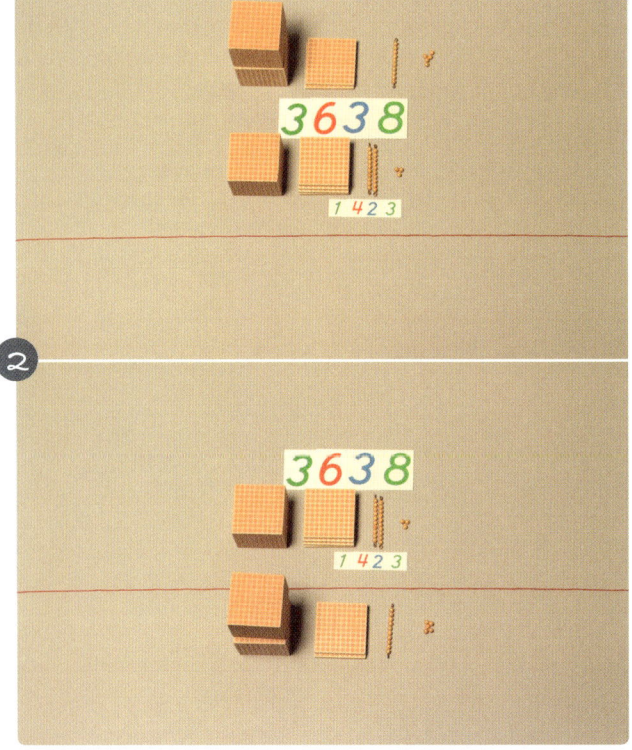

2 *Durchführung der Operation*
„Wir nehmen von der großen Menge 1423 Perlen weg und wollen wissen, wie viel übrig bleibt."

Danach wird der Rest nach unten geholt.

Wichtig:

Die Subtraktion wird hier als *Restverfahren* eingeführt. Es wird weg genommen, es interessiert der Rest. Bei Sachaufgaben nur solche anbieten, bei denen nach dem Rest und nicht nach dem Unterschied gefragt wird.

Für die Ermittlung des Unterschieds wird später das *Ergänzungsverfahren* eingeführt.

③ Feststellen des Ergebnisses
Die Perlen (=Rest) werden gezählt
und in kleinen Karten dargestellt.

Hinweis:

Auf nebenstehendem Bild ist gut zu erkennen, wie wichtig
die Materialarbeit für das Verständnis ist.

Bei den Perlen ist der Minuend nicht mehr an seinem
ursprünglichen Platz, wie könnte er auch, von ihm wurde
ja etwas weggenommen und dann der Rest nach unten
geholt.

Diesen wichtigen Sachverhalt kann das schriftliche
Rechenverfahren in dieser Klarheit nicht wiedergeben.

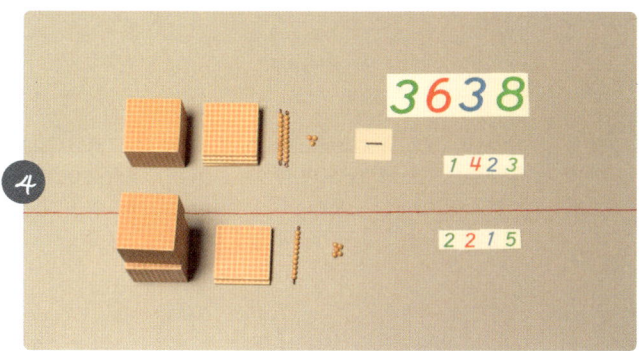

④ Reflexion und Einführung des Minuszeichens
Die Karten werden nach rechts heraus geschoben.

„Wir wollten wissen, wie viel übrig bleibt, wenn wir
von 3 638 Perlen 1 423 wegnehmen.
Wir haben weggenommen – wir haben subtrahiert.
Man spricht 3 638 minus 1 423 (das Minuszeichen wird zur
Rechnung gelegt) gleich 2 215. – Das ist eine *Subtraktion*"

Das Kind wird aufgefordert, das, was getan und was
herausgefunden wurde, in Worte zu fassen.

Steigerung der Schwierigkeit - Aufgaben mit Wechseln

Aufgaben bei denen auf einer oder mehreren Stellen
von einer höheren Kategorie in die nächst niedrigere
gewechselt werden muss.

Aufgabe darstellen

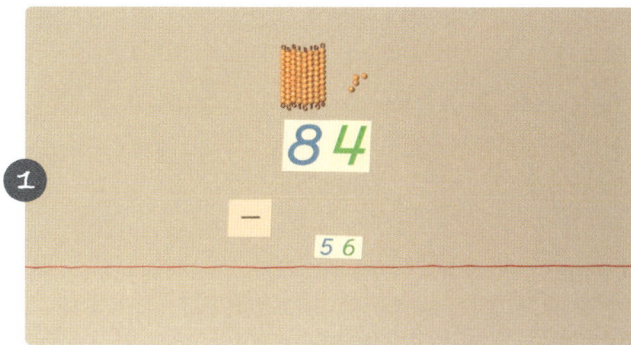

„Von 4 Einerperlen kann man nicht 6 Perlen
wegnehmen!" Das Kind soll möglichst selbst
die Lösung für dieses Problem finden.

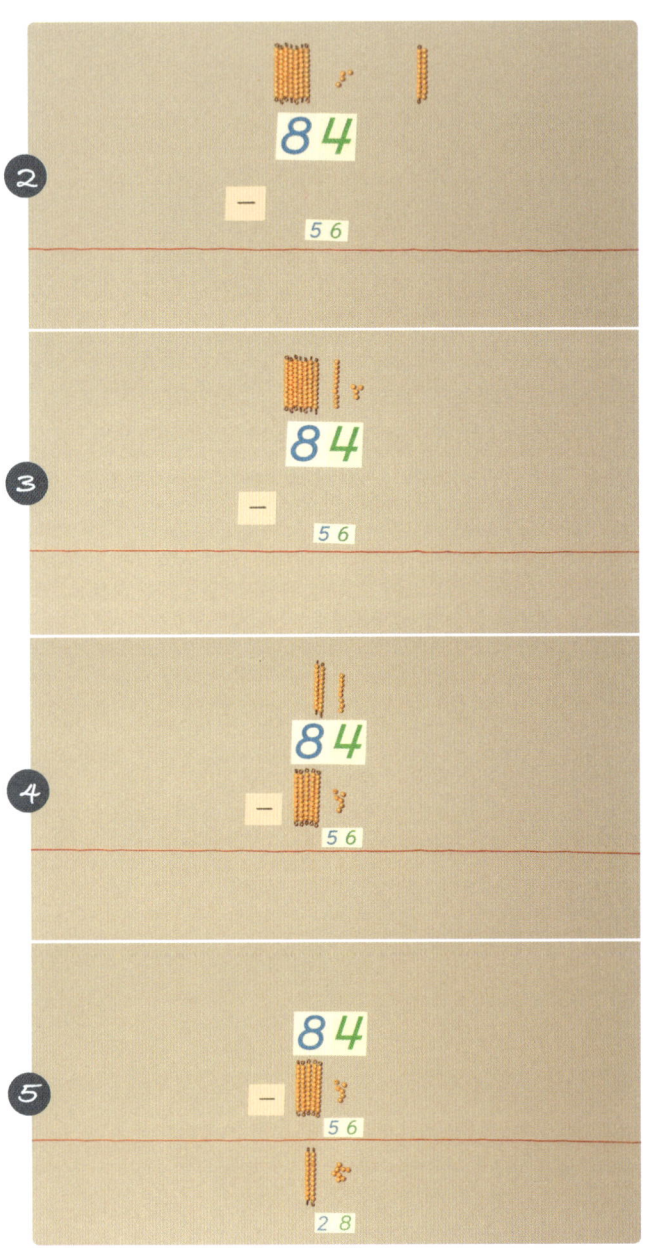

Wechseln
„Für einen Zehner hole 10 Einer."

„Von 14 Einern kann ich nun 6 Einer wegnehmen."

Operation durchführen

Ergebnis feststellen
Den Rest nach unten holen.
„Es bleiben 28. Das ist der Rest."

Eine Übungskartei kann nach folgenden Stufen
aufgebaut sein.

1. Ohne Wechseln
2. Mit Wechseln nach unten an einer, zwei und drei Stellen
3. Mit Nullstelle/n beim Minuenden
4. Mit Nullstelle/n beim Subtrahenden
4. Mit Nullstelle/n im Ergebnis

3.3. Multiplikation

3.3.1. Elementares Verständnis der Multiplikation

Ziel:

Die Multiplikation als eine Handlung des Zusammenfügens gleicher Mengen verstehen.

Die Multiplikation ist eine Sonderform der Addition, nämlich eine Addition mit gleichen Summanden.

Die Leiterin lässt drei Kinder die jeweils gleiche Menge an goldenen Perlen holen. Sie flüstert den Auftrag jedem Kind ins Ohr. Die Kinder holen, vergleichen und stellen die Gleichheit fest.

Dann lässt die Leiterin alle Perlen zusammenschütten.

Leiterin: „Wir haben die gleiche Perlenmengen zusammengegeben. Wir haben multipliziert. Das ist eine Multiplikation."

Wie bei der Addition kann das Ergebnis festgestellt werden (ordnen und wechseln).

Hinweis:

Bei der Einführung ist besonders darauf zu achten, dass die Aufmerksamkeit der Kinder auf die Gleichheit der Summanden gerichtet wird. Im Weiteren kann wie bei der Addition vorgegangen werden.

3.3.2. Große Multiplikation – Einführung der Rechenoperation

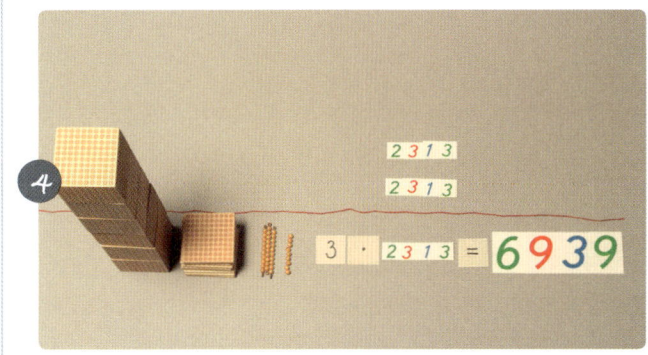

Alter: Ab 5 Jahren

Ziel:

· Einsicht in den Ablauf der Rechenoperation

· Multiplikationen in aufsteigender Komplexität mit den goldenen Perlen handelnd lösen können

1 Darstellung der Aufgabe
Die Leiterin fordert drei Kinder auf, die gleiche Menge in Perlen und mit Kartensatz auf dem Teppich auszulegen. Die Zahl wird jeweils ins Ohr geflüstert und nach dem Auslegen werden die Kinder gefragt, ob ihnen etwas auffällt.

2 Durchführung der Operation und Feststellung
3 des Ergebnisses wie bei der Addition.

4 Reflexion auf der symbolischen Ebene und Einführung des Mal-Zeichens.
Die Karten werden nach rechts herausgeschoben.
„Wir haben dreimal die gleiche Menge zusammengegeben und wollten wissen, wie viel das ist. – Wir haben mal genommen, wir haben multipliziert.

Nun legt die Leiterin 3 · vor den unteren der drei kleinen Kartensätze und spricht: „Drei mal 2313 gleich 6939. – Das ist eine *Multiplikation*."

Um das Ganze noch einmal zu überblicken, wird das Kind aufgefordert, in eigenen Worten das Geschehene zu beschreiben.

Steigerung der Schwierigkeit durch Auswahl von Summanden bei denen dann nach oben gewechselt werden muss.

3.4. Division

3.4.1. Elementares Verständnis der Division

Ziel:

Die Division als ein gleichmäßiges Verteilen verstehen, beim dem herausgefunden wird, wie viel eine/r bekommt.

Die Leiterin legt eine Menge Perlen in ein Tablett und bittet ein Kind, diese auf drei andere Kinder so zu verteilen, dass jedes Kind gleich viel bekommt.

Nach dem Verteilen wird festgestellt, ob jedes Kind wirklich gleich viel und wie viel ein Kind bekommen hat.

Leiterin: „Du hast gleichmäßig verteilt. Du hast dividiert. Das ist eine *Division*!"

Hinweis:

In diesem ersten Kennenlernen der Division wählt die Leiterin für den Dividenden nur Zahlen aus, die an jeder Stelle durch die Anzahl der Kinder, auf die verteilt werden soll, geteilt werden kann. So wird ein Wechseln nach unten vermieden.

Wichtig:

Bei einer Division will man wissen, was eine/r bekommt. Schon vom Beginn weg soll daher mit der Frage „Was hat eine/r bekommen?" das Augenmerk auf das Ergebnis gerichtet werden.

3.4.2. Große Division - Einführung der Rechenoperation

Ziel:

· Einsicht in den Ablauf der Rechenoperation

· Divisionen in aufsteigender Komplexität mit den goldenen Perlen handelnd lösen können

❶ Darstellung der Aufgabe
Die Leiterin fordert das Kind auf, die Zahl 6 393 mit Perlen und Karten darzustellen. Dann werden rechts drei grüne Kegel aufgestellt.

❷ Durchführung der Operation
Leiterin: „Verteile die Perlen so auf die drei Kegel, dass jeder gleich viel bekommt."

❸ Feststellen des Ergebnisses
Es wird kontrolliert, ob richtig verteilt wurde, und die kleinen Kartensätze werden dazu gelegt.

Dann der wichtige Satz:

Leiterin „Das Ergebnis ist, was ein Kegel bekommt."

4 *Reflexion und Einführung des Divisionszeichens*

Die Karten des Dividenden werden nach unten geholt.

Leiterin: „Wir haben die Zahl 6 393 auf drei Kegel verteilt und wollten wissen, wie viel ein Kegel bekommt. Wir haben verteilt, wir haben dividiert."

Nun legt die Leiterin die : 3 = Kärtchen hinter den Dividenden.

Man spricht:

"6 393 dividiert durch 3 gleich 2131." Das ist eine *Division*."

Steigerung der Schwierigkeit

Aufgaben bei denen an einer oder mehreren Stellen nach unten gewechselt werden muss.

1 *Aufgabe darstellen*

2 *Operation durchführen*

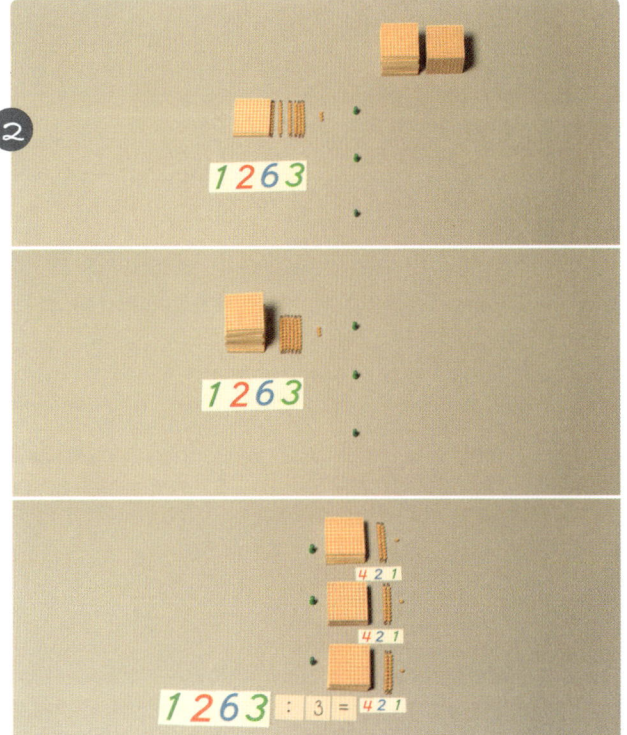

Ein Tausender kann nicht auf 3 verteilt werden. Er wird in 10 Hunderter gewechselt.

Nun kann Stelle für Stelle verteilt und dann das Ergebnis bei einem Kegel festgestellt werden.

Weitere Aufgabentypen:

· Aufgaben mit Rest

· Aufgaben mit Nullstellen im Dividenden oder im Quotienten

4. Rechnen im Zahlenraum 10

Alter: Ab 6 Jahren

4.1. Die Elemente des Zahlbegriffs im ZR 10

Bei der Arbeit mit den Roten Stangen, den Spindeln, den Ziffern und Chips und den Bunten Perlenstäbchen erarbeitet sich das Kind sein Wissen um jede Zahl im Zahlenraum 10. Ein Wissen, das sich aus mehreren Komponenten zusammensetzt.

Was weiß und kann ein Kind, wenn es den Zahlbegriff von 5 entwickelt hat?

· Es kann die Menge 5 zählen (synchron und simultan).

· Es kann die Menge 5 darstellen.

· Es kann die Ziffer lesen und schreiben.

· Es kennt die Zahlennachbarn.

· **Es hat die Zerlegungen automatisiert.**
  $5 = 5 + 0$
  $5 = 4 + 1$
  $5 = 3 + 2$
  $5 = 2 + 3$
  $5 = 1 + 4$
  $5 = 0 + 5$

· **Es kann das Vertauschungsgesetz nutzen.**

· **Es weiß, dass 5 eine ungerade Zahl ist.**

Um dieses wertvolle Wissen weiter nutzen zu können, ist es von besonderer Bedeutung, dass das Kind lernt, es mit der mathematischen Schreibweise zu verbinden.

4.2. Zerlegungswissen für das Rechnen nutzen

Gelingt es dem Kind, die Rechnung $3 + 2 =$ ___ mit der Zerlegung zu koppeln, so liegt es nahe, dass es sein Zerlegungswissen nutzt, anstatt aufwändig zählend zu rechnen.

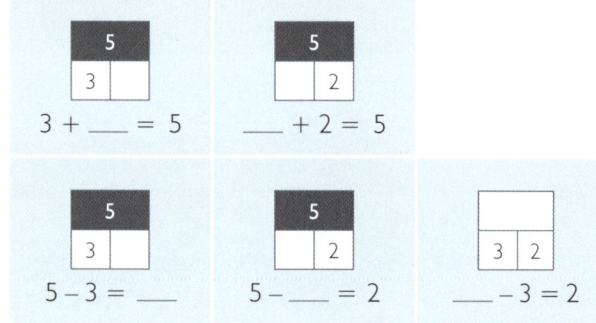

Rechnung	Zerlegungswissen	Koppelung
$3 + 2 =$ ___	5 / 3 | 2	3 | 2 / $3 + 2 =$ ___

In gleicher Weise gilt es, die Zahlzerlegungen auch für Ergänzungsaufgaben nutzbar zu machen. Die Koppelung von Zerlegung und Rechnung kann hier wieder eine hilfreiche Brücke schlagen.

$3 +$ ___ $= 5$
___ $+ 2 = 5$
$5 - 3 =$ ___
$5 -$ ___ $= 2$
___ $- 3 = 2$

4.3. Ergänzungsaufgaben verstehen

Zu Sicherung der Rechenfertigkeit ist es hilfreich, die Ergänzungsaufgaben mit passenden Bedeutungsvorstellungen zu hinterlegen.

Zwei Möglichkeiten seien hier vorgestellt:

a) Perlenstäbchen, bei denen die Leiterin entsprechend der Aufgabe Perlen abdeckt.

„Wie viele fehlen auf 5? – Drei plus wie viel gleich fünf?"
$3 +$ _ $= 5$

„Mehrere sind abgedeckt. Drei kannst du sehen? – Wie viel plus drei gleich fünf?"
_ $+ 3 = 5$

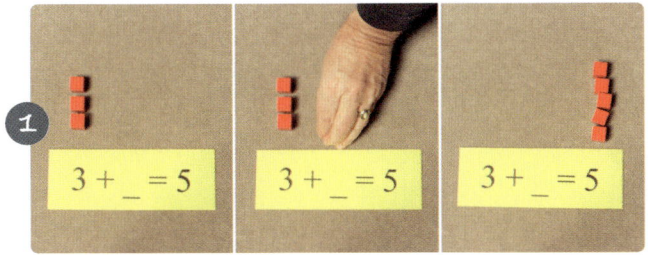

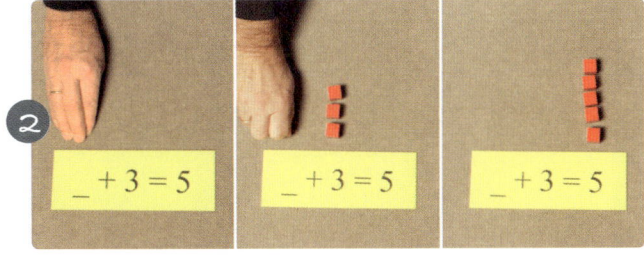

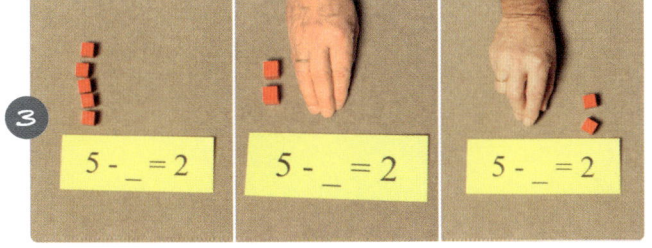

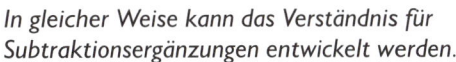

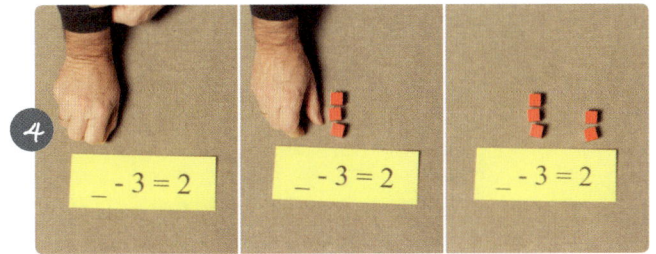

b) Das Verständnis für die Schreibweise von Ergänzungsaufgaben kann auch aus einer Handlung heraus entwickelt werden. In der didaktischen Literatur wird dafür die Arbeit mit der verdeckten Menge und der Sprechweise „einige" vorgeschlagen.

1 Leiterin: „Hier liegen drei Würfel." Dann gibt sie aus der verdeckten Hand 2 so dazu, dass das Kind nicht sehen kann wie viele es sind. Dazu spricht sie: „Ich gebe einige dazu. Zusammen sind es 5. Wie viele Würfel habe ich dazu gegeben? - Drei plus wie viel gleich fünf'?"

2 Die Leiterin hält zwei Würfel verdeckt in der geschlossenen Hand. Sie spricht: „Ich habe einige Würfel in der Hand" Dann gibt sie für das Kind sichtbar noch drei dazu. „Jetzt gebe ich noch drei dazu. Zusammen sind es fünf Würfel. Wie viele Würfel habe ich in der Hand gehabt? - Wie viel plus drei gleich fünf?".

In gleicher Weise kann das Verständnis für Subtraktionsergänzungen entwickelt werden.

3 „Hier sind fünf Würfel. Ich nehme einige (das Kind darf nicht sehen wie viele) davon weg. Zwei sind geblieben. Wie viele habe ich genommen? – Fünf minus wie viel gleich zwei?"

4 „Ich habe einige Würfel in der geschlossenen Hand. Davon nehme ich drei heraus. Dann sind noch zwei übrig. Wie viele habe ich in der Hand gehabt?.– Wie viel minus drei gleich zwei?"

4.4. Sachaufgaben lösen

Schon früh kann damit begonnen werden, dem Kind konkrete Situationen aus dem täglichen Leben zu erzählen. Zu diesen soll es die mathematische Frage finden und die daraus resultierende Rechnung lösen. Solche Aufgaben wären zum Beispiel:

· „Ich habe 3€. Mama gibt mir noch etwas dazu. Jetzt habe ich 5€."

· Oskar hat einige Stifte in seiner Federschachtel. Er gibt noch 2 neue Stifte dazu. Jetzt hat er 10.

· Maria hat eingekauft. An der Kassa bezahlt sie 3€. Sie hat jetzt noch 2€ in der Geldbörse.

4.5. Bringe Ordnung in die vielen Rechnungen – vertiefende Übung

Die Zahlzerlegungen sind, auch wenn sie sich durch das Nutzen des Vertauschungsgesetztes beinahe auf die Hälfte verringern, doch eine erhebliche Zahl von Merkaufgaben, von denen manche allzu gerne ins Dunkel des Vergessens entschwinden. Es ist daher hilfreich über die gesamte Grundschulzeit immer wieder Aufgaben anzubieten, die das Merkwissen aktivieren und die Einsichten in Zusammenhänge vertiefen.

Folgende Ordnungsaufgabe erscheint dafür gut geeignet:

1. Löse auf dem Beiblatt alle Additionen und schneide dann die Kärtchen aus.

2. Suche alle Verdoppelungen heraus und klebe sie auf das Blatt mit der Überschrift: Verdoppelungen

3. Suche zu jeder Addition ihre Tauschaufgabe. Lege sie so auf. ──────────▶
Hast du alle Paare gefunden, kannst du die zweite Spalte (die Tauschaufgaben) wegräumen und mit der einen Hälfte weiterarbeiten.

4. Suche alle Aufgaben mit +0 heraus und klebe sie auf das Blatt mit der Überschrift: Plus-null-Aufgaben

5. Suche alle Aufgaben mit +1 heraus und klebe sie auf das Blatt mit der Überschrift: Plus-eins-Aufgaben

6. Suche alle Aufgaben mit +2 heraus und klebe sie auf das Blatt mit der Überschrift: Plus- zwei-Aufgaben

7. Es sind sechs Aufgaben übrig geblieben. Klebe sie auf das leere Blatt. – Finde für diese Aufgaben selbst eine Überschrift.

➡ **Download**

Die größere Zahl vorne

Die kleinere Zahl vorne

3 + 1 = 4	1 + 3 = 4
6 + 3 = 9	3 + 6 = 9
4 + 2 = 6	2 + 4 = 6

Notizen:

5. Zahlenraum 20

5.1. Seguintafel I · Die Zahlen von 11 bis 19

Vorschau auf die drei Stufen der Erarbeitung

Die Menge
Zuerst wird mit den Perlenstäbchen für jede Zahl das Mengenbild dargeboten, …

Die Zahl
… als nächstes wird gezeigt, wie die Zahl geschrieben wird,

Menge und Zahl
… und zuletzt werden beide Darstellungsformen (Menge und Zahl) miteinander verbunden.

Entsteht der Eindruck, dass das Kind durch die Aufgliederung in drei Schritte unterfordert ist, so kann auch gleich mit der Kombination Menge und Zahl (Schritt c) begonnen werden.

Alter: Ab 5-6 Jahren

Ziel:

Zahlenraum 11-19: Aufbau und Orientierung

Ziel ist die innere Repräsentation jeder Zahl als Addition ein Zehner plus Einer (Zehnerstäbchen plus Einerstäbchen) z.B. 14 = 10 + 4

a) die Menge

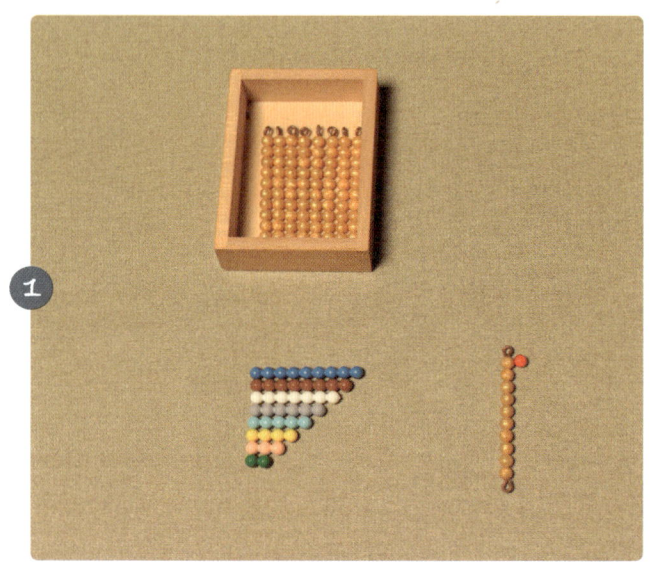

Die Leiterin legt ein Zehnerstäbchen und rechts daneben eine Einerperle und spricht „Zehn plus eins ist (gleich) elf", so weiter bis 19.

b) die Zahl

Menge zeigen und benennen
Dann soll das Kind die Zahlen auf Aufforderung zeigen („Zeig mir 17") und zuletzt benennen können („Wie heißt diese Menge?").

c) Menge und Zahl

Die beiden Zahlentreppen werden untereinander angelegt. Die Ziffernbrettchen liegen rechts daneben.

Leiterin: „Zehn plus eins ist elf" dabei schiebt sie das Täfelchen mit der 1 über die 0 bei der ersten 10.

So werden auch die anderen Zahlen eingeführt.

Dann soll das Kind die Zahlen wieder zeigen und benennen.

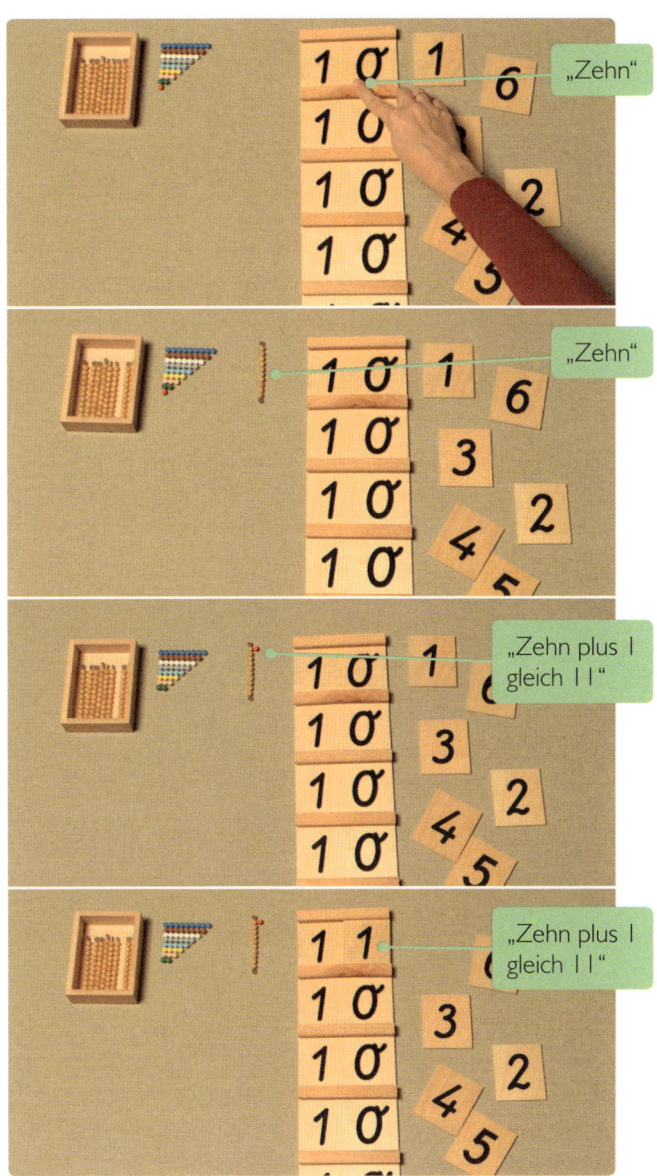

Menge und Zahl werden zugleich nebeneinander ausgelegt. Die Leiterin zeigt und spricht:

Übungen:

- **Zahlen schreiben und Mengen darstellen lassen**
  „Wie wird diese Menge geschrieben?" →▐
  „Lege diese Zahl mit Perlen." → 17

- **Zahlennachbarn**
  „Lege und schreibe die Zahl,
  die um eins größer/kleiner ist." →▐
  „Welche Zahl gehört zwischen diese beiden?" →▐ ▐

5.2. Zehner- und bunte Perlenstäbchen für Analogieaufgaben im 2. Zehner

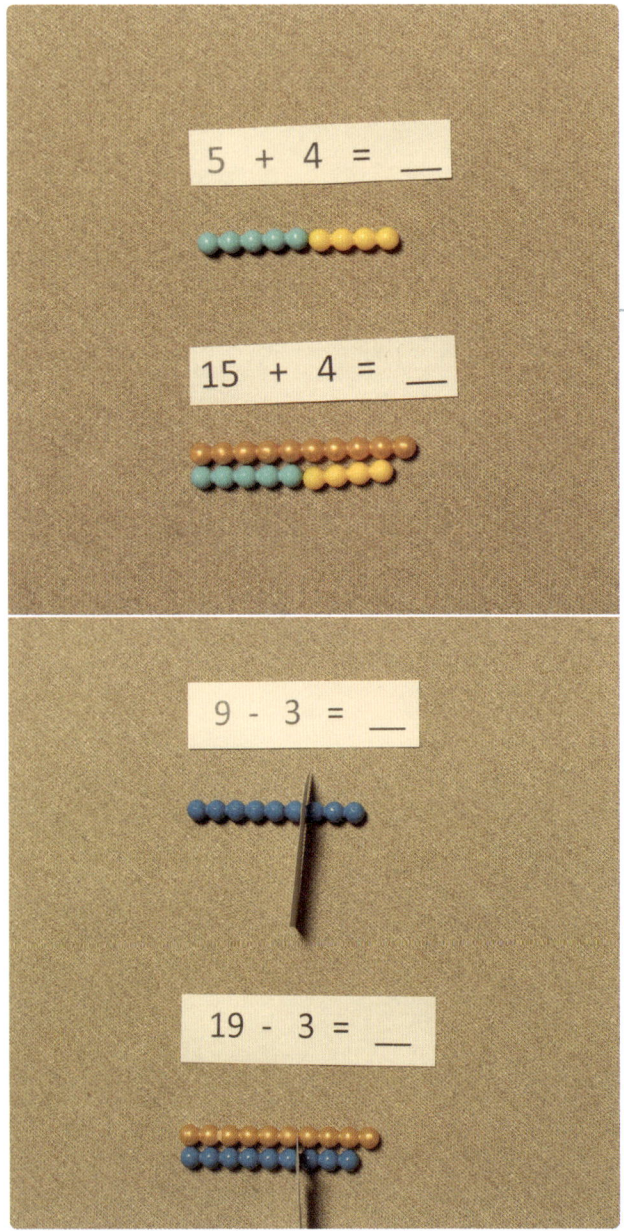

Die Analogie kann mit Zehnerstäbchen und bunten Perlenstäbchen gut verständlich dargestellt und gelöst werden.

> Der erste Schritt zum Rechnen im zweiten Zehner sind die Analogieaufgaben.
>
> Das Kind soll erkennen, dass diese Aufgaben gleich wie im ersten Zehner zu lösen sind.
>
> Neu ist lediglich die 10 (Zehnerstange), sie wird von der Operation jedoch nicht berührt.

5.3. Schlangenspiel zur Addition

Für die Zehnerüberschreitung haben sich zwei Strategien etabliert:

· *das Auffüllen des Zehners*
· *und/oder das Nutzen der Kraft der Fünf.*

Beide Strategien werden im Folgenden vorgestellt. Zuerst die Strategie mit Auffüllen des Zehners.

Beim Schlangenspiel lernt und übt das Kind diese Strategie.

Dazu sind mehrere Rechenschritte notwendig:
z.B.: 8 + 5 = __

folgende Stufen sind zu durchlaufen:

· Ergänzen auf 10 → 8 + __ = 10
· Zerlegen von 5 → 5 − 2 = 3
· Zu 10 dazugeben → 10 + 3 = 13

Beim Schlangenspiel lernt das Kind zuerst, wie es den Zehner zählend überschreiten kann. Sind ihm schon die Zerlegungen im ZR 10 geläufig, so wird es ihm nicht schwer fallen, allmählich vom zählenden auf das rechnende Überschreiten zu wechseln.

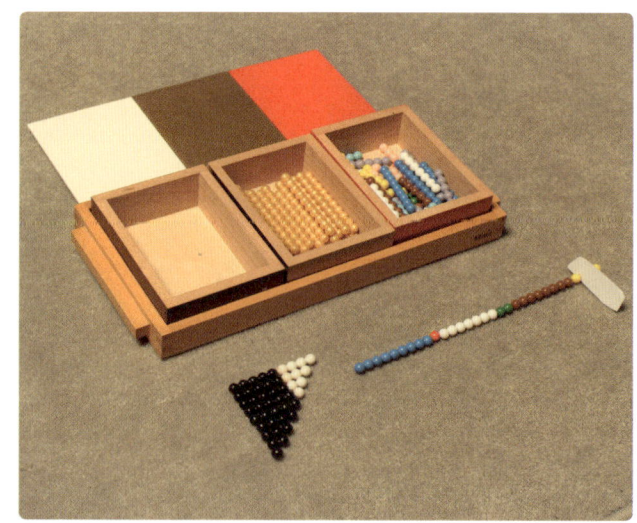

Zehnerüberschreitung mit Auffüllen des Zehners

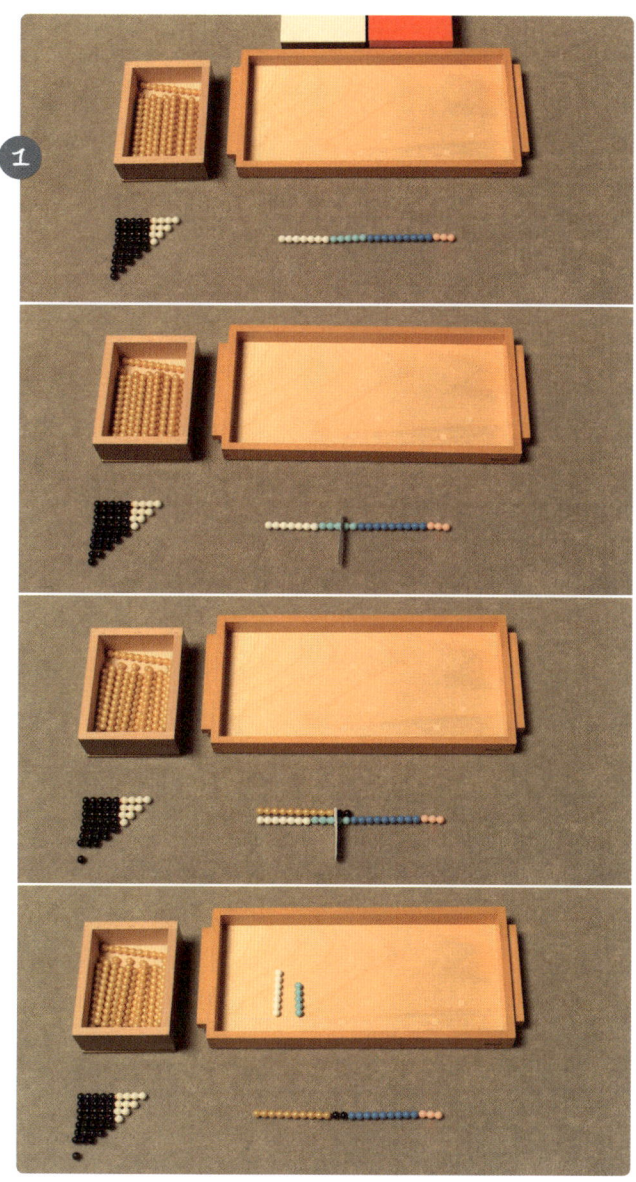

1 Das Kind legt eine beliebige Schlange aus bunten Perlen. „Wir wollen wissen, wie viele Perlen in der Schlange sind."

Mit dem Reiterchen wird über die ersten beiden Perlenstäbchen bis 10 gezählt und dann das Reiterchen festgesteckt.

Dann wird darüber ein Zehnerstäbchen zugeordnet, die „überstehende" Zwei als schwarzes Platzhalterstäbchen daran gelegt.

Die Überschreitung ist durchgeführt, das 7er und 5er Stäbchen werden in das Tablett weggelegt.

Ziel:

1. Phase der Einarbeitung:

Überschreiten des Zehners durch Zählen

2. Phase der Reflexion:

Erkennen der Struktur der Zehnerüberschreitung durch Auffüllen des Zehners

Die Schritte zum geläufigen Rechnen:

In diesem hier dargestellten ersten Schritt lernt das Kind zählend auf den Zehner zu ergänzen und den „überzähligen" Teil mit einem Perlenstäbchen dazustellen. So wird die Überschreitung handelnd bewältigt und die Rechenstruktur „Ergänzen - Zerlegen – Dazugeben" verinnerlicht..

Tipps zu Handhabung:

Ausgangsordnung:

· Die schwarz-weißen Platzhalterstäbchen werden als Treppe aufgelegt, das Kästchen geschlossen und zur Seite gestellt.

· Die Perlenstäbchen der bunten Schlange kommen aus dem roten Kästchen. Nach dem Auslegen der Schlange wird das Kästchen geschlossen und ebenfalls zur Seite gestellt.

· Das Kästchen mit den goldenen Zehnerstäbchen steht offen neben dem Tablett auf dem Teppich.

Tauschvorgang:

· Die gewechselten bunten Perlenstäbchen ins Tablett geben. Sie werden am Ende für die Probe gebraucht. Die Ersatzstäbchen immer zurück in die schwarz-weiße Treppe.

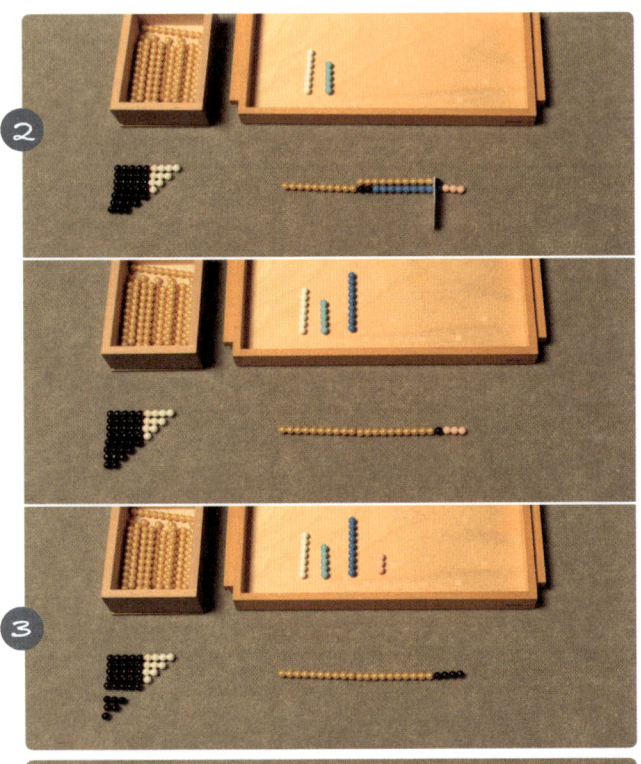

② Der nächste Zählvorgang startet beim schwarzen Platzhalterstäbchen.

③ Zum Schluss werden die Einerperle und das Dreierstäbchen in ein 4-er Platzhalterstäbchen gewechselt.

Das Ergebnis ist eine Schlange aus Zehnerstäbchen mit meist einem Platzhalterstäbchen am Ende. „Zusammen waren in der bunten Schlange 24 Perlen."

④ *Probe*

Die bunten Perlen der Schlange (sie wurden im Tablett gesammelt) werden so kombiniert, dass sie 10 ergeben und den Zehnerstäbchen der Ergebnisschlange zugeordnet.

Fallweise muss ein Stäbchen in eine Zerlegung gewechselt werden: „5 in 4 plus 1 wechseln."

⑤ Die Probe zeigt, dass die bunte Schlange richtig in Zehnerstäbchen und ein Platzhalterstäbchen gewechselt wurde.

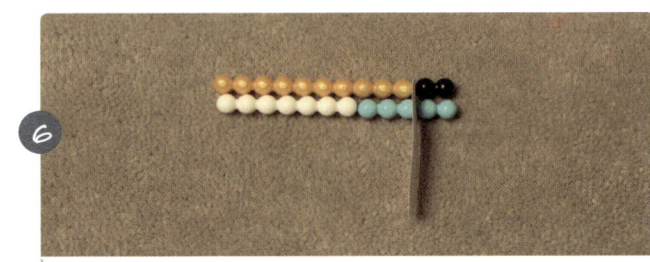

Bald verkürzt sich das Kind seine „Zählarbeit", indem es das erste Stäbchen benennt und gleich von diesem weiter zählt.

Hat sich eine gewisse Geläufigkeit eingestellt, führt die Leiterin zum nächsten Schritt.

Dazu hebt sie eine Überschreitung heraus und macht die Rechnung bewusst.

„Welche Rechnung liegt da?" - „7 + 5"
„Darüber hast du das Ergebnis." - „12"
„In welche zwei Teile zerfällt die 5?" - „in 3 und 2"

In dieser „Perfektionsphase" rechnet das Kind die einzelnen Schritte der Schlange. Wenn es unsicher ist, kann es auf das Zählen zurückgreifen.

Hinweis:

Natürlich könnten zur Probe die bunte Schlange und die eingewechselte Ergebnisschlange einfach übereinander gelegt werden.

Der zusätzliche „Nutzen" der hier gezeigten Probe liegt jedoch darin, die Zerlegungen im ZR 10 wiederholend geübt werden.

5.4. Streifenbrett zur Addition

5.4.1. Addieren wie mit einer Rechenmaschine

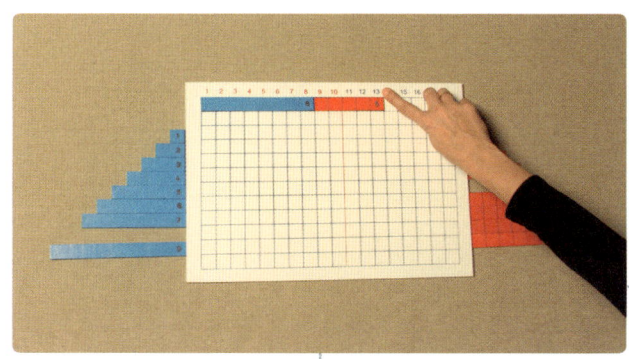

Das Kind wählt einen blauen und einen roten Streifen. Diese werden hintereinander in die erste Zeile gelegt.

Das Ergebnis kann in der Kopfzeile abgelesen werden.

„Acht plus fünf gleich dreizehn."

Das Kind kann in weiterer Folge selbst Aufgaben wählen, lösen und aufschreiben.

Die Streifen werden links (blau) und rechts (rot) vom Brett aufsteigend ausgelegt.

Der rote Strich zeigt an, dass hier beim Rechnen der Zehner überschritten wird.

Die roten Streifen sind durch Striche unterteilt. So ist beim Rechnen über den Zehner leicht zu erkennen, in welche Teile sich der zweite Summand gliedert.

Alter: Ab 5-6 Jahren

Ziel:

· Legen, Lösen und Verinnerlichen aller Additionsaufgaben, die mit Einerzahlen möglich sind (insgesamt 81).
Bei Montessori heißen sie „Grundaufgaben zur Addition". Heute ist auch die Bezeichnung „Kleines Einspluseins" geläufig.

· Verringerung der Merkaufgaben durch die Einsicht in Zusammenhänge.

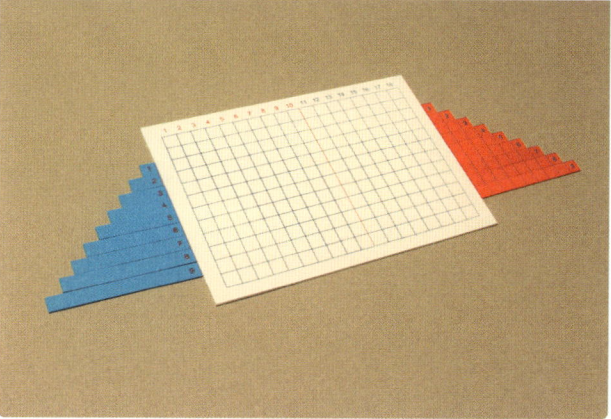

5.4.2. Systematisches Durcharbeiten von Additionsreihen

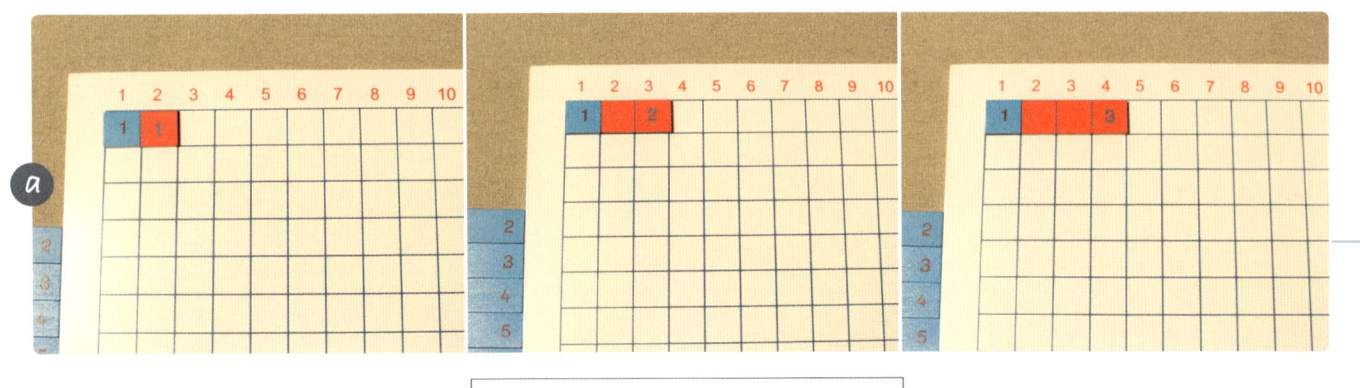

Erster Summand (blaue Eins) bleibt gleich, alle roten Summanden werden dazu addiert.

Bei diesen Reihen kann es für das Kind interessant sein, zu untersuchen, ab welcher Aufgabe der Zehner erreicht, bzw. überschritten wird. Diese könnten als neue Merkaufgaben farblich hervorgehoben werden.

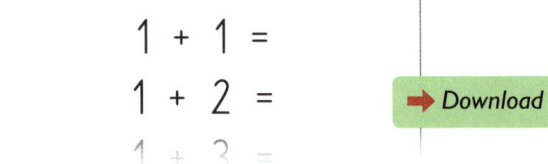

1 + 1 =

1 + 2 =   ➡ Download

1 + 3 =

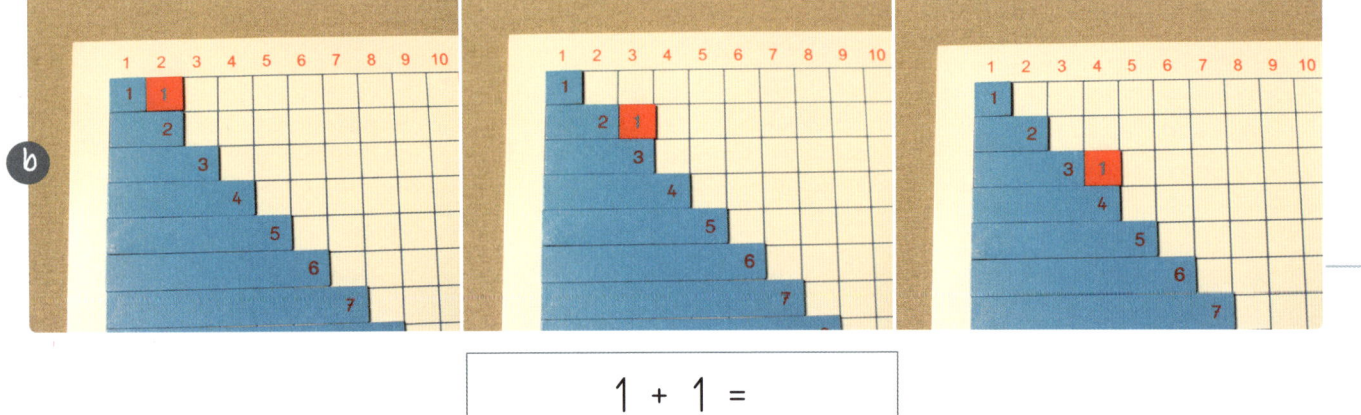

Die blauen Summanden werden untereinander, aufsteigend in das Brett gelegt und die roten Summanden der Reihe nach dazu addiert.

Auch hier könnten die Zehnerüberschreitungen hervorgehoben werden.

1 + 1 =

2 + 1 =   ➡ Download

3 + 1 =

Muster entdecken

In sogenannten „schönen" Päckchen stecken Muster oder Gesetzmäßigkeiten. Diese sollen gefunden und fortgesetzt werden.

In einem ersten Schritt können die Päckchen am Streifenbrett nachgelegt werden. So ist ihre Gesetzmässigkeit einfacher zu erkennen. Wird das begonnene Muster fortgesetzt, stechen Fehler rasch ins Auge.

Schöne Päckchen werden nachgelegt, fortgesetzt und zuletzt aufgeschrieben.

$$2+3=\ldots \quad 8+8=\ldots \quad 5+2=\ldots \quad 7+9=\ldots \quad 9+1=\ldots$$
$$3+3=\ldots \quad 7+7=\ldots \quad 5+4=\ldots \quad 6+8=\ldots \quad 8+3=\ldots$$
$$4+3=\ldots \quad 6+6=\ldots \quad 5+6=\ldots \quad 5+7=\ldots \quad 7+5=\ldots$$
$$5+3=\ldots \quad \ldots \qquad \ldots \qquad \ldots \qquad \ldots$$

Das Kind soll auch motiviert werden, das, was es herausgefunden hat, in eigene Worte zu fassen und auch selbst „schöne" Päckchen zu erfinden.

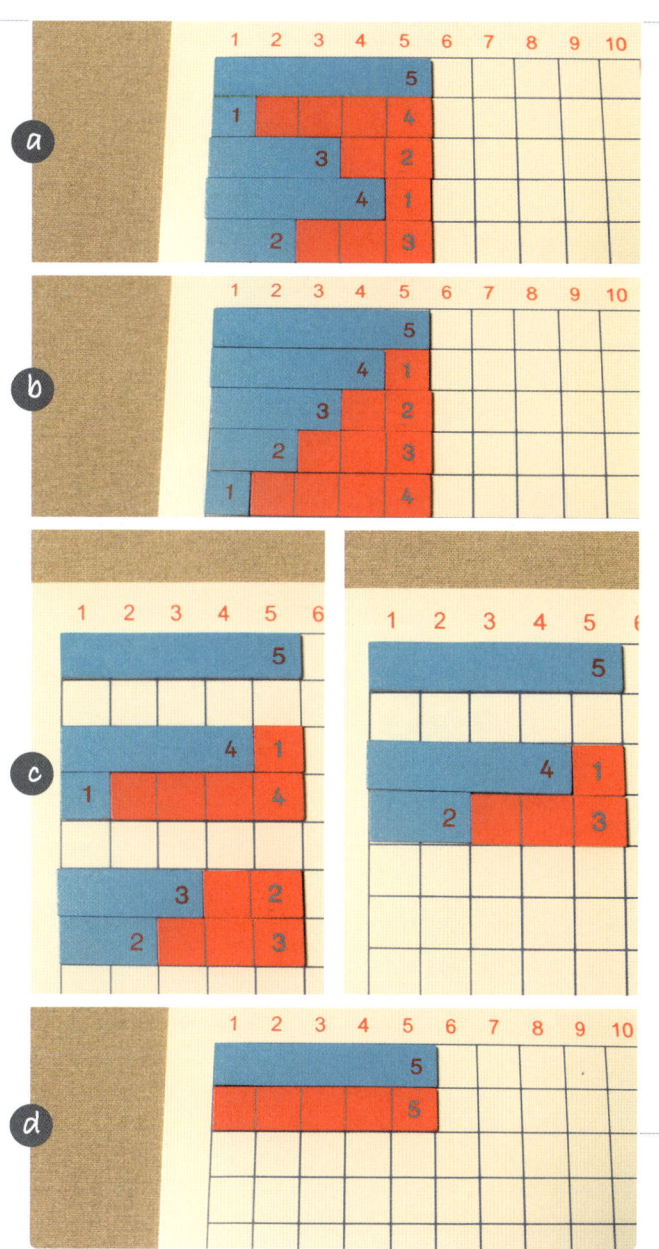

Alle Zahlzerlegungen von 2 bis 18

Zerlegungen im ersten 10er

a Die Leiterin legt die blaue 5 in die erste Zeile. „Suche immer 2 Streifen, die gleich 5 sind und lege sie darunter."

Kind legt die Kombinationen in die Zeilen unter die blaue Fünf.

b Sie können dann noch in eine übersichtliche Treppe geordnet werden.

c Die Tauschaufgaben werden gesucht und eine Hälfte aussortiert.

d *Wichtig ist, auch die Rechnung mit der Null zu formulieren.*

Die Leiterin streicht über die blaue Fünf und sagt „5 blau plus 0 rot gleich 5". – „5 + 0 = 5"

Auch die Tauschaufgabe zeigen: „0 blau + 5 rot gleich 5".

Das Aufgabenformat kann dazu genutzt werden, die Zerlegungen im ersten Zehner zu üben und zu festigen.

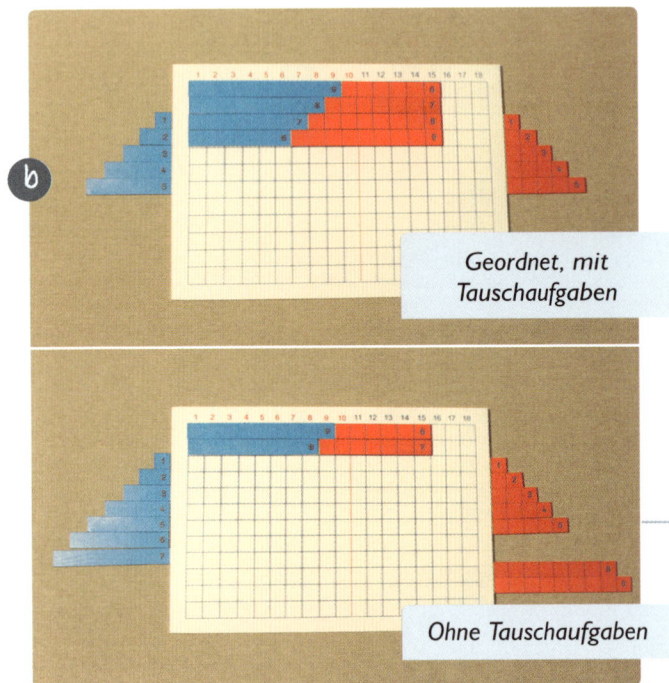

Geordnet, mit Tauschaufgaben

Ohne Tauschaufgaben

Zerlegungen 11 - 18

Die Leiterin zeigt in der Kopfzeile z.B. auf die 15 und fordert das Kind auf, alle blau-rot Kombinationen zu finden.

Die Kombinationen können aufgeschrieben, die Tauschaufgaben aussortiert werden.

Erkenntnis am Beispiel der Zahl 15:

Bei 15 lassen sich nur 4 Kombinationen legen. Mehr gibt es nicht. Gibt man die Tauschaufgaben weg, bleiben bei 15 nur zwei Zerlegungen (Zehnerüberschreitungen) die zu merken sind.

$15 = 9 + 6$

$15 = 8 + 7$

$(15 = 7 + 8)$

$(15 = 6 + 9)$

Das Kind kann jederzeit seine Ergebnisse auf der Kontrolltafel (siehe unten) überprüfen.

Zahlzerlegungen von 11 bis 18

· Bei jeder Zahl (von 11 bis 18) ist die Anzahl der Zerlegungen begrenzt.

· Insgesamt gibt es nur 20 Zerlegungen.

· Die Zerlegungen sind die Zehnerüberschreitungen

Alle Zehnerüberschreitungen ohne Tauschaufgaben

Hand aufs Herz!
Lösen Sie selbst die Aufgabe 7 + 4
noch mit drei Schritten über den Zehner,
oder wissen sie es einfach?

Für das Kind sollen diese 20 Zehnerüberschreitungen
zu automatisiertem Wissen werden.

Zur Komplettierung der Grundaufgaben können sie dem
Kind als Zahlenhausheftchen zur Verfügung gestellt werden.

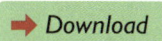 Download

5.5. Schwarzweiße Platzhalterstäbchen - Zehnerüberschreitung mit der Kraft der 5

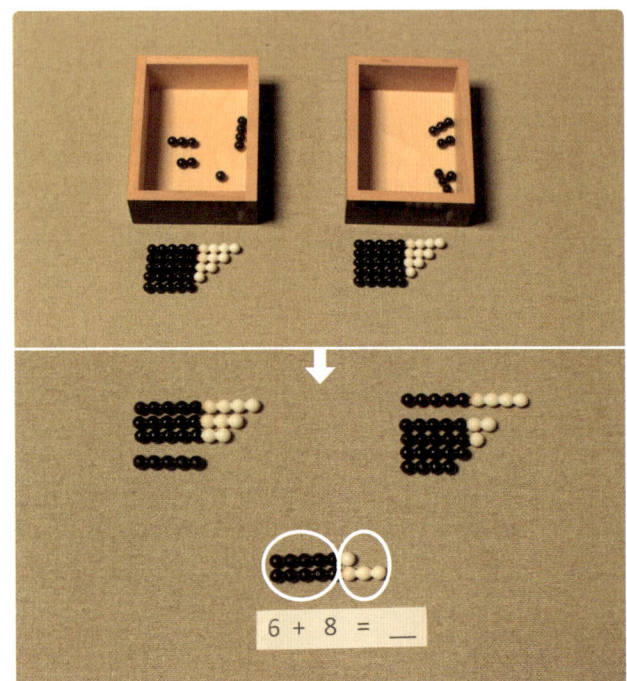

6 + 8 = ___

Die zweite gängige Strategie der Zehnerüberschreitung nutzt die Kraft der 5. Vierzehn von den zwanzig Zehnerüberschreitungen lassen sich mit ihr lösen.

Das sind genau die Aufgaben, die bei der Überschreitung durch Auffüllen meist als schwierig empfunden werden. Voraussetzung für das Nutzen der Kraft der 5 ist, dass das Kind folgende Zerlegungen leicht abrufen kann:

$6=5+1$, $7=5+2$, $8=5+3$, $9=5+4$, $10=5+5$

Vorgangsweise:
Die beiden Sets als Treppe nebeneinander auslegen.
Aufgabe darstellen.

Aufgabe: $6+8=$

Denkvorgang:
Zuerst werden die Fünferanteile der beiden Summanden herausgelöst und addiert ($5+5=10$), so sind Zehn erreicht.

Nun bleibt noch die einfache Rechung $1+3=4$.
Das Ergebnis ist $10+4=14$.

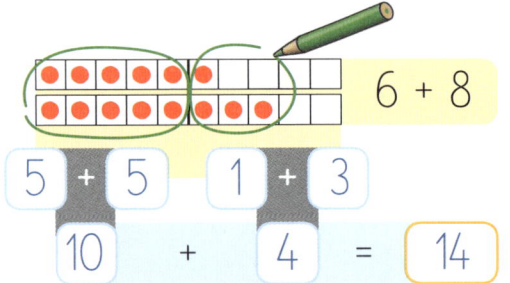

6 + 8

| 5 | + | 5 | | 1 | + | 3 |
| 10 | | + | | 4 | = | 14 |

Rechnet zu zweit so:

Damit geht es auch:

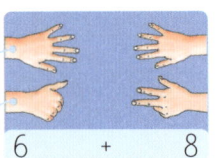
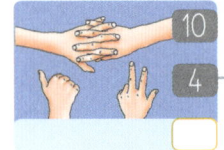

6   +   8   =   10 / 4

Zur Darstellung können auch die Finger gut genutzt werden.

Wichtig! Hier wird nicht einfach weitergezählt, vielmehr verdeutlichen die Hände/Finger den Weg des Zerlegens und geschickt Zusammensetzens.

Alter: Ab 5-6 Jahren

Ziel:

Zehnerüberschreitung mit der Kraft der 5

Diese Strategie wurde in einem Werkbrief der Montessori-Vereinigung Aachen als weitere Möglichkeit der Zehnerüberschreitung vorgestellt. Siehe: Zeitschrift für Montessori-Pädagogik, 40. Jahrgang (2002) – Heft 3-4

Welche Aufgaben können mit der Kraft der 5 gelöst werden?

Die Kraft der 5 hilft bei Aufgaben, bei denen beide Summanden fünf oder größer sind. In der Zerlegungstabelle sind diese Aufgaben blau gekennzeichnet. Die restlichen sechs (grün) werden durch Auffüllen gelöst.

11	12	13	14	15	16	17	18
9+2	9+3	9+4	9+5	9+6	9+7	9+8	9+9
8+3	8+4	8+5	8+6	8+7	8+8		
7+4	7+5	7+6	7+7				
6+5	6+6						

Von den Verdoppelungen zu den Nachbaraufgaben

Fragt man Kinder, wie sie Aufgaben lösen, so erklären sie häufig folgende Strategie:

Aufgabe $6+7=$
„Ich rechne $6+6$ und dann noch 1 dazu."
oder
„Ich denke $7+7$ und nehme dann 1 weg."

Also! Kinder durchaus auch eigene Strategien finden, nutzen und erklären lassen.

5.6. Schlangenspiel zur Subtraktion · Zehnerunterschreitung

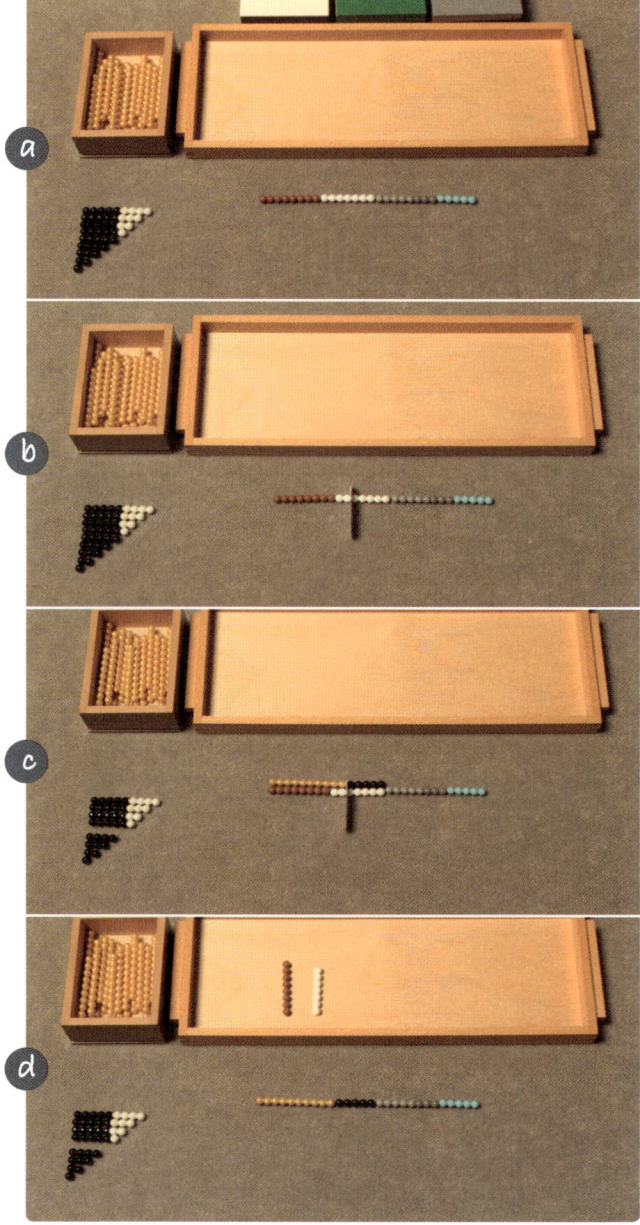

ⓐ Eine Schlange mit bunten Perlenstäbchen auslegen, dazwischen werden graue Stäbchen eingefügt, mit diesen wird minus gerechnet.

„Wir wollen wissen, wie viele Perlen in der Schlange sind. Bei bunten Stäbchen zählen wir plus bei den grauen Stäbchen minus."

Bis zum ersten grauen Stäbchen wird wie beim Schlangenspiel zur Addition gearbeitet.

ⓑ Mit dem Reiterchen bis 10 zählen.

ⓒ In ein Zehner- und ein Platzhalterstäbchen wechseln und diese darüber legen.

ⓓ Die gewechselten bunten Stäbchen (8, 7) in das Tablett legen.

Ziel:

· Phase der Einarbeitung:
Unterschreiten des Zehners durch Zählen

· Phase der Reflexion:
Erkennen der Struktur der Zehnerunterschreitung

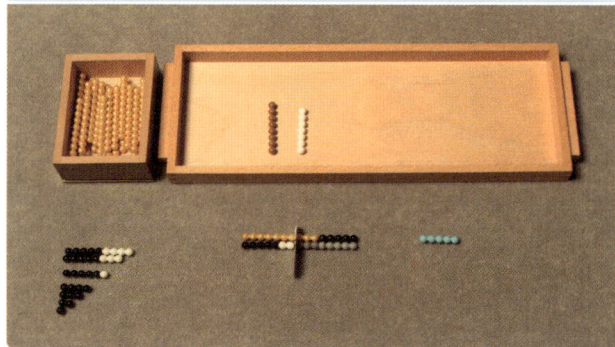

Zehnerunterschreitung

Auf einer ersten Ebene wird die Unterschreitung handelnd/zählend bewältigt.

Nach einiger Geläufigkeit sollen dann die Unterschreitungen herausgehoben und besprochen und auch gerechnet werden.

„Welche Rechnung liegt da?" - „15 − 8"
„Wie heißt das Ergebnis?" - „7"
„In welche Teile zerfällt die 8?" - „in 5 und in 3"

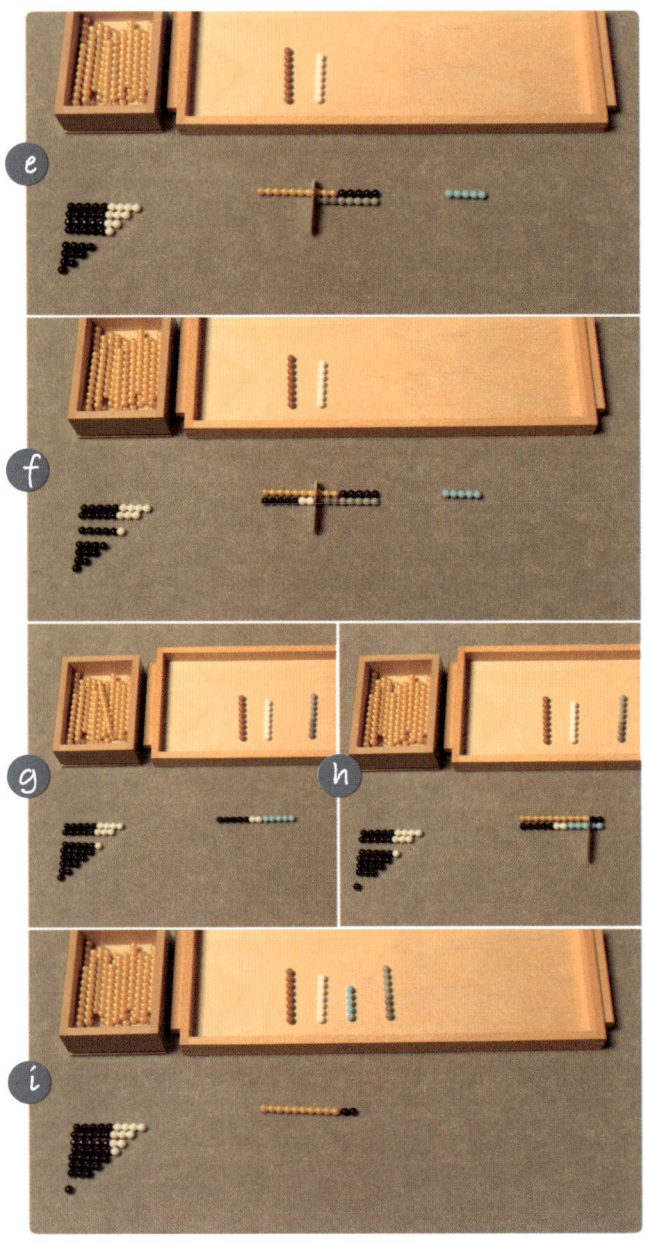

e Das Minusstäbchen (-8) nach unten schieben und mit dem Reiterchen acht Schritte zurück zählen.

f Platzhalterstäbchen (7) für den Rest hinlegen.

g Zehnerstäbchen zurück in das goldene Kästchen.
Platzhalter (5) zurück in die Platzhaltertreppe.
Minusstäbchen (-8) in das Tablett.
Das Siebenerstäbchen heran schieben …

h … und wie oben weiterarbeiten.

i Das Ergebnis ist eine Schlange aus Zehnerstäbchen mit meist einem Platzhalterstäbchen am Ende.

Tipps zu Handhabung:

Ausgangsordnung:
· Die schwarz-weißen Platzhalterstäbchen werden als Treppe aufgelegt, das Kästchen geschlossen und neben den Teppich gestellt.

· Die Perlenstäbchen der bunten Schlange kommen aus dem roten Kästchen, die Minusstäbchen aus dem grauen Kästchen. Nach dem Auslegen der Schlange beide Kästchen geschlossen neben den Teppich stellen.

· Das Kästchen mit den goldenen Zehnerstäbchen steht offen neben dem Tablett auf dem Teppich.

Tauschvorgang:
· Die gewechselten grauen und bunten Perlenstäbchen ins Tablett geben. Sie dienen am Ende für die Probe.

· Die Platzhalterstäbchen immer zurück in die schwarz-weiße Treppe legen.

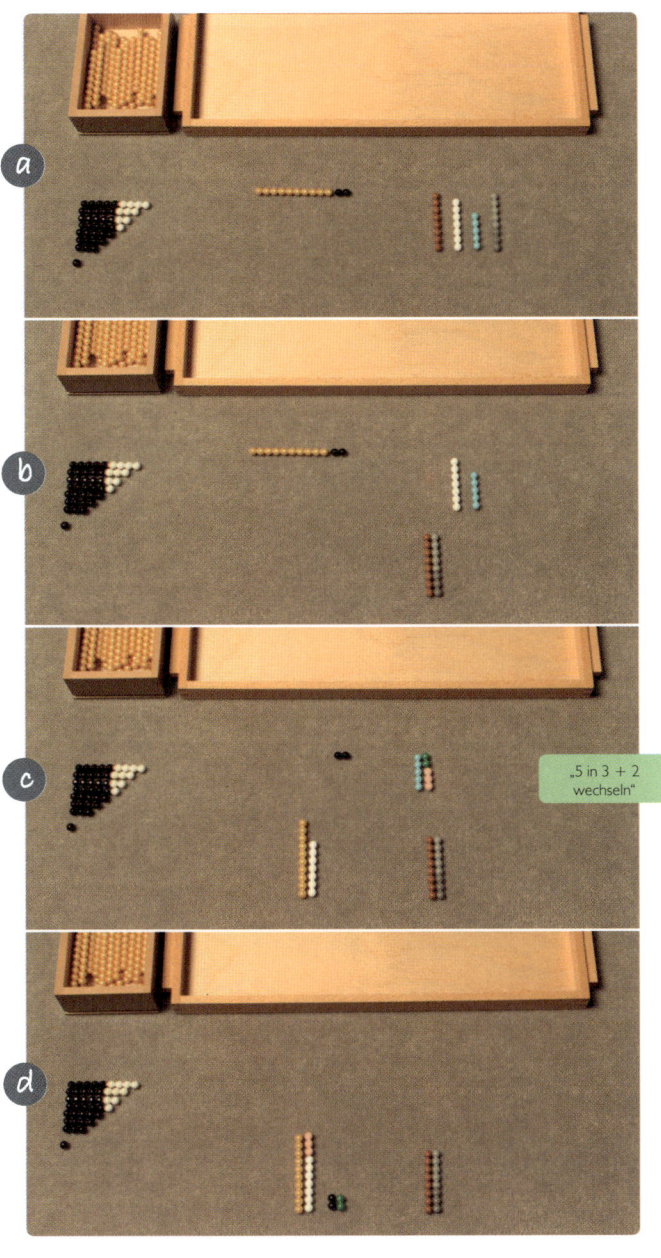

Probe:

ⓐ Die bunten und grauen Stäbchen aus dem Tablett nehmen und auslegen.

ⓑ Jedem grauen Minusstäbchen ein oder mehrere Plusstäbchen (wenn notwendig wechseln) zuordnen, sie heben sich auf.

ⓒ ⓓ Die verbleibenden bunten Stäbchen werden den Stäbchen der Ergebnisschlange zugeordnet (wie beim Schlangenspiel zur Addition).

„5 in 3 + 2 wechseln"

Geläufiges Rechnen unter den Zehner:

Es stellt sich die Frage, ob es, nachdem das Kind beim Schlangenspiel zur Subtraktion die Schritte der Zehnerunterschreitung „absorbiert" hat, noch sinnvoll und notwendig ist, es vertiefend mit Aufgaben zu beschäftigen, bei denen in drei Schritten unter den Zehner gerechnet werden soll.

Weniger aufwändig erscheint es, sich wie im ZR 10 auf die Zahlzerlegungen zu konzentrieren und diese für das Lösen der Unterschreitungen zu nutzen.

Wie oben dargestellt sind es nur 20 Zerlegungen.
Es lohnt sich, sie zu automatisieren und anschließend mit der Rechenschreibweise zu koppeln.

Rechnung	Zerlegungswissen	Koppelung
	15	15
	8 7	8
15 - 8 = ___		15 - 8 = ___

5.7. Kontrolltafeln zur Addition 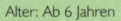 Alter: Ab 6 Jahren

Die Kontrolltafeln dienen, wie ihr Name schon sagt, zur Selbstkontrolle. Sie umfassen die Grundaufgaben der Addition (= alle Additionen, die mit Einerzahlen gerechnet werden können). Die Tafeln unterschieden sich lediglich in der Art, wie sie zu lesen sind.

Der Einfachheit halber wird bei der Benennung nicht zwischen Tabellen und Tafeln unterschieden. Alle können nach Einführung in den Gebrauch zur Selbstkontrolle und zum Erkennen von Strukturen verwendet werden.

Tafel 1

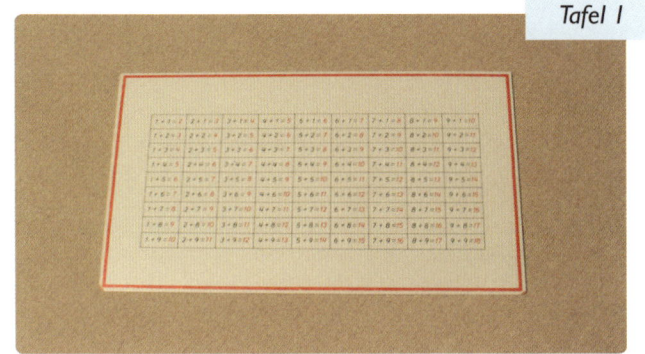

Traditionelle Schreibweise in Aufgabensätzchen.

Tafel 3

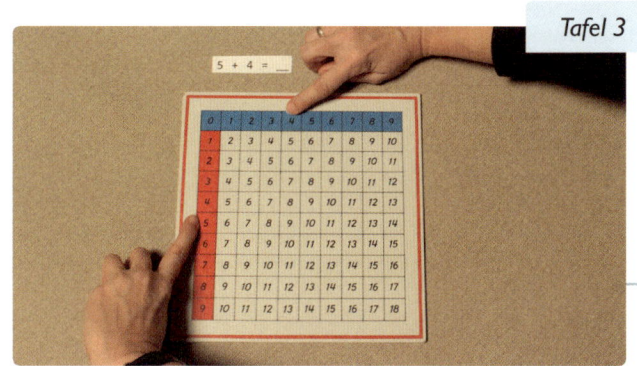

Tafel 2

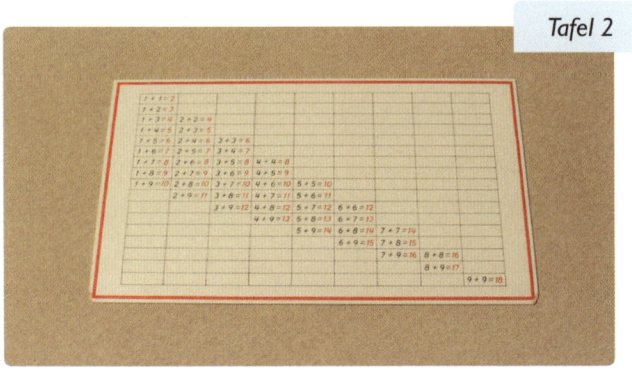

Aufgabensätzchen, jedoch ohne Tauschaufgaben.
In der jeweils nächsten Spalte wurde/n die Tauschaufgabe/n, die in der vorhergehenden Spalte schon vorgekommen ist/ sind, weggelassen. Zum Beispiel fehlt in der zweiten Spalte 2 + 1, da in der ersten Spalte schon 1 + 2 steht.

Diese Tafel dient zur Verdeutlichung, wie durch das Weglassen der Tauschaufgaben die Zahl der Aufgaben sich insgesamt reduziert.

In den Zeilen findet das Kind die Merkaufgaben zu den Zerlegungen der Zahlen 2 bis 18.

Tafel 4

*Folgende Aufträge helfen Ihnen,
sich die Struktur der Tafel 3
einprägsam zu erschließen:*

Rote Spalte = erster Summand
Blaue Zeile = zweiter Summand
Dort wo sich Zeile und Spalte kreuzen, steht die Summe.
3 + 4 = 7

· Schreiben Sie die Lösungen aller Additionen in die 81 Kästchen.

· Kennzeichnen Sie die Verdoppelungen gelb.

· Um die Diagonale der Verdoppelungen spiegeln sich die Tauschaufgaben. Suchen Sie z.B. die Tauschaufgaben zu 2+1, 3+2, 6+4, 9+1. Streichen Sie danach die Ergebnisse aller Tauschaufgaben, die oberhalb der Diagonale liegen durch.

· Kennzeichnen Sie in den verbliebenen Feldern die Ergebnisse, die im ersten Zehner liegen, grün (= alle 25 Additionen im ZR 10)

· Dann alle Felder deren Ergebnis die Zehn überschreiten orange (= Zehnerüberschreitungen)

· Ideen für weitere Suchaufgaben:
+1 Aufgaben, +2 Aufgaben, Zehnerüberschreitungen mit der Kraft der 5, Nachbaraufgaben zu Verdoppelungen
(3+3 → 4+3)

0	1	2	3	4	5	6	7	8	9
1									
2									
3				7					
4									
5									
6									
7									
8									
9									

Tabellenschreibweise

Die Leiterin zeigt, wie zuerst am oberen und linken Rand die Aufgabe dargestellt und dann durch das senkrechte und waagrechte Bewegen der Finger das Ergebnis gefunden wird.

In der Praxis wird diese Tabelle gerne verwendet, weil sie handlich ist, und diese Tabellenform mittlerweile auch allgemein gebräuchlich ist.

Diese Tafel wird vor allem verwendet, um zu verdeutlichen, wie das Weglassen der Tauschaufgaben die Anzahl der Aufgaben reduziert.

5.8. Aufgabenkästen zur Addition 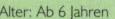 Alter: Ab 6 Jahren

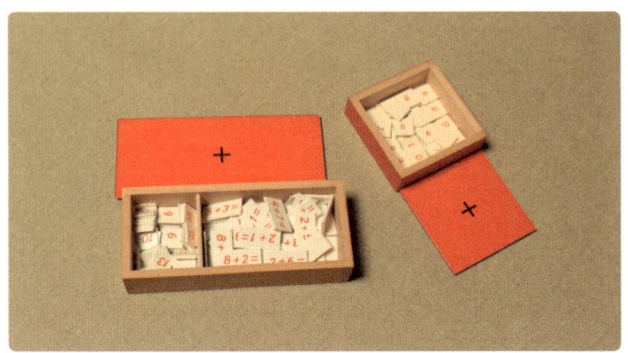

Die Aufgabenkästen sind leider ein oft zu wenig geschätztes Material. Richtig genutzt, bergen sie jedoch eine Fülle von Möglichkeiten die Grundaufgaben zu üben und Einsichten in Zusammenhänge zu verdeutlichen.

Kasten 1

Die zwei Fächer enthalten Aufgabenkärtchen und Lösungskärtchen. Sie sind im Grunde nichts anderes als die Tafel 1, auseinander geschnitten in Aufgaben und Lösungen.

In der Folge finden Sie Anregungen zur Arbeit mit diesem Kasten.

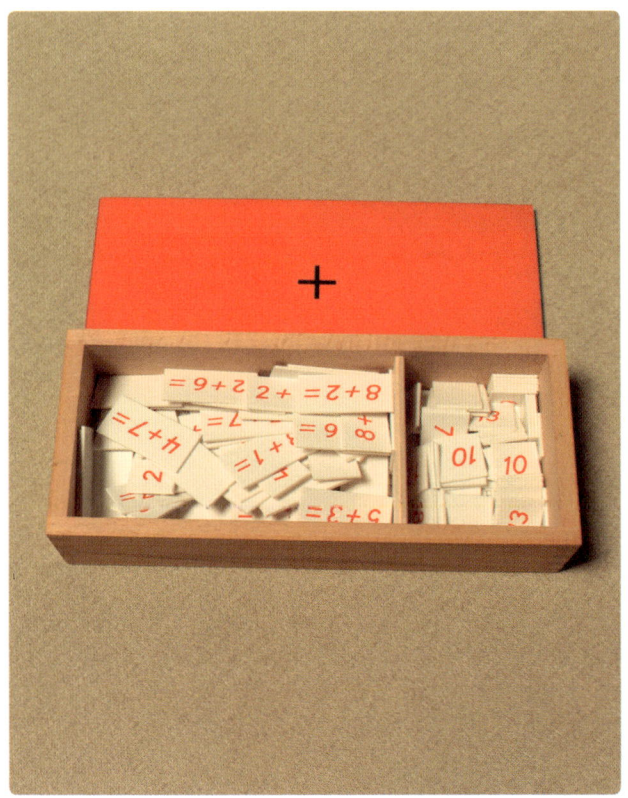

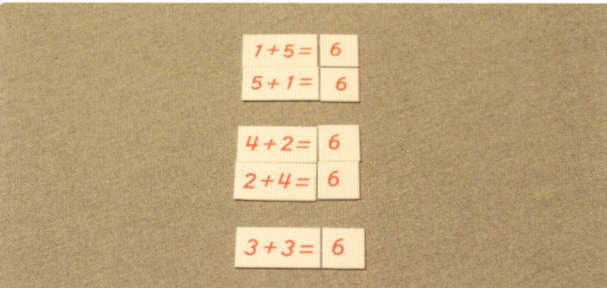

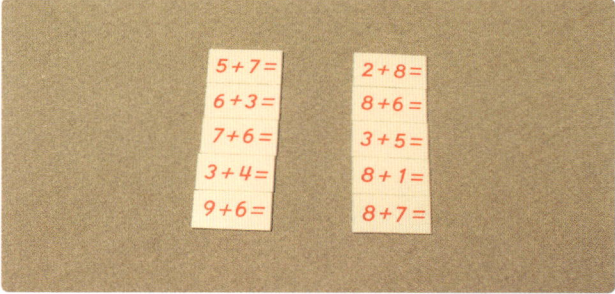

Übungsvorschlag 1:

„Schütte alle Aufgabenkärtchen auf den Teppich.
Wie könntest du sie ordnen?
Lege die Lösungen dazu."

Übungsvorschlag 2:

„Wähle eine Ergebniszahl (2 bis 18).
Suche alle Aufgaben, die diese Zahl als Ergebnis haben.
Löse die Aufgaben und sortiere dann
die Tauschaufgaben aus."

Übungsvorschlag 3:

„Ziehe blind 10 Aufgabenkärtchen.
Schreibe sie auf und löse die Rechnungen.

In einer Stufe davor können die Aufgaben noch mit dem
Streifenbrett gelöst werden."

Übungsvorschlag 4:

„Suche alle Aufgaben, die nach dem + eine 2 haben.
Ordne sie. Suche dann zu jeder Aufgaben die passende
Tauschaufgabe. Löse die Aufgaben."

Für dieses Beispiel wurde für den zweiten Summanden
die 2 gewählt. Jede Zahl von 1-9 ist möglich.

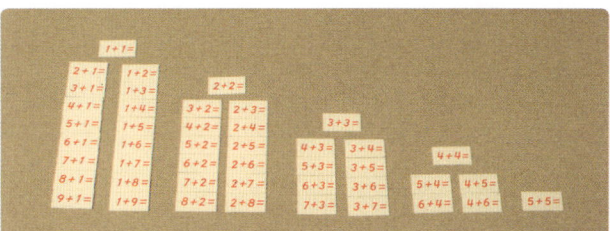

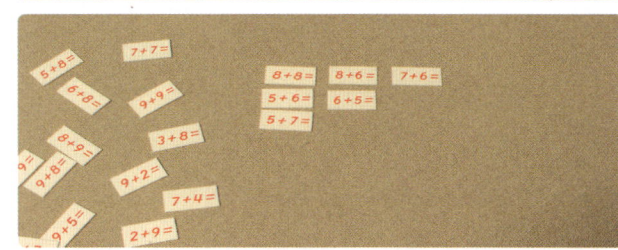

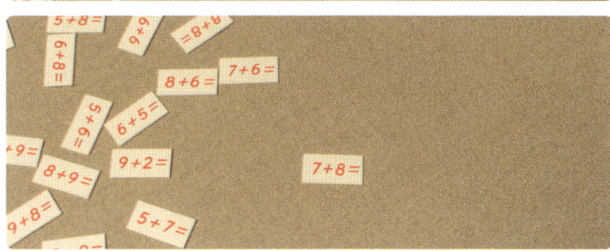

Übungsvorschlag 5:

„Suche alle Verdopplungsaufgaben."

1+1 2+2 3+3 …

Übungsvorschlag 6:

Alle 1+1 Aufgaben im ersten Zehner mit Tauschaufgaben:

„Suche alle Aufgaben, die ein Ergebnis haben,
das nicht größer als 10 ist. Ordne sie.
Die Ordnung kann auch ganz anders sein
als die hier abgebildete."

Übungsvorschlag 7:

Alle Zehnerüberschreitungen mit Tauschaufgaben:

„Suche alle Aufgaben, die ein Ergebnis über 10 haben.
Ordne sie."

Übungsvorschlag 8:

„Suche alle Aufgaben bei denen über die 10 gerechnet
wird. Lege dann alle zur Seite, die du mit der Kraft der 5
lösen kannst."

Übungsvorschlag 9:

„Suche alle Aufgaben heraus, die du noch nicht sicher und
schnell lösen kannst. Wähle eine Aufgabe aus und überlege
dir, welche andere Aufgabe dir helfen könnte."

Kasten 2

Der Kasten enthält nichts anderes als alle Plättchen, die entstünden, wenn Tafel 3 zerschnitten würde.

Die Arbeit mit diesem Kasten ist besonders wertvoll, weil hier der Rechenweg in umgekehrte Richtung vom Ergebnis zur Aufgabe gedacht werden muss.

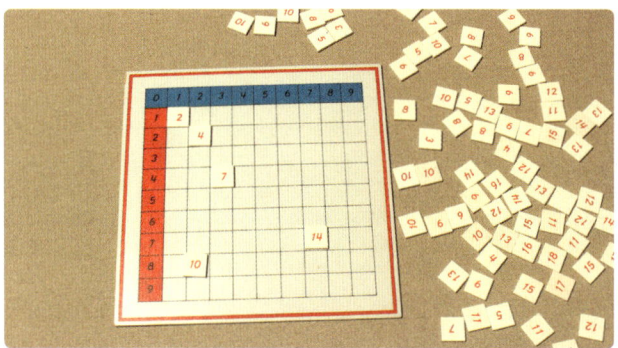

Übungsvorschlag 1:

Kärtchen liegen ungeordnet um die leere Tabelle, einige Plättchen sind eingeordnet

Die Kärtchen werden aus der Unordnung in die Tabelle eingeordnet.

Übungsvorschlag 2:

Das Kind ordnet zuerst die Plättchen.
Aus dieser Ordnung heraus wird dann weiter gearbeitet.
Ein besonders vertiefender Übungseffekt,
da sich das Vertauschungsgesetz und die Häufigkeit der Zerlegungen förmlich aufdrängen.

Im Gespräch soll das Kind ermuntert werden,
über seine Erfahrungen beim Ordnen und Einordnen zu sprechen.

Notizen:

5.9. Kontrolltafeln und Aufgabenkästen zur Subtraktion

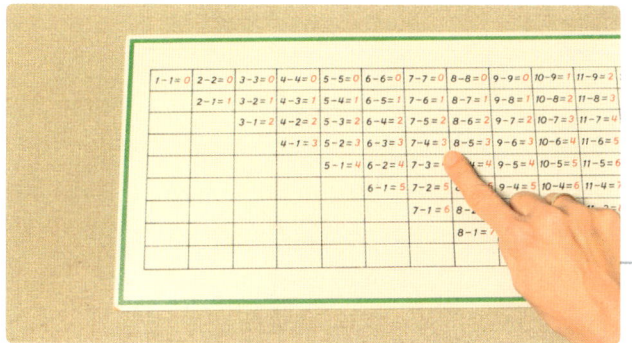

Tafel 1 - Kontrolltafel

Aufgabensätzchen, bei denen der Minuend gleich bleibt.
z.B.: 7 – 7 = 0, 7 – 6 = 1, 7 – 5 = 2, 7 – 4 = 3, …

Ziel:

Phase der Einarbeitung:
Übung und Festigung der Grundaufgaben zur Subtraktion. Das sind alle Subtraktionen, bei denen die Subtrahenden Einer sind und die Ergebnisse neun nicht überschreiten.

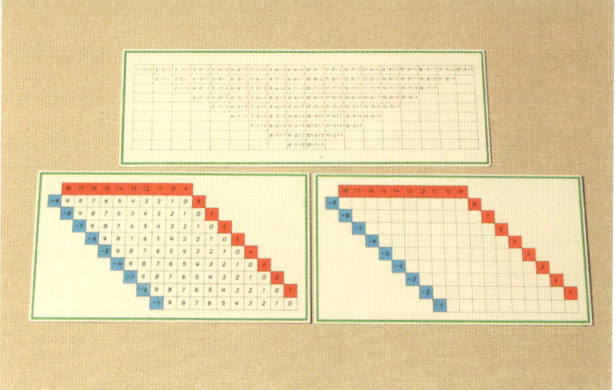

Tafel 2 - Kontrolltafel

Die Leiterin macht vor, wie durch das Zeigen
auf ein rotes und auf ein blaues Kästchen eine Aufgabe dargestellt wird.

Dann bewegt sie beide Finger senkrecht bzw. waagrecht aufeinander zu. Dort wo sich die Finger kreuzen, ist das Ergebnis.

$$7 – 3 = 4$$

Tabellenanordnung:

Rote Kästchen am oberen
und rechten Rand stehen für die Minuenden
(18 bis 1),

die blauen Kästchen am linken Rand
für die Subtrahenden (9 bis 1),

die Ergebnisse liegen in den Kästchen,
wo sich die Zeilen und Spalten kreuzen.

Aufgabenkasten zur Subtraktion (mit Aufgaben und Lösungen)

Die zwei Fächer enthalten Aufgabenkärtchen und Lösungskärtchen, so wie sie in Tabelle 1 systematisch aufgereiht zu finden sind.

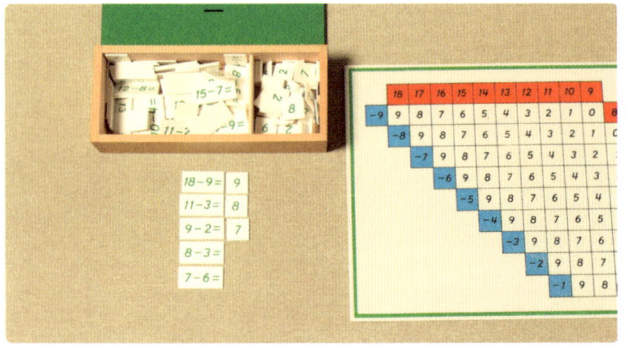

Übungsvorschlag 1:

Das Kind zieht ein Aufgabenkärtchen, löst die Subtraktion, überprüft an einer Kontrolltafel und legt dann das Ergebnisplättchen zur Rechnung

Hinweis:

Es ist sehr zu empfehlen, das Kind anzuregen selbst Ordnungskriterien zu finden, bevor solche von der Leiterin vorgegeben werden.

Die Ergebnisse solcher Ordnungstätigkeiten sind meist Anlass darüber zu reden, weil Regelhaftigkeiten und Zusammenhänge offensichtlich werden.

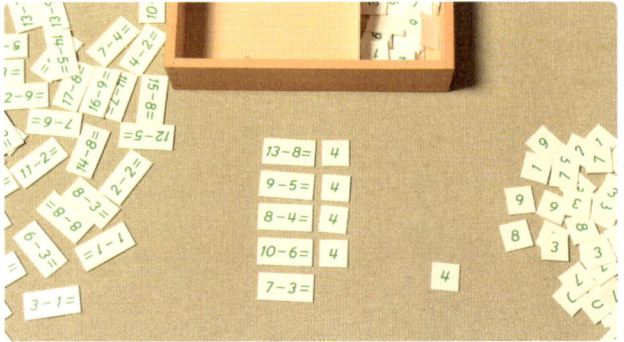

Übungsvorschlag 2:

Die Aufgabenplättchen systematisch vorordnen und erst anschließend rechnen. Verschiedene interessante Möglichkeiten:

· nach dem gleichen Minuenden
· nach dem gleichen Subtrahenden
· nach dem gleichen Ergebnis
· nach Aufgaben die leicht bzw. schwer fallen

Aufgabenkasten zur Subtraktion (nur mit Ergebnissen)

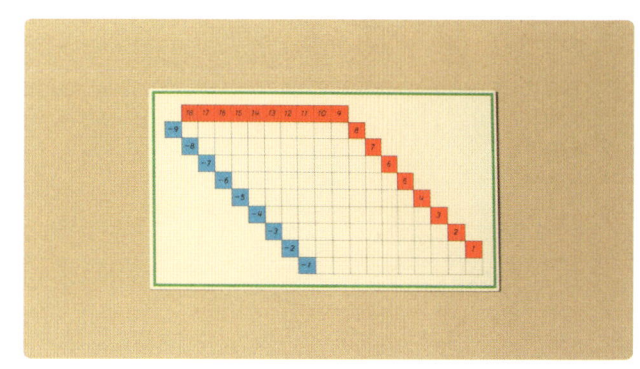

Übungen:

Die Ergebnisplättchen können aus der Unordnung heraus …

… oder nachdem sie vorgeordnet wurden, in die leere Tabelle gelegt werden.

Hinweis:

Diese Aufgabenstellung wirkt besonders vertiefend, weil die umgekehrte Denkrichtung, von der Lösung zur Aufgabe hin, geübt wird.

5.10. Bringe Ordnung in die Aufgaben mit Zehnerüberschreitung - vertiefende Übung

➡ Download

6. Der Zahlenraum 100

6.1. Seguintafel II - die Zahlen von 10 bis 99

Wie in den bisher erarbeiteten Zahlenräumen geht es auch im ersten Hunderter zuerst darum, dem Kind den Aufbau einer gut strukturierten Vorstellung von diesem Zahlenraum zu ermöglichen. Das Ziel ist ein stabiles inneres Bild vom Hunderter. So soll das Kind die Zahlen als eine Addition von Zehnern und Einern verstehen lernen. Es soll erkennen, dass in jedem Zehner die Zahlen des ersten Zehners an der Einerstelle wiederkehren. Nicht zuletzt soll es beim Blick auf eine zweistellige Zahl das innere Bild von Zehnerstangen und Einerperlen aktivieren können.

Die räumliche Anordnung des Hunderters als Kette oder als Quadrat gibt jeder Zahl ihren Platz und erleichtert damit die Vorstellung ihrer Mächtigkeit.

1 Beide Bretter werden untereinander aufgelegt. Die Ziffernbrettchen liegen rechts, die Perlen links davon.

Die Leiterin zeigt auf die 10 und liest „zehn". Dann legt sie ein Zehnerstäbchen links dazu. Nun kommt zum Zehnerstächen eine Einerperle: „zehn plus eins gleich elf."

Danach wird das Ziffernbrettchen mit der 1 über die 0 der Zehn geschoben und wiederholt: „zehn plus eins gleich elf".

Menge und Zahl liegen nun nebeneinander.

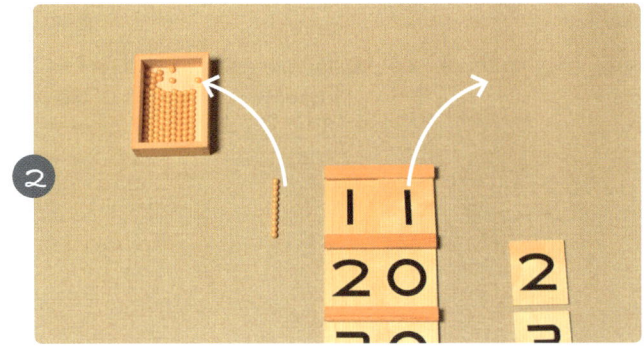

2 Dann Einerperle und Ziffernbrettchen (1) wieder zurücklegen.

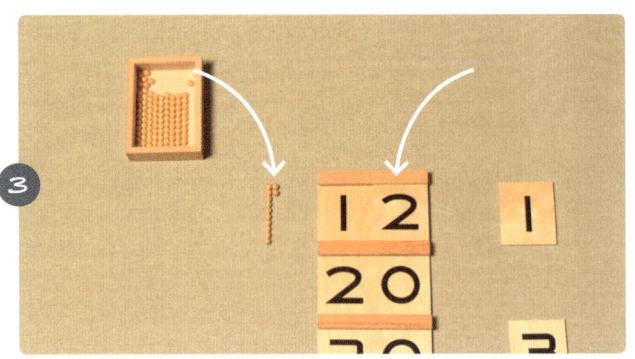

3 Als nächstes werden zum Zehnerstäbchen zwei Finerperlen gelegt – „zehn plus zwei gleich zwölf." Daneben kommt das Ziffernbrettchen mit der 2 über die 0 der Zehn – „zehn plus zwei gleich zwölf".

In gleicher Weise wird bis 19 fortgefahren.

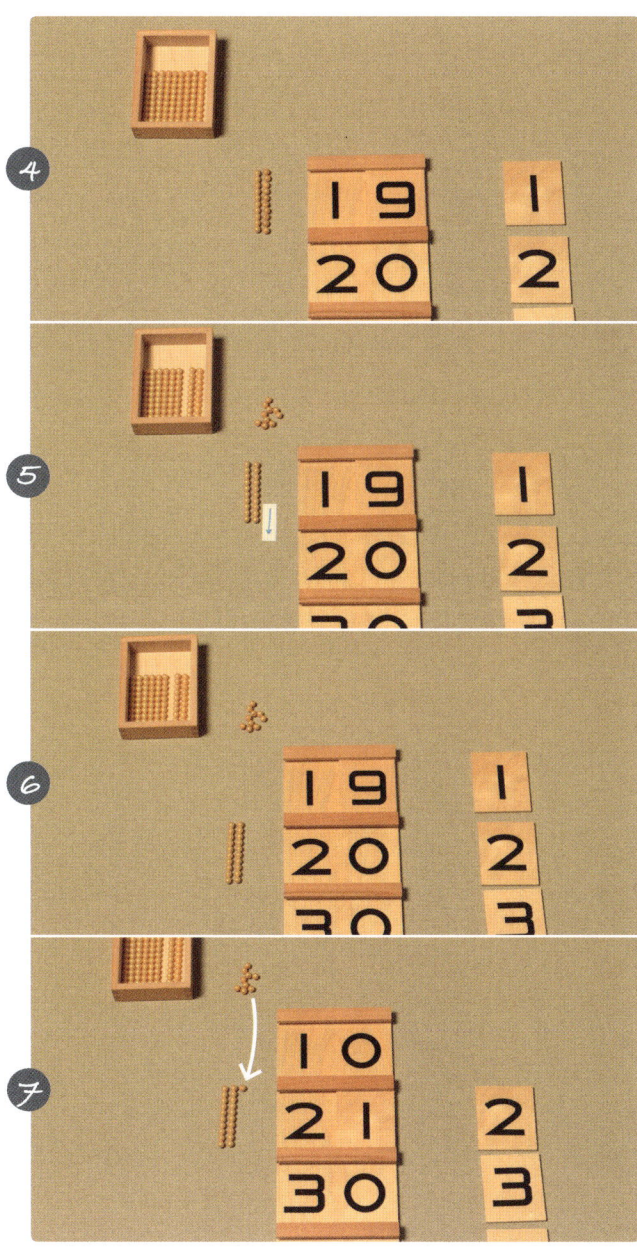

4 Im nächsten wichtigen Schritt werden zehn Einerperlen neben dem Zehnerstäbchen aufgereiht.

5 Das Kind zählt die Perlen und tauscht sie in ein Zehnerstäbchen um.

Dann werden die beiden Zehnerstäbchen um eine Zeile nach unten geschoben.

6 Leiterin: „Zwei Zehner – gleich 20.“

7 Jetzt kann der dritte Zehner Perle für Perle in Einerschritten aufgefüllt und die Schreibweise (21, 22,….) dargestellt werden.

Wechseln und nach unten schieben bis dreißig.
Leiterin: „Drei Zehner – gleich 30“.

So kann die Tafel bis zur Zahl 99 durchgearbeitet werden.

Übungen:

· *Eine Zahl in der Tafel darstellen*
 und das Kind die Menge mit Perlen daneben legen lassen.

· *Eine Menge mit Perlen legen,*
 das Kind stellt die Zahl in der Tafel dar.

· *Von einer beliebigen Stelle aus rückwärts zählend Zahl und Menge darstellen.*

· *Zahlennachbarn darstellen* (besonders von reinen Zehnerzahlen): „Lege die Menge 70 mit Perlen an die richtige Stelle neben die Tafel. Bilde dann die Zahl, die um eins größer und dann die, die um eins kleiner ist.“

Alter: Ab 5-6 Jahren

Ziel:

· Mengen im ZR 100 als Addition von Zehnern und Einern verstehen.

· Mengen benennen und darstellen

· Zahlen schreiben und lesen

Anders als bei der Seguintafel I werden die Menge und die Zahl gleich parallel erarbeitet.

6.2. Hunderterkette

Messen

Die Kette und darunter ein Zehnerstäbchen werden ausgelegt und dann durch Zählen festgestellt, dass das Stäbchen aus 10 Perlen und die Kette aus 10 Stäbchen bestehen.

Falten

Anschließend wird die Kette zu einem Quadrat gefaltet und durch das Darauflegen eines Hunderterquadrates die Gleichheit festgestellt – „Die Kette und das Hunderterquadrat haben gleich viele Perlen."

Zählen

Nachdem die Kette wieder auseinander gezogen wurde, können Pfeile zugeordnet werden.

Zählvorgang:
Mit dem Reiterchen über die jeweils gezählte Perle streichen und die Pfeile exakt zur jeweiligen Perle legen.

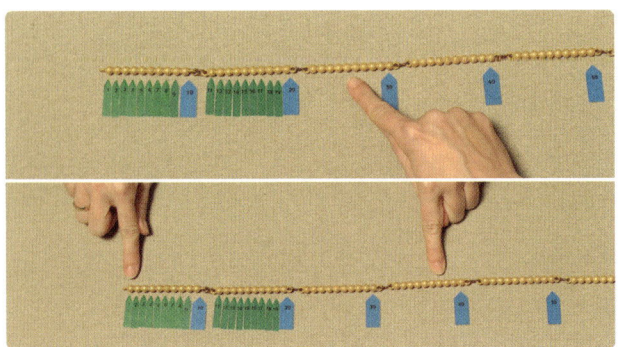

Unterschied von Kardinalzahl und Ordinalzahl

Ordinalzahl: „Das ist die fünfundzwanzigste Perle." – Leiterin zeigt auf die 25. Perle. – „Zeig mir die 42., die 91., … Perle."

Kardinalzahl: „Das sind 37 Perlen." Leiterin zeigt die ersten 37 Perlen. „Zeig mir …" – „Wie viele Perlen sind das?"

Ziel:

· Orientierung im Zahlenraum 100 in linearer Abfolge

· Strukturierung des Zahlenraumes in Zehnerschritten

· Erfassen der Übereinstimmung der linearen (Kette) und geometrischen (Quadrat) Darstellungsform

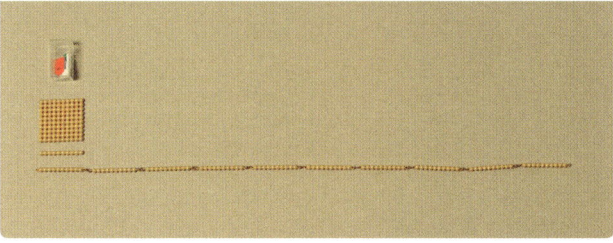

Übungen:

· Blankopfeile mit beliebigen Zahlen beschriften und zuordnen lassen.

· Blankopfeil zu Perle legen und die Zahl vom Kind auf den Pfeil schreiben lassen.

· Nachbarübungen, besonders die Nachbarn von reinen Zehnerzahlen üben.

· Von beliebiger Zahl vorwärts zählen.

· Von beliebigen Positionen weg rückwärts zählen. Besonderes Augenmerk auf die Schritte unter die reinen Zehner legen.

· Die Position einer beliebigen Zahl rasch und ohne Zählen ungefähr zeigen lassen. Das Kind soll die Wahl der Position begründen.

· Mit welcher Zahl beginnt/endet der vierte Zehner?

· Zehnernachbar zu einer Zahl (z. B. 43) nennen lassen.

6.3. Kurze Ketten

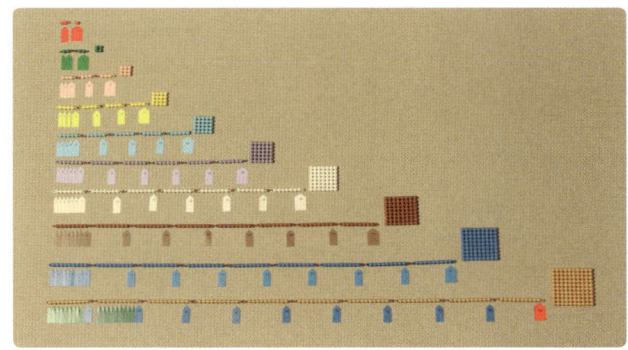

Jede kurze Kette wird in gleicher Weise wie die Hunderterkette eingeführt.

1. Anzahl der Perlen des zur Kette passenden Perlenstäbchens feststellen.

2. Anzahl der Perlenstäbchen in der Kette feststellen.

3. Kette zum Quadrat falten.

4. Übereinstimmung des Kettenquadrates mit dem festen Quadrat feststellen.

5. Kette auseinander ziehen und Pfeile zuordnen.

Ziel:

· Zählen in Malschritten bis zur jeweiligen Quadratzahl

· Erste Begegnung mit allen Ergebniszahlen des Kleinen Einmaleins

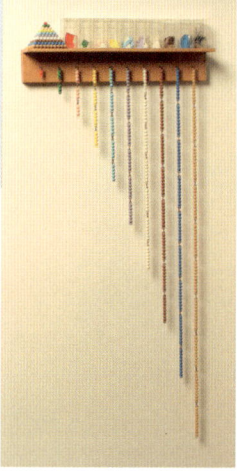

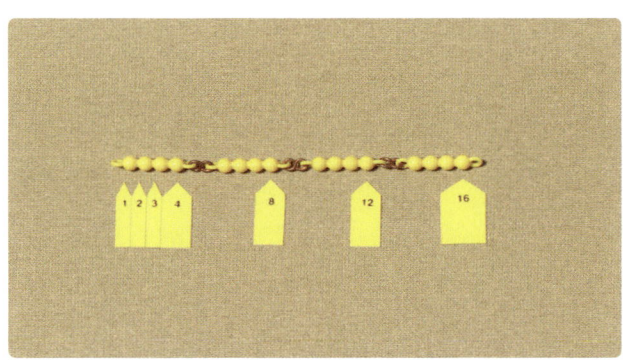

Vorübungen zum Einmaleins: z.B. mit der Viererkette:

· In Malschritten vorwärts/rückwärts zählen

· Zeig mir 3 mal 4. Wie heißt die Zahl?"

· Leiterin zeigt auf 16. „Wie oft mal 4 ist 16?"

· Die Quadratzahl als besondere Zahl merken.

Übungen:

· Zahlennachbarn
· Arbeit mit Blankokärtchen

Hinweis:

Die Hunderterkette ist die längste der kurzen Ketten.

Die kürzeren Ketten (von 1 bis 9) reichen ebenfalls bis zur jeweiligen Quadratzahl. Beim Zuordnen der Pfeile strukturiert das Kind den Zahlenraum in Malschritten bis zur Quadratzahl.

Einerkette	1
Zweierkette	2 – 4
Dreierkette	3 – 6 – 9
Viererkette	4 – 8 – 12 – 16
Fünferkette	5 – 10 – 15 – 20 – 25
Sechserkette	6 – 12 – 18 – 24 – 30 – 36
usw. . . .	

Da sich die Malzahlen in den Ketten entweder als Multiplikand oder als Multiplikator darstellen, macht das Kind schon Bekanntschaft mit allen Ergebniszahlen des Kleinen Einmaleins. (z.B. hier grau hinterlegt die Ergebniszahlen der Dreierreihe)

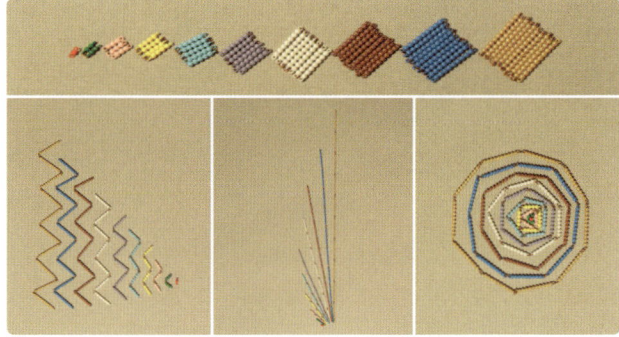

Übungen mit allen kurzen Ketten:

Die Ketten in verschiedenen Ordnungen zueinander auflegen.

6.4. Hunderterbrett

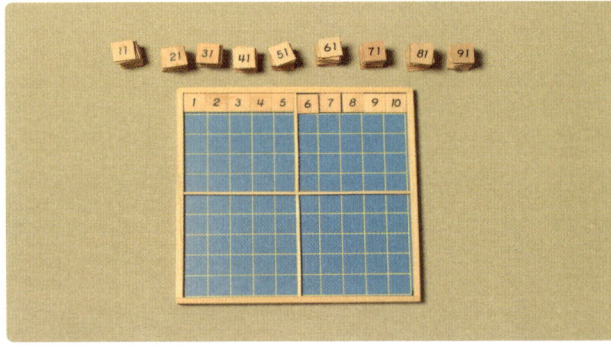

Die Plättchen in das Brett einordnen

Lässt man dem Kind dabei freie Hand, so kann man gut erkennen, welches Wissen vom Hunderter es nutzt, um die Aufgabe ökonomisch zu erledigen.

Mögliche Strategien:

· Einordnen in beliebiger Abfolge. Dabei wird jeweils zur gesuchten Position gezählt (Achtung: Zeilensprung beim vollen Zehner)
· Einordnen in beliebiger Abfolge jedoch durch Nutzen des Fünferkreuzes (37 = 30 + 5 + 2)
· Vorheriges Sortieren der Plättchen (z.B. aufsteigend von 1 – 100, nach der gleichen Zehner- bzw. Einerzahl, nach einfach/schwer auffindbaren Positionen, …)

Übungen:

Zeige auf der leeren Hundertertafel, oder noch besser, schließe die Augen und stell sie dir vor.
„Wo ist die Zahl: 30, 50, 80, …5, 15, 25, …6, 16, 26, …"
„Suche 40. Wo steht der Einernachfolger? Wie heißt er?"
„Suche 31. Wo steht der Einervorgänger? Wie heißt er?"
„Suche 55. Wie heißen die Zahlen darüber/darunter?"
„Wie heißen die Zahlen links/rechts?"
„Suche 72. Wie heißen alle angrenzenden Zahlen?"
„Suche 34. Wie viel fehlt auf den nächsten Zehner?"
„Suche 78. Wie viel fehlt auf 100?"
„Zeige auf dem leeren Hunderterfeld 83. Erkläre wie du den Platz gefunden hast."

Reihumspiel

Plättchen liegen mit der Zahl nach unten ungeordnet im Hunderterbrett. Das erste Kind nimmt ein beliebiges Plättchen heraus, liest die Zahl und legt es auf seinen richtigen Platz. Das Plättchen, das dort zuvor herausgenommen werden muss, wird zum Suchauftrag für das nächste Kind. Das Spiel ist beendet, wenn alle Plättchen an der richtigen Stelle liegen. Manche Kinder üben auf diese Weise ihr Hunderterwissen auch gerne alleine.

Ziel:

Erkennen und Nutzen der Regelmäßigkeiten des Hunderterbrettes für die Orientierung in diesem Zahlenraum.

Hinweis:

Das Hunderterbrett (die Hundertertafel) ist heute ein sehr gebräuchliches Modell für den ZR 100. In ihm setzen sich die bereits bekannten Strukturen des ersten und zweiten Zehners fort, und es genügen wenige Einsichten, um sich darin rechnend bewegen zu können.

Anders als im klassischen Hunderterbrett Montessoris, wird nun in der didaktischen Literatur empfohlen, die Hundertertafel mittels Fünferkreuz zu strukturieren. Diese Unterteilung erleichtert die Verinnerlichung des Zahlenraumes, die Vorstellung also, an welchem Platz eine Zahl sich befindet, wie die Nachbarn heißen, wie weit es zum nächsten Zehner, zum Hunderter ist, ganz erheblich.

Zur Veranschaulichung:

Welche Zahl ist in beiden Hunderterfeldern gekennzeichnet? Wo ist die Begründung einfacher?

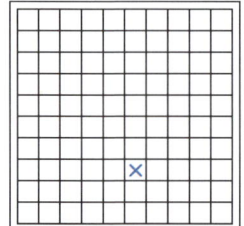 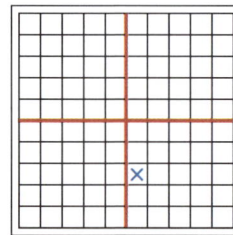

Das Fünferkreuz hilft bei der Positionsbeschreibung (76 = 50 + 20 + 5 + 1), die Zahl bekommt eine gut überschaubare innere Ordnung.

Die Einfügung des Fünferkreuzes wird empfohlen.

6.5. Rechnen mit goldenen Perlen oder auf dem Hunderterbrett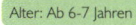

Alter: Ab 6-7 Jahren

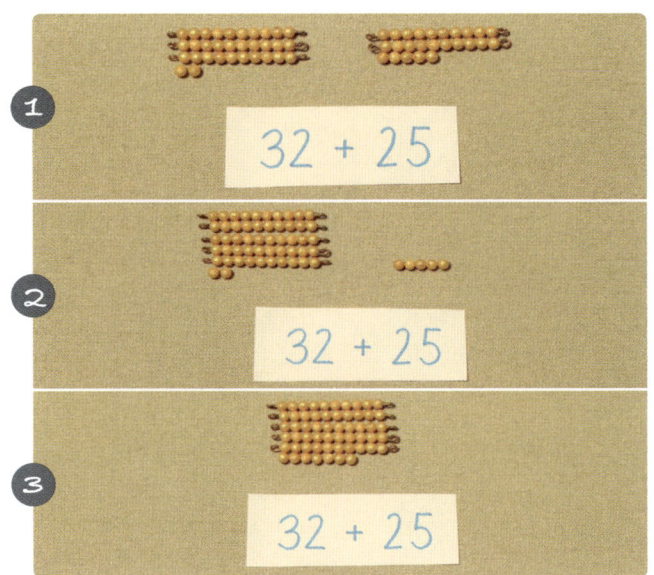

Rechnen mit goldenen Perlen

1. Darstellung der Aufgabe
Hier werden die Zehnerstäbchen waagrecht gelegt. Sie stimmen so mit der Abfolge der Zehner auf dem Hunderterbrett überein. Das kann beim nachfolgenden Rechnen auf dem Hunderterbrett hilfreich sein.
Die Zehnerstäbchen können auch senkrecht angeordnet werden. Dafür spricht, dass die Kinder diese Form von ihrer bisherigen Arbeit mit den goldenen Perlen schon gewohnt sind.

2. Durchführung der Aufgabe
Hier kann das Kind seine Vorgangsweise auch selbst bestimmen. Möglichst bald soll die Rechenhandlung verbal werden, z.B.: „Zuerst gebe ich zu 32 die 20 dazu, dann sind es 52. Zu 52 dann noch 5 dazu und …"

3. Feststellen des Ergebnisses

Rechnen auf dem Hunderterbrett

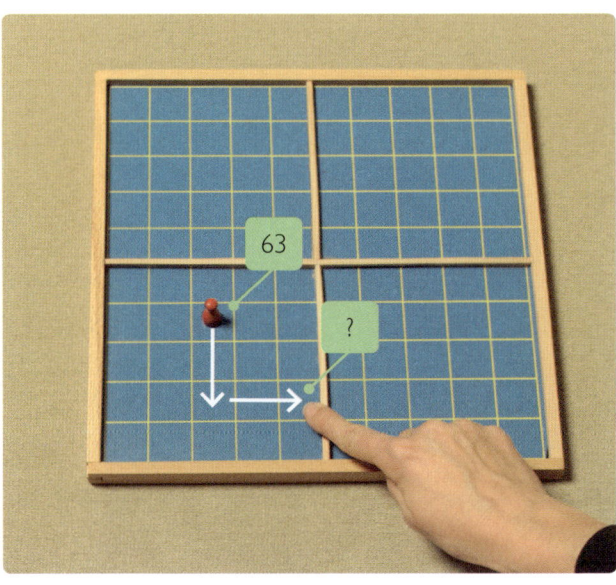

Mit einer Spielfigur können die Rechnungen als Wege dargestellt werden, z.B:

„Suche 63. Gehe zwei Schritte nach unten und dann zwei nach rechts. Auf welcher Zahl bist du gelandet und wie heißt die dazu passende Rechnung?"

„Suche 45. Gehe nun zwei Schritte nach oben und dann vier nach links. Wo bist du gelandet und welche Rechnung bist du gegangen?"

„Suche 24. Welche Rechenschritte musst du machen, um nach 47 zu kommen?"

„Zeige und rechne 54 + 35."

„Schließe die Augen und stell dir den Rechenweg nur noch vor."

Hinweis:

Für das Rechnen im ZR 100 bieten sich sowohl die Zehnerstäbchen/Einerperlen als auch das Hunderterbrett als Handlungsbasis an.

Bei der Vorgabe von Rechenaufgaben kann der Schwierigkeitsgrad allmählich gesteigert werden.

Es ist aber ebenso denkbar, gleich mit komplexeren Aufgaben zu beginnen und das Kind zu motivieren, eigene oder auch verschiedene Lösungswege zu finden.

Hier ein möglicher Stufenweg für eine allmähliche Steigerung der Aufgabenkomplexität:

1. Plus zum nächsten Zehner
2. Minus vom und zum Zehner
3. Plus/minus innerhalb von Zehnern
4. Mit Einern über und unter die Zehner
5. Gemischte Zehner plus/minus reine Zehner
6. Reine Zehner plus/minus gemischte Zehner
7. Plus/minus mit gemischten Zehnern ohne Überschreitung
8. Plus/minus mit gemischten Zehnern mit Überschreitung
9. Sachaufgaben

Der „Umweg" über den reinen Zehner vereinfacht viele Aufgaben!

34 + 9 =
34 + 10 − 1 =

57 − 18 =
57 − 20 + 2 =

Auch dieser Lösungsweg kann mit der goldenen Perlen oder dem Hunderterfeld gut veranschaulicht werden.

7. Das Kleine Einmaleins

Ein kleines Gedankenexperiment.

Geben wir jeder Ziffer einen Namen, z.B.:
0 = Susi, 1=Hans, 2=Heidi, 3=Simon, 4=Greti, 5=Tobi, 6= Erika, 7=Hermann, 8=Corina, 9=Janos.

Wenn Sie nun versuchen, eine Malreihe mit diesen Namen aufzusagen und sich zu merken, so bekommen Sie ein Gefühl dafür, wie es einem Kind geht, wenn es die Malreihen nur assoziativ, also ohne ein ordnendes und Beziehung stiftendes Verständnis, auswendig lernen soll.

Hundert rein zufällige Kombinationen von Namen lernen und jederzeit abrufen können, eine bedrückende Erfahrung!

Die Heidireihe	Zweierreihe
Hans · Heidi = Heidi	$1 \cdot 2 = 2$
Heidi · Heidi = Greti	$2 \cdot 2 = 4$
Simon · Heidi = Erika	$3 \cdot 2 = 6$
Greti · Heidi = Corina	$4 \cdot 2 = 8$
Tobi · Heidi = Hans/Susi	$5 \cdot 2 = 10$
…	…

Die Simonreihe	Dreierreihe
Hans · Simon = Simon	$1 \cdot 3 = 3$
Heidi · Simon = Erika	$2 \cdot 3 = 6$
Simon · Simon = Janos	$3 \cdot 3 = 9$
Greti · Simon = Hans/Heidi	$4 \cdot 3 = 12$
Tobi · Simon = Hans/Tobi	$5 \cdot 3 = 15$
…	…

Voraussetzung für die Arbeit am Kleinen Einmaleins:

Um sich sinnvoll die Malreihen selbst erarbeiten und Malaufgaben errechnen zu können, ist es notwendig, dass das Kind im Zahlenraum 100 oder zumindest in dem Zahlenraum, in dem sich die jeweilige Malreihe bewegt, mit Einerzahlen geläufig addieren und subtrahieren kann.

7.1. Bunte Perlenstäbchen - Malreihen erarbeiten

Wenn es möchte, kann das Kind eine beliebige Reihe wählen – z.B. die Viererreihe.

Bei dieser Arbeit erfährt das Kind, wie schon bei den goldenen Perlen, dass Multiplizieren ein Addieren von gleichen Mengen ist.
Es legt jede Malaufgabe, errechnet das Ergebnis und stellt dieses unter der Multiplikation in goldenen Perlen (Einerperlen u. Zehnerstäbchen) dar.

Ziel:

· Die Multiplikation als fortgesetzte Addition verstehen

· Den Multiplikator als eine Handlung erfahren

· Die Malreihen selbständig erarbeiten

· Die Malreihen memorieren

Alter: Ab 6-7 Jahren

Leiterin: „Gib mir einmal vier."
Kind legt ein Viererstäbchen senkrecht auf den Teppich.

„Wie viele Perlen sind das?" – „Vier." → „1 · 4 = 4"
Als Ergebnis werden 4 goldene Perlen waagrecht unter das Viererstäbchen gelegt.

„Gib mir zweimal vier"
Kind legt zwei Viererstäbchen nebeneinander senkrecht auf den Teppich.

„Wie viele Perlen sind das?" – „Acht." → „2 · 4 = 8"
Das Ergebnis wird in 8 Einerperlen waagrecht unter die Viererstäbchen gelegt. Gleicher Ablauf bis 10 · 4.

Nachdem die Reihe bis 10 · 4 ausgelegt ist, empfiehlt es sich, das Ergebnis der Arbeit auch schriftlich festzuhalten:
Unter jede Malaufgabe wird ein Kärtchen gelegt, die Aufgabe auf die Vorderseite und das Ergebnis auf die Rückseite geschrieben.

Daran können sich folgende Fragen anschließen:

· Kärtchen mit Aufgabenseite oben.
„Zeig mir 3 · 4. Wie viel ist 3 · 4?"
Das Kind kann das Ergebnis noch am Material ablesen. Kontrolle durch Umdrehen des Kärtchens.

Die Bedeutung des Malzeichens:

Im Tun erschließt sich dem Kind, dass die Zahl vor dem Malzeichen eine Handlung bedeutet, nämlich eine bestimmte Menge z.B. 4 mehrere Male zu nehmen.

3	+	4
bedeutet Menge		bedeutet Menge

3	·	4
bedeutet Handlung		bedeutet Menge

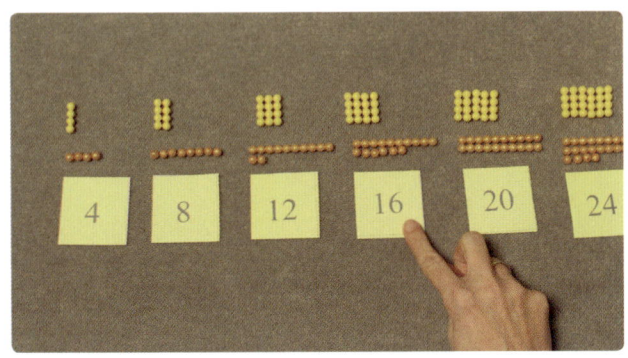

Kärtchen mit Ergebnisseite oben.

„Wie viel mal vier ist sechzehn?"

Zum Weiterarbeiten:

Die Kärtchen werden mit der Aufgabeseite oben aufgelegt.

· „Welche von diesen Aufgaben kannst du schon? Welche fallen dir schwer?"

Oder gemeinsam besprechen:

· „Welche Aufgaben sind einfach und warum?"
· „Wie könnte man sich die Ergebnisse ausrechnen?"

Anmerkung:

Sollen die bunten Perlenstäbchen waagrecht oder senkrecht aufgelegt werden?

Da bei Materialen, die nach den bunten Perlenstäbchen folgen (Kleines Multiplikationsbrett, Kontrolltafel 2) der Multiplikand senkrecht und der Multiplikator waagrecht angeordnet sind, erscheint es sinnvoll, den Multiplikanden auch schon bei der Arbeit mit den bunten Perlenstäbchen senkrecht zu legen.

Am Ende bekommen die 10 Kärtchen noch ein Deckblatt und werden dann als Lernheftchen für das Kind geheftet. Es kann in beide Richtungen genutzt werden.

Schon von Beginn an soll jede Malaufgabe von beiden Seiten auch memoriert werden.

„3 · 4 = __"

„12 = __ · 4"

7.2. Bunte Perlenstäbchen - Arbeit mit den Kernaufgaben

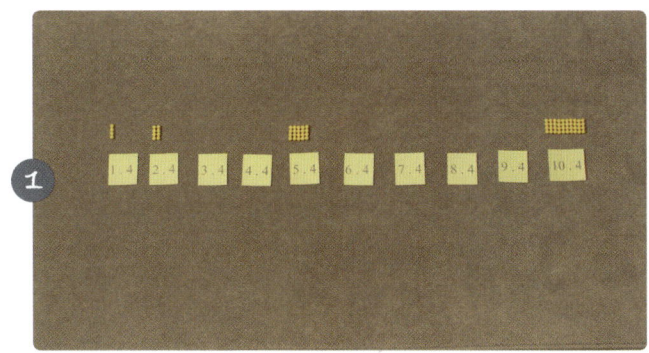

Material: Bunte Perlenstäbchen.
Kärtchen mit den zehn Malaufgaben (1·4, 2·4, …10·4).

Arbeitsweise: Perlenstäbchen und Kärtchen werden wie abgebildet ausgelegt.

Hinweis:

Die Arbeit mit den Kernaufgaben ist in der Montessori-Mathematik nicht vorgesehen. Da sie aber als eine Fortsetzung der Erarbeitung der Malreihen mit den bunten Perlen gesehen werden kann, und auch in der Aufgabenstellung, nämlich das selbständige Herleiten von Lösungen zu Malaufgaben, mit diesen übereinstimmt, kann ihre Verwendung empfohlen werden.

Kernaufgaben:

1·, 2·, 5· und 10· sind die in jeder Malreihe leicht zu merkenden Aufgaben. Lernt das Kind, die Kernaufgaben zu kombinieren (+ , -), so kann es jede andere Malaufgabe lösen.

Kopiervorlage: Malaufgaben für alle Reihen.

➡ Download

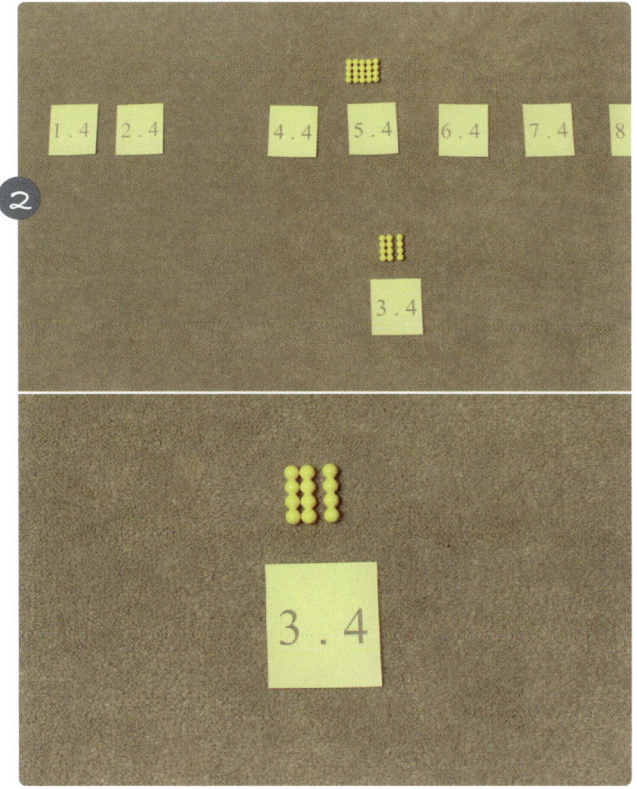

Die Leiterin legt z.B. das Kärtchen 3 · 4 herunter und fragt:

„Kannst du die Aufgabe 3 · 4 aus den Kernaufgaben zusammenfügen?"

Das Kind legt die Kombination über das Kärtchen 3 · 4.

Frage: „Welche Kernaufgaben hast du verwendet?"
Antwort: „2 · 4 plus 1 · 4 gibt 3 · 4."

Frage: „ Wie heißt die Rechnung dazu?"
Antwort: „3 · 4 = 12"

Perlen und Kärtchen werden wieder in die obige Ordnung zurückgelegt. Dann können in ähnlicher Weise auch alle anderen Aufgaben zusammengestellt werden.

Wichtig ist, dass das Kind sowohl die gefundene Kombination als auch die entsprechende Rechnung formuliert.

7.3. Bunte Perlenstäbchen – Untersuchung von Malergebniszahlen

Es wird eine Zahl z.B. 12 mit einem Zehnerstäbchen und zwei Einerperlen aufgelegt.

Leiterin: „ Kannst du zwölf in gleichen bunten Perlenstäbchen legen?" Das Kind sucht alle Möglichkeiten.

Hinweis:

Mit dieser Übung lernen die Kinder schon von Beginn weg mit den Malergebniszahlen und ihren Tauschaufgaben zu arbeiten.

Bei jeder Malreihe bieten sich folgende Ergebniszahlen für diese Übung besonders an.

Zweierreihe: 4, 6, 8, 10, 12, 16
Zehnerreihe: 10, 20, 30, 40, 50,
Fünferreihe: 15, 25, 35, 45
Viererreihe: 12, 16, 20, 24, 36
Dreierreihe: 9, 18, 21, 27
Sechserreihe: 24, 42, 48, 54
Achterreihe: 32, 40, 56, 64, 72
Neunerreihe: 18, 54, 63, 81
Siebenerreihe: 7, 14, 21, 28, 35, 42, 49, 56, 63

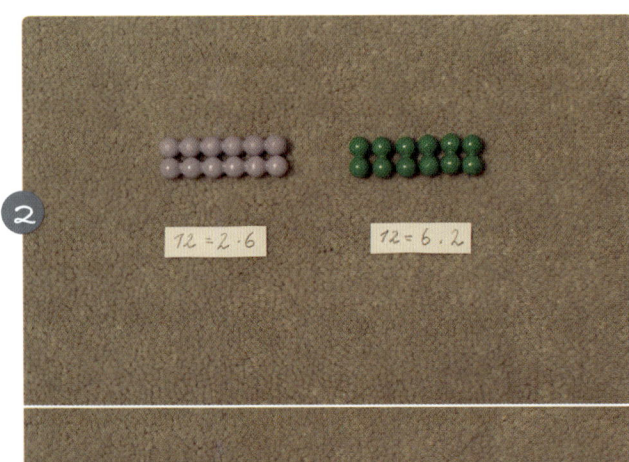

Die gefunden Multiplikationen können dann zu folgenden Rechtecken umgelegt werden.

Die Ergebnisse können notiert und zu einem Lernheftchen gesammelt werden.

Um die Übung auf die Aufgaben des Kleinen 1x1 einzuschränken, weist man drauf hin, dass nur solche Möglichkeiten gesucht werden sollen, bei denen Zehn als Multiplikator (10 ·) nicht überschritten wird.

Zu jeder Malreihe gibt es als Kopiervorlage Heftchen mit den oben angeführten Ergebniszahlen.

➡ **Download**

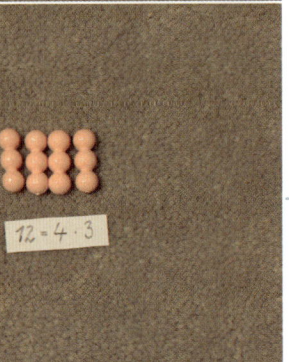

Heftchen zu einigen Ergebniszahlen der Viererreihe: Malergebniszahlen und ihre Malaufgaben

12	16	20	24	36
2 · 6	2 · 8	2 · 10	3 · 8	4 · 9
6 · 2	4 · 4	4 · 5	4 · 6	6 · 6
4 · 3	8 · 2	5 · 4	6 · 4	9 · 4
3 · 4		10 · 2	8 · 3	

7.4. Das kleine Multiplikationsbrett – Malreihen erarbeiten

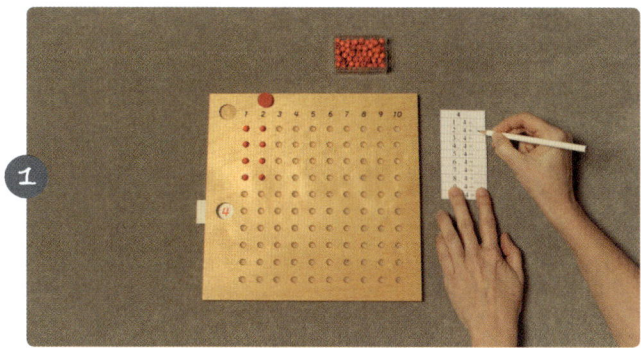

1

Das Kärtchen, das den Multiplikanden (4) darstellt, wird in das linke Fensterchen geschoben, der rote Chip (er steht für den Multiplikator) über die 1 gelegt.

Der Auftrag dazu heißt:
„Lege ein mal vier Perlen in das Brett."
„Wie viel ist ein mal vier?"

Das Ergebnis wird im Vordruck notiert.
Dann werden die vier Perlen wieder zurückgelegt.
Der rote Chip wird auf zwei gelegt.

Leiterin: „Lege zwei mal vier."
„Wie viel ist zwei mal vier?"
Das Ergebnis wird notiert.

Fortsetzung der Arbeit bis 10 · 4.
Kontrolle mit der Kontrolltafel (siehe unten).

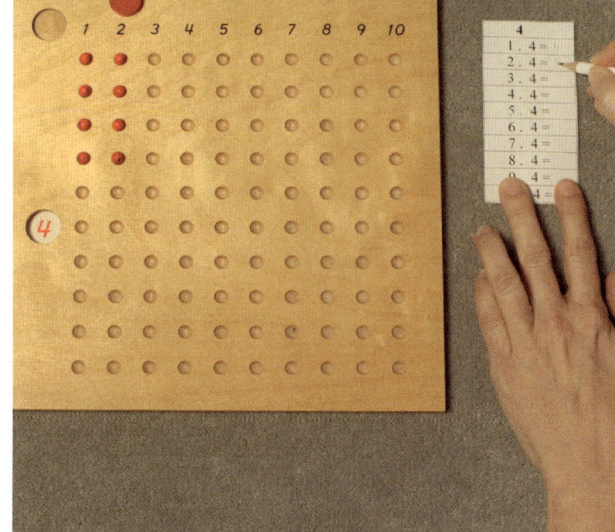

2

Bei den ersten Malaufgaben ist darauf zu achten, dass jedes Mal das Ergebnis (die roten Perlen) wieder aus dem Brett geräumt wird. So werden bei der folgenden Aufgabe tatsächlich dem Multiplikator entsprechend viele Perlen aufgelegt und nicht nur vier Perlen dem vorherigen Ergebnis hinzugefügt.

· Weiterarbeit mit dem ausgefüllten Vordruck:
· „Welche Malaufgaben fallen dir leicht? Welche hast du dir schon gemerkt?"
· „Kannst du dir Malaufgaben ausrechnen? Wie machst du das?"
· „Weißt du zu einer Ergebniszahl die passende Malaufgabe?"
· „Wie heißen die Nachbarmalaufgaben zu 5 · 4?"
· „Zu welcher Malaufgabe kommst du, wenn du 2 · 4 verdoppelst?"
· „..., wenn du 10 · 4 halbierst?"

Wenn das Kind möchte, können diese Fragen auch mit Hilfe des Materials bearbeitet werden.

Alter: Ab 6-7 Jahren

Ziel:

· Erarbeiten der Malreihen mit losen Perlen

· Untersuchen, welche Malaufgaben des gleiche Ergebnis haben.

Wenn das Kind die einzelnen Malaufgaben bearbeitet, muss darauf geachtet werden, dass es nicht im zählenden Lösungsmodus verharrt. Noch besser ist es, wenn es vom Beginn weg den Multiplikanden addiert.

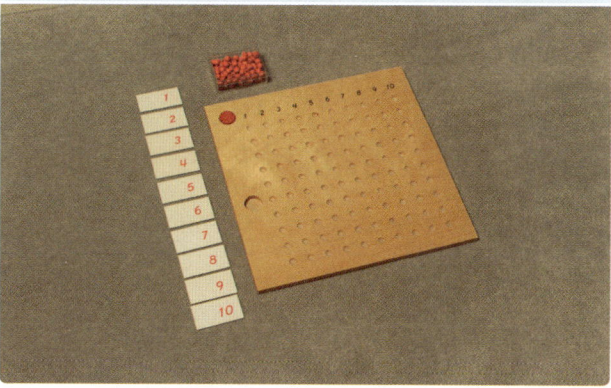

Hinweis:

Beim kleinen Multiplikationsbrett kann sich das Kind nochmals die Malreihen erarbeiten. Im Unterschied zu den bunten Perlenstäbchen arbeitet es hier mit losen Perlen.

➡ *Download*

7.5. Kleines Multiplikationsbrett · Malergebniszahlen auf ihre Malaufgaben untersuchen

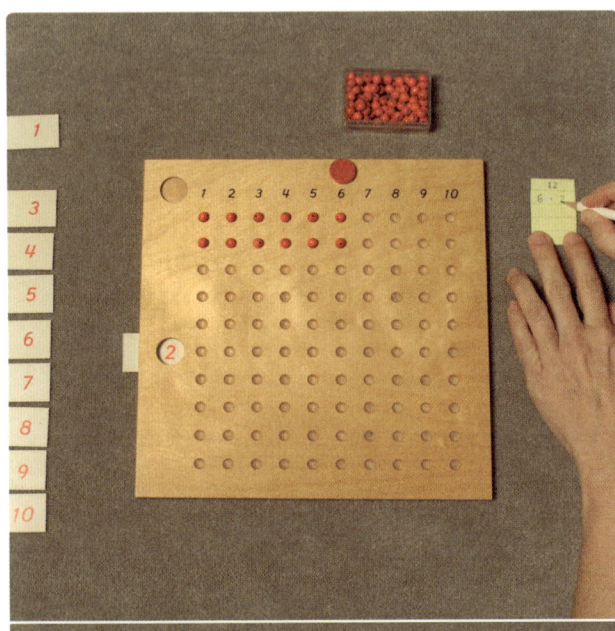

„Wie viele Malaufgaben stecken in 12?"

Die Leiterin zeigt, wie das Kind mit 12 Perlen vier verschiedene Malaufgaben finden kann.

Wenn sie oben beginnt, und das Perlenfeld Zeile für Zeile unten verbreitert, wird keine Aufgabe übersehen.

„Schreibe die gefundenen Multiplikationen auf."

Hinweis:

Welche Malaufgaben in einer Malergebniszahl stecken können, wurde schon oben mit den bunten Perlenstäbchen untersucht.

Das kleine Multiplikationsbrett bietet für die gleiche Fragestellung noch einen anderen methodischen Zugang. Wieder können die Untersuchungen in einem Heftchen (siehe Kopiervorlage) systematisch festgehalten werden.

Für manche Kinder kann es hilfreich sein, wenn in diesem Heftchen die zu untersuchenden Zahlen mit den zu findenden Möglichkeiten vorgegeben werden.

➡ **Download**

7.6. Das kleine Divisionsbrett

1. Divisionen zu einer Malreihe

Alter: Ab 6-7 Jahren

Teilen: Eine Menge grüner Perlen (z.B. 12) wird in das Schälchen gezählt. Diese soll auf 4 Kegel verteilt werden.

Die vier Kegel werden am oberen Rand des Brettes aufgereiht. Dann kann Zeile für Zeile verteilt, und die Frage, wie viel ein Kegel bekommt, beantwortet werden.

$12 : 4 = 3$

Ziel:

· Die Division als ein Verteilen verstehen.

· Zahlen auf ihre Teilbarkeit untersuchen.

· Die Verbindung zwischen Malnehmen und Verteilen erfahren.

2. Zahlen systematisch untersuchen

In einer weiterführenden Übung können Zahlen zwischen 1 und 81 auf ihre Teilbarkeit untersucht werden.

Auftragsvordrucke helfen dem Kind, systematisch vorzugehen.

➡ Download

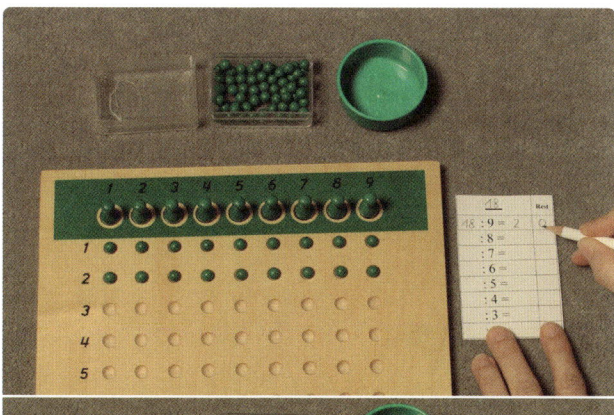

Notizen:

Für dieses systematische Untersuchen bieten sich die Malergebniszahlen besonders an.
Hier sind sie in ihrer Häufigkeit angeführt.

1 2-2 3-3 4-4-4 5-5 6-6-6-6 7-7 8-8-8-8
9-9-9 10-10-10-10 12-12-12-12 14-14 15-15
16-16-16 18-18-18-18 20-20-20-20 21-21 24-
24-24-24 25 27-27 28-28 30-30-30-30 32-32
35-35 36-36-36 40-40-40-40 42-42 45-45
48-48 49 50-50 54-54 56-56 60-60 63-63 64
70-70 72-72 80-80 81 90-90 100

7.7. Bunte Perlenstäbchen - Messen mit den bunten Perlenstäbchen

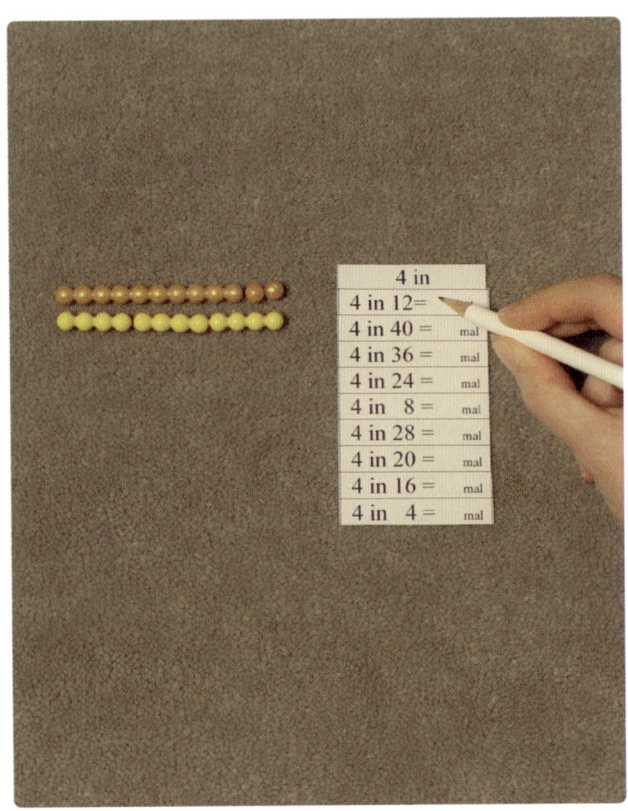

Mit den bunten Perlenstäbchen kann das Kind konkrete Handlungserfahrungen zum Messen machen.

Mit goldenen Perlen wird z. B. die Zahl 12 linear ausgelegt und gefragt:

„Wie oft mal kannst du Vierstäbchen darunter aneinanderreihen bis du 12 erreicht hast. – Wie oft mal ist 4 in 12 enthalten?"

Hinweis:

Beim Dividieren können zwei unterschiedliche Fragen beantwortet werden.

Bei der einen möchte man wissen, wie viel eine/r bekommt, wenn eine Menge auf mehrere verteilt wird.

Verteilen: Leitfrage: „Wie viel bekommt eine/r?" Das Ergebnis ist eine Menge.

Bei der anderen möchte man wissen, in wie viele Gruppen eine Menge aufgeteilt werden kann, bzw. wie oft eine bestimmt Menge in einer anderen enthalten ist.

Aufteilen oder *Messen:* Leitfrage: „Wie oft mal ist ... in ... enthalten?" Das Ergebnis ist ein „so oft mal?".

Mit der Einführung des Teilens und Messens sollte nicht zu lange gewartet werden. Ist dem Kind die Arbeit mit den ersten Malreihen geläufig, kann mit dem kleinen Divisionsbrett geteilt und mit den bunten Perlenstäbchen gemessen werden.

Wichtig ist, dass dem Kind möglichst bald die Verbindung zu den Malreihen einsichtig wird.

$12 : 4 = 3$, weil $4 \cdot 3 = 12$

Liegen die beiden Perlenzeilen untereinander kann man die Verknüpfung der In-Aufgabe mit der Malaufgabe gut erkennen.

4 in 12 = 3 mal, weil $3 \cdot 4 = 12$

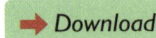 **Download**

7.8. Multiplikationstabellen

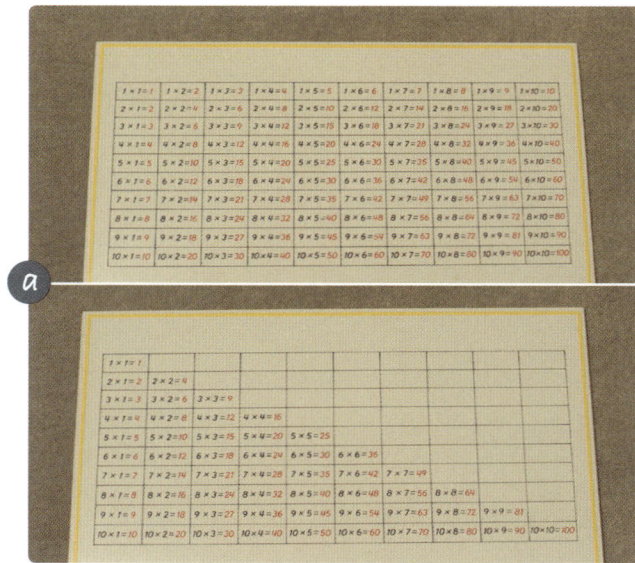

Bei den Tafeln gibt es zwei Darstellungsformen der Multiplikation:

ⓐ *Die übliche Schreibweise der Malsätzchen*

Zur Kontrolle können hier die Malaufgaben einfach abgelesen werden.

Bei der zweiten Tafel sind die Felder der Tauschaufgaben leer. So kann veranschaulicht werden, dass sich durch das Nutzen der Tauschaufgaben die Merkaufgaben nahezu halbieren.

Alter: Ab 6-7 Jahren

Ziel:

Die Darstellungsformen auf den Tabellen verstehen und für die Selbstkontrolle nutzen

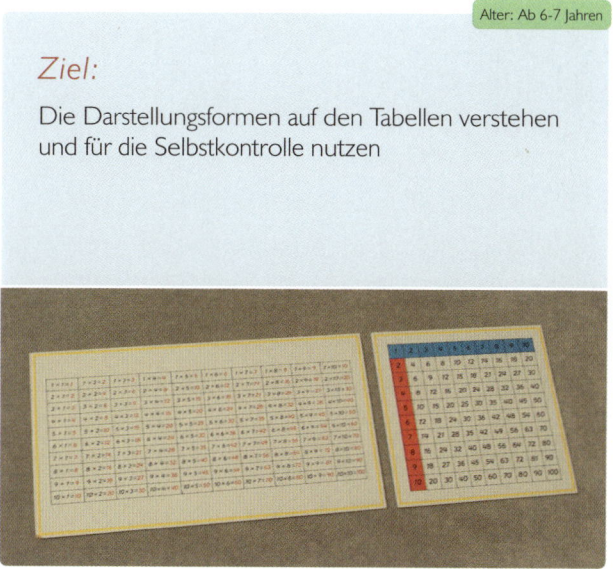

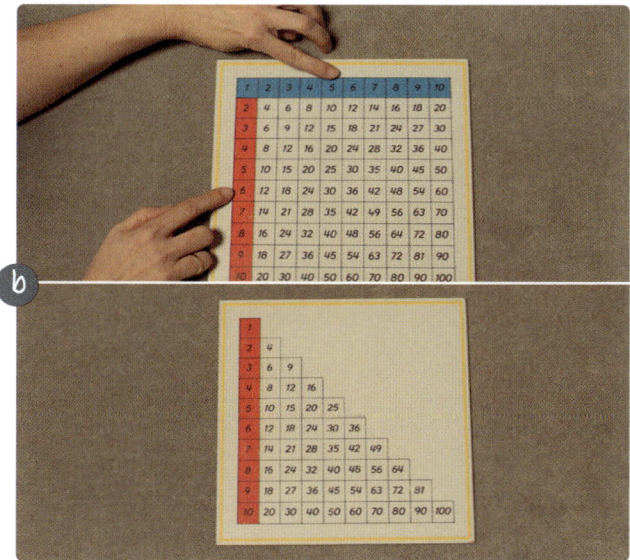

ⓑ *Tabellenschreibweise*

1. Zeile → Multiplikator (Handlung)

1. Spalte → Multiplikand (Menge)

alle anderen Felder → Produkte

Zeigen einer Aufgabe: 3 · 4 = ____

Der Zeigefinger der rechten Hand zeigt den Multiplikator 3.

Der Zeigefinger der linken Hand zeigt den Multiplikanden 4.

Beide Finger bewegen sich entlang der Spalte/Zeile, bis sie sich kreuzen. In diesem Feld steht das Ergebnis.

Eine zweite Tafel zeigt ebenfalls, dass sich durch das Weglassen der Tauschaufgaben die Zahl der Aufgaben um beinahe die Hälfte reduziert.

7.9. Kästchen mit Ergebnisplättchen und leere Tabelle (alternativ Pythagorasbrett)

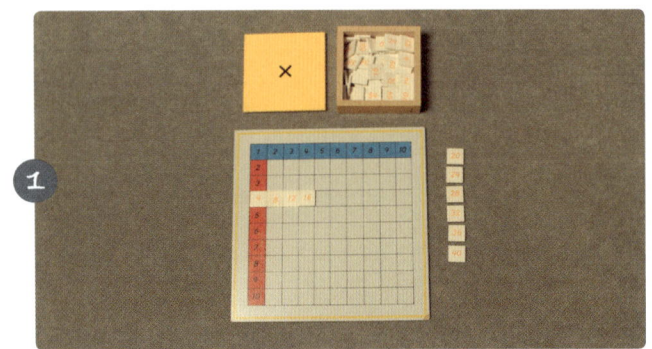

Mit beiden, der leeren Tabelle und dem Pythagorasbrett kann gleich gearbeitet werden.

Übung 1:

Schon ab der ersten Malreihe arbeiten Kinder gerne mit diesem Material. Sie suchen aus den Plättchen die Ergebniszahlen „ihrer" Malreihe heraus und ordnen diese dann in die Tabelle ein.

Ziel:

Üben und Festigen aller Malaufgaben vom Ergebnis her

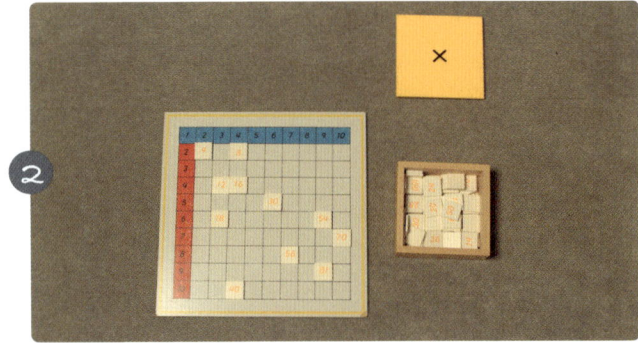

Übung 2:

Die Ergebnisplättchen werden aus der Unordnung in die leere Tabelle eingeordnet.

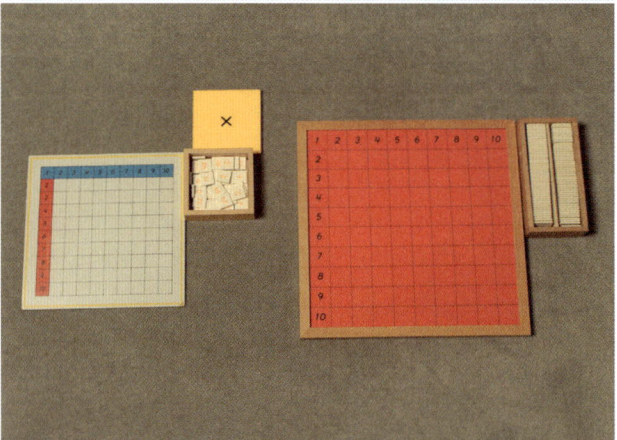

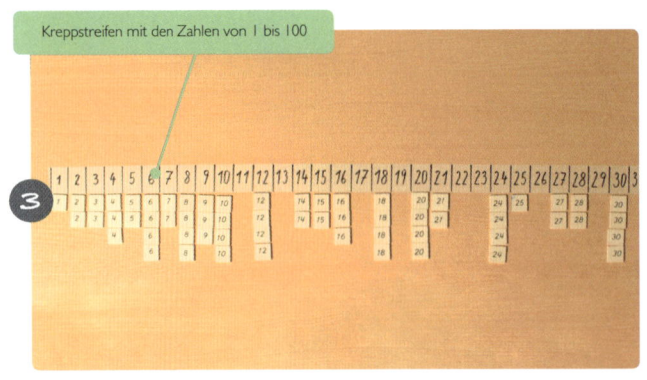

Kreppstreifen mit den Zahlen von 1 bis 100

Übung 3 mit dem Pytagorasbrett:

Auslegen der Ergebnisplättchen, am besten entlang eines aufgeklebten Streifens mit 100 Abschnitten in der Breite der Plättchen.

Leiterin: „Ordne die Ergebnisplättchen entlang des Hunderterstreifens. Gibt es Plättchen mehrfach, so lege sie untereinander."

Werden die Plättchen vom Hunderterstreifen weg in die leere Tabelle eingelegt und dazu die zugehörigen Malaufgaben genannt, so treten die Tauschaufgaben gut hervor.

z.B. $6 = 1 \cdot 6$, $6 = 6 \cdot 1 - 6 = 2 \cdot 3$, $6 = 3 \cdot 2$

Ebenso einprägsam erscheinen die Quadratzahlen, die sich entlang der Diagonale von links oben nach rechts unten aufreihen.

Auf beiden Seiten dieser Diagonale spiegeln sich die Tauschaufgaben.

Übung 4: Reihumspiel für 2 bis 4 Kinder

Alle Ergebnisplättchen liegen nach unten gewendet ungeordnet im Brett. Erstes Kind nimmt ein beliebiges Plättchen heraus, liest dieses, sagt dazu die passende Malaufgabe und legt es an den Platz im Brett.

Das Plättchen, das dort zuvor herausgenommen werden musste, wird zum Suchauftrag für das nächste Kind. Das Spiel ist beendet, wenn alle Plättchen an der richtigen Stelle liegen.

Nicht wenige Kinder üben auf diese Weise ihr Einmaleinswissen auch gerne alleine.

Hinweis:

Bei den Übungen 2 und 3 vertieft das Kind sein Einmaleinswissen. Voraussetzung ist, dass zuvor alle Malreihen erarbeitet und geübt wurden.

Folgende Strukturen werden beim Auslegen entlang des Hunderterstreifens sichtbar.

· nicht jede Zahl im ZR100 ist eine Malzahl
· Verteilung der Malzahlen im Hunderterraum
· Häufigkeiten von Malergebnissen
· Welche Ergebniszahlen folgen unmittelbar aufeinander (sogenannte Paare und Drillinge)
· Quadratzahlen
· Tauschaufgaben

Sind alle Plättchen richtig eingeordnet, können mit dem Kind jene gesucht werden, die ihm leicht erscheinen. Diese können aus dem Brett genommen werden, so kann sich das Kind daran erfreuen, wie die vielen Aufgaben des 1x1 sich merklich reduzieren.

Mögliche Kriterien für das „Ausräumen":

· Tauschaufgaben
· Quadratzahlen
· 1er, 2er, 5er und 10er Reihen

7.10. Kasten mit Aufgaben- und Ergebnisplättchen

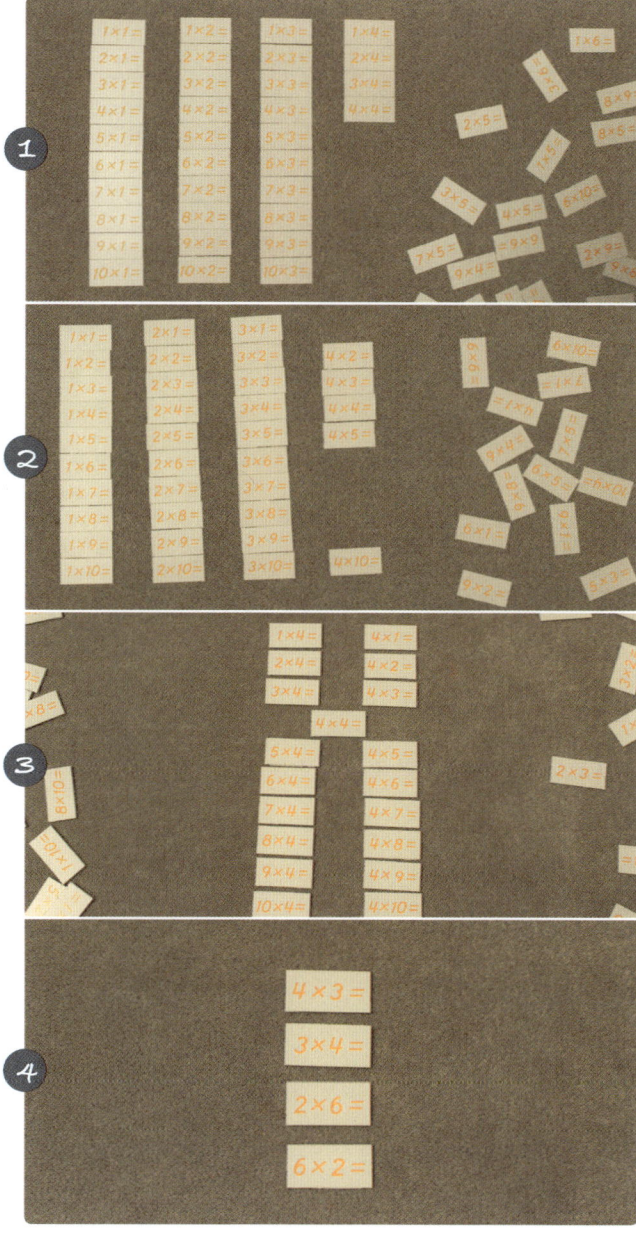

Mit diesem Kästchen können wertvolle Ordnungsübungen gemacht werden.

Möglichkeiten, die Aufgabenkärtchen zu ordnen,
bevor die Ergebnisse zugeordnet werden:

1. nach Malsätzchen (Multiplikand gleich)
2. nach gleichem Multiplikator
3. nach Tauschaufgaben
4. nach gleichen Ergebnissen

und auch nach
· einfachen / schwierigen Aufgaben
· nach aufsteigendem Ergebnis

Bevor solche Ordnungskriterien vorgegeben werden,
wird das Kind eingeladen, selbst zu überlegen,
wie in die Fülle von Plättchen Ordnung gebracht
werden könnte.

Alter: Ab 7 Jahren

Ziel:

Üben der Malaufgaben und Festigen von Einsichten

7.11. Divisionstabellen und Aufgabenkästen

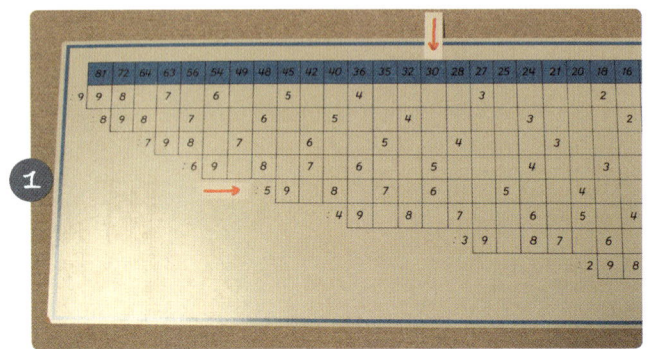

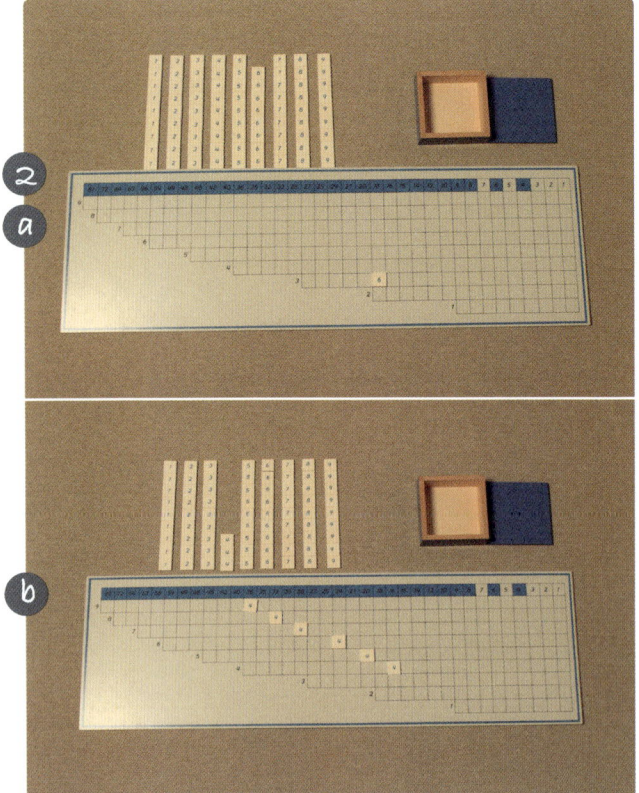

1 *Finden von Ergebnissen (Selbstkontrolle):*

Aufsuchen des Dividenden (oben) mit dem rechten Zeigefinger, aufsuchen des Divisors mit dem linken Ziegefinger (linker Rand).

Wo sich Spalte und Zeile kreuzen, ist das Ergebnis, der Quotient.

$30 : 5 =$

2 *Arbeit mit der leeren Tabelle und den Ergebnisplättchen:*

a) Aufgabe z.B. 18 : 3 = ___ in der Tabelle suchen, rechnerisch lösen und Quotientenplättchen einlegen.

b) Quotientenplättchen vorsortieren und dann

- Zeile für Zeile die Plättchen an die richtige Stelle legen,

oder

- in jeder Zeile das richtige Feld für die Plättchen mit der 4 suchen.

c) In der obersten Zeile mit den Malergebniszahlen jene heraussuchen, welche nur durch eins und durch sich selbst teilbar sind → Primzahlen.

Ziel:

· Die Darstellungsformen auf den Tabellen verstehen und für die Selbstkontrolle nutzen

· Die Grundaufgaben der Division üben

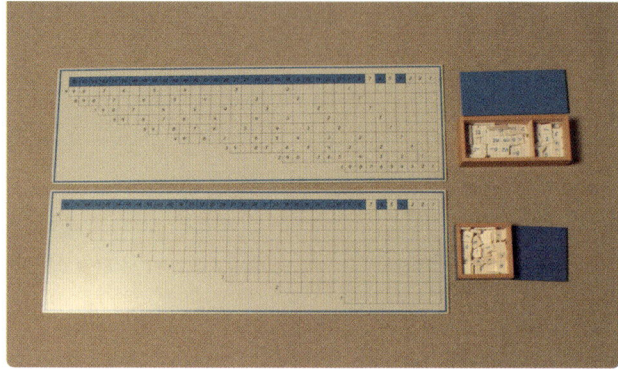

Hinweis:

Bei der Tabellenordnung der Divisionstabellen finden sich oben in der ersten Zeile alle Malergebniszahlen als Dividenden und abgestuft am linken Rand die Divisoren von 1 bis 9.

Dort wo sich die Zeilen und Spalten kreuzen, sind die Ergebniszahlen (die Quotienten).

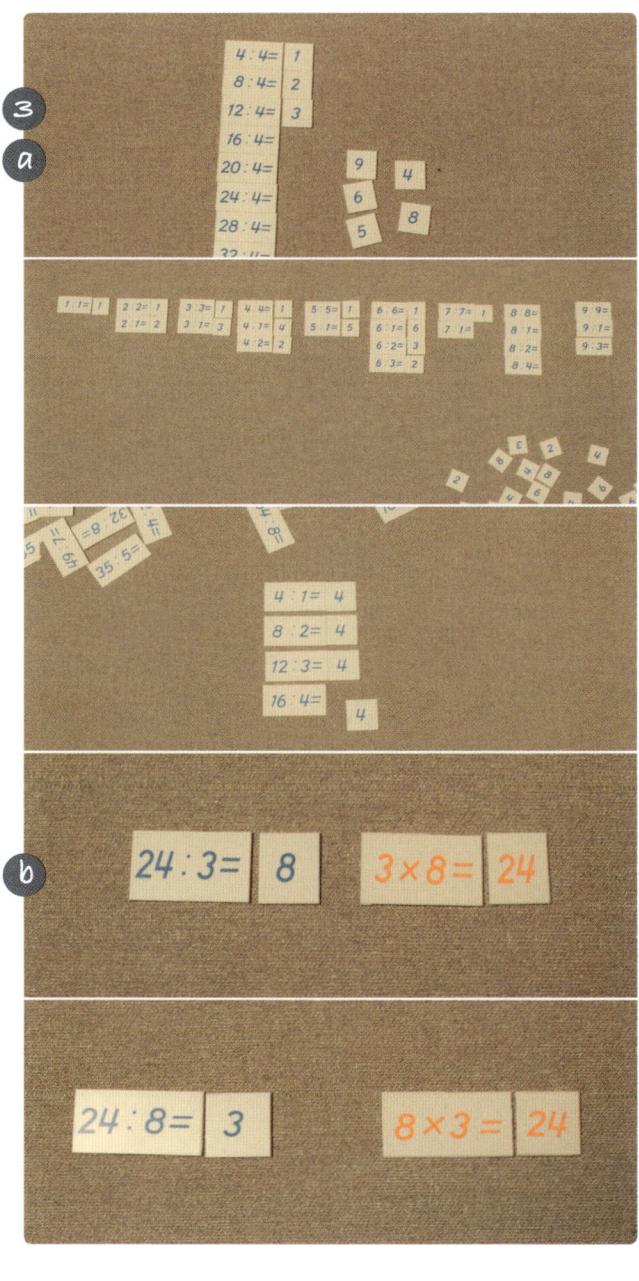

❸ *Arbeit mit den Aufgabenplättchen und Quotientenplättchen:*

a) Die Aufgabenkärtchen können nach unterschiedlichen Kriterien sortiert (möglichst vom Kind selbst finden lassen) und dann gerechnet werden:

· nach Divisor

· nach Dividenden

· nach gleichem Ergebnis

b) Kombination der Aufgabenplättchen zur Multiplikation und zur Division.

Kind wählt ein Divisionskärtchen z.B.

$24 : 3 = 8 \rightarrow 3 \cdot 8 = 24$

und sucht dann dazu die Umkehraufgabe, …

… dann die Tauschaufgabe

$24 : 8 = 3 \rightarrow 8 \cdot 3 = 24$

und dann dazu die Umkehraufgabe.

Die Ergebnisse aller hier angeführten Übungen können vom Kind auch schriftlich festgehalten werden.

Hinweis:

Die Kombination von Aufgabenkästen zur Multiplikation und zu Division bietet die Möglichkeit zur festigenden Wiederholung der Zusammenhänge.

Um einzelne Kinder mit den Suchaufträgen nach Umkehr- und Tauschaufgaben nicht zu überfordern, kann ja ganz einfach nach Aufgabenplättchen, die zusammen gehören, gesucht werden.

7.12. Bunte Perlenstäbchen - Quadratzahlen

Die Leiterin beginnt die Perlen in der dargestellten Weise auszulegen. Kind setzt die Treppe bis 10 · 10 fort.

Dann werden die Perlen in jedem Quadrat gezählt (ausgerechnet) und die Zahl auf ein Kärtchen geschrieben.

Auf die Rückseite wird die Multiplikation geschrieben. (Heftchen: Quadratzahlen)

Leiterin: „Diese Zahlen heißen Quadratzahlen, weil man mit ihnen Quadrate bilden kann."

Alter: Ab 7 Jahren

Ziel:

· Den Begriff Quadratzahl verstehen

· Die Quadratzahlen im ersten Hunderter einprägen.

7.13. Bunte Perlenstäbchen – das Dekanomische Quadrat

Alter: Ab 7 Jahren

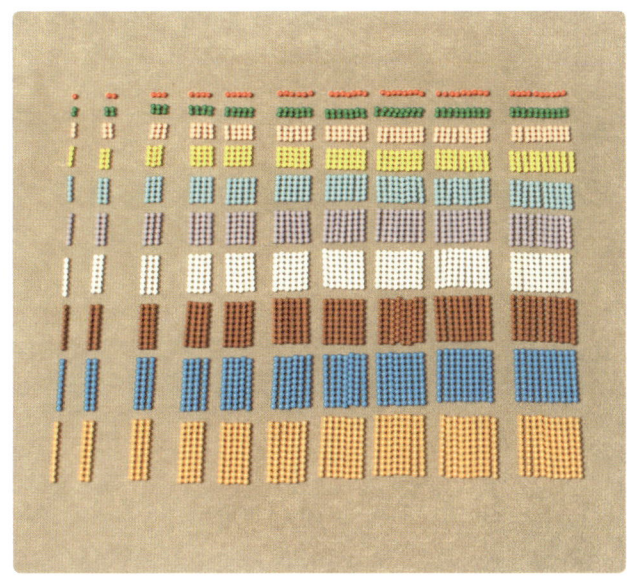

Nicht selten haben Kinder Freude an systematischen Arbeiten. Das Dekanomische Quadrat bietet eine gute Gelegenheit dazu.

Dabei geht es um nichts anderes als das Auslegen aller Malreihen in der abgebildeten Ordnung.

Auch hier lässt sich einiges finden:

· einfache Malreihen
· schwierige Malaufgaben
· Quadratzahlen
· Tauschaufgaben

Gut kann die Leiterin den Unterschied zwischen der realen mengenmäßigen Darstellung und ihrer symbolischen Repräsentation sichtbar machen, wenn sie die Multiplikationstabelle neben das Dekanomische Quadrat legt.

Übung:

Die Ergebnisplättchen aus einem Aufgabenkasten den Multiplikationen im Dekanomischen Quadrat zuordnen.

Hinweis:

Herleitung des Namens Dekanomisches Quadrat:
deka → zehn, nomen → Namen

→ zehnnamiges Quadrat (1+2+3+…+9+10)

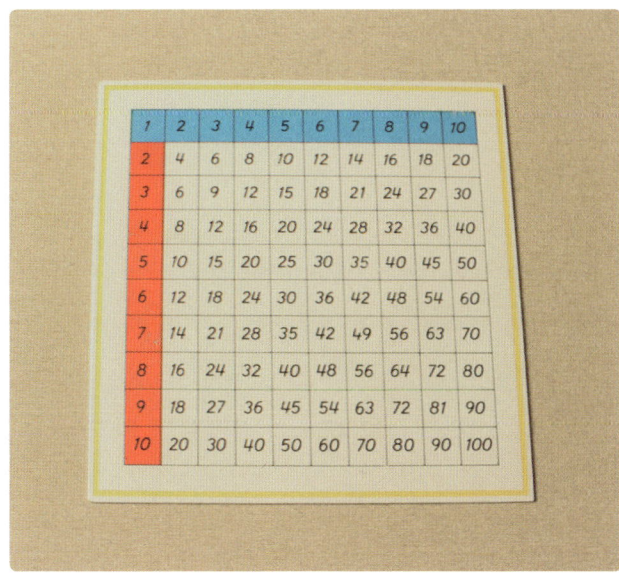

Zum Tüfteln:

Durch geschicktes Legen können Sie die Behauptung beweisen, dass die Anzahl der Perlen im Dekanomischen Quadrat die gleiche ist, wie die farbigen Würfel im Perlenregal (siehe Seite 152).

8. Zahlenraum 1000

8.1. Tausenderkette - Die Zahl 10 als Bündelungszahl herausarbeiten

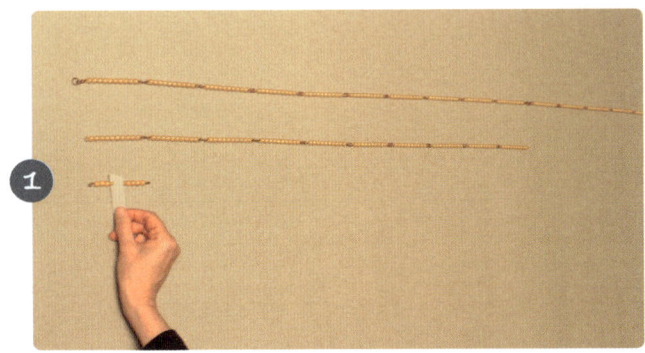

„Wie viele Perlen hat das Zehnerstäbchen?"

Ziel:

· Orientierung im linear dargestellten Zahlenraum 1000

· Die Übereinstimmung der linearen Darstellung mit der Bündelung nach Stellenwerten erfassen

Hinweis:

Bei der Tausenderkette arbeitet das Kind mit der linearen Darstellung dieses Zahlenraums (Zahlenstrahl).

Im Laufe der Übung wird sichtbar, dass der dezimale Aufbau auch in der Kette (Würfel-Stange-Platte-Würfel) strukturgebend ist.

Im ersten Teil geht es um das Verständnis und die Verinnerlichung des Zahlenraums 1000, dann kann darin mündlich gerechnet werden.

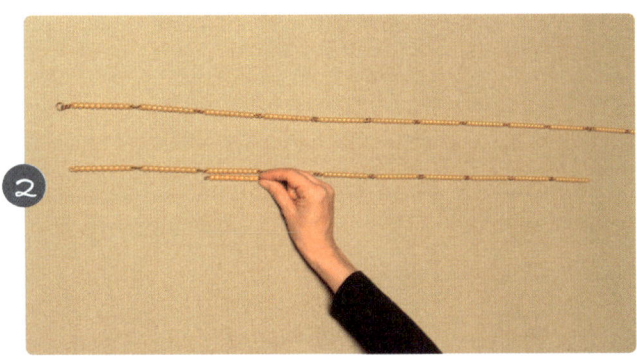

Mit Zehnerstäbchen an der Hunderterkette messen

Hunderterkette auflegen und mit dem Zehnerstäbchen messen, wie oft es in der Hunderterkette enthalten ist.

„Wie viele Zehnerstäbchen hat die Hunderterkette?"

Handhabung der Kette:

1. Abnehmen
2. Tragen
3. Auseinander ziehen
4. Aufhängen

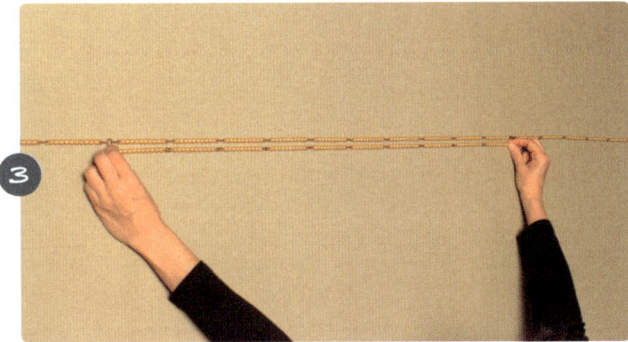

Mit Hunderterkette an der Tausenderkette messen

Tausenderkette auflegen und mit der Hunderterkette messen, wie oft sie in der Tausenderkette enthalten ist.

„Wie oft hat die Hunderterkette in der Tausenderkette Platz?"

Abschließend über die gemachte Erfahrung sprechen.

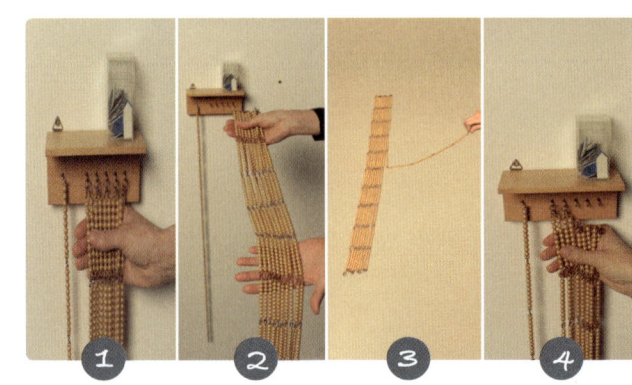

8.2. In der Tausenderkette die Bündelungen des Goldenen Perlenmaterials erkennen

Die Tausenderkette in 10 Quadrate falten und dann
10 Hundertquadrate auf die gefalteten Hunderter legen.

„Die Tausenderkette hat 10 Hunderter.
In der Tausenderkette sind genauso viele Perlen
wie in 10 Hundertern."

Dann werden die Hunderter abgenommen
und zu einem Tausenderwürfel gestapelt.
Daneben wird ein fixer Tausender hingestellt.

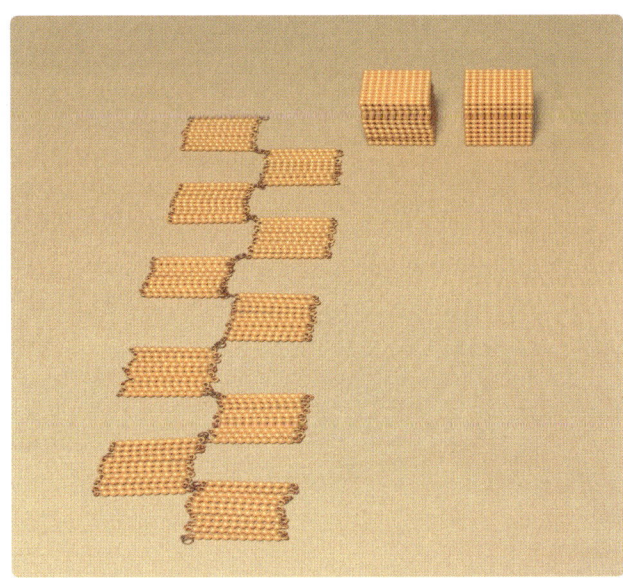

„In der Tausenderkette sind genauso viele Perlen
wie im Tausender."

8.3. Der Kette die Hunderter und den Tausender zuordnen

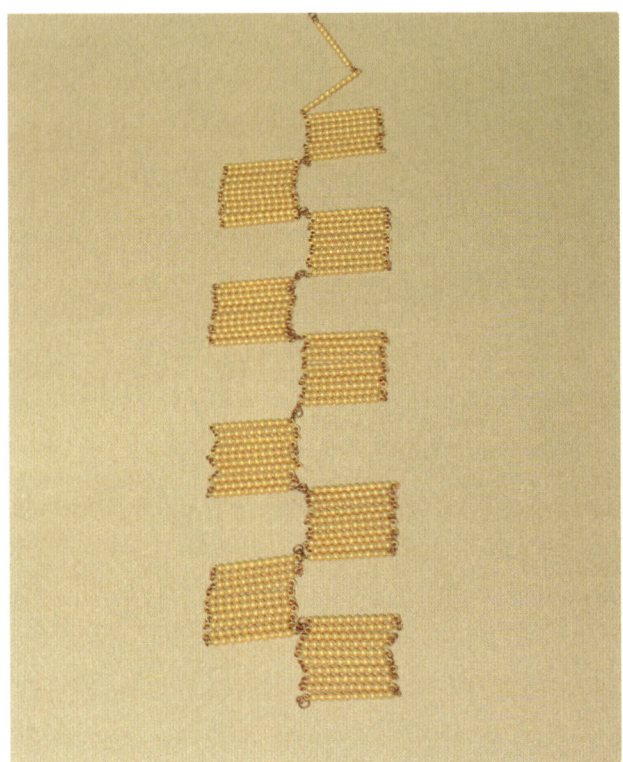

Die Tausenderkette wird in ihrer ganzen Länge auseinander gezogen.

Dann wird zum Ende jedes Hunderterschrittes ein Hunderter gelegt (die Hunderterkette hilft beim genauen Ausmessen der Abschnitte).

An das Ende der Kette kommt dann der Tausender.

8.4. Die Pfeile der Tausenderkette zuordnen

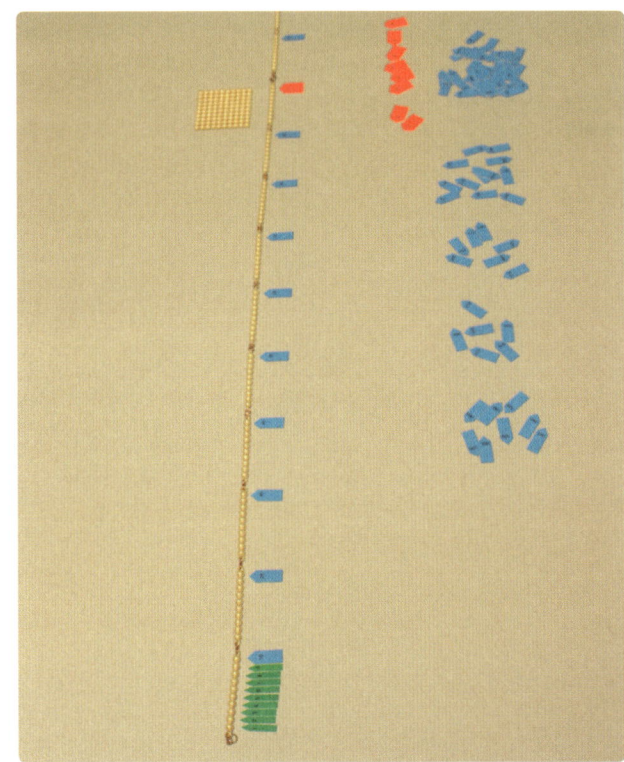

Wie bei den kurzen Ketten soll dem Kind gezeigt werden, wie mit dem Reiterchen die Perlen gezählt und die Pfeile genau zu den Perlen gelegt werden.

· Ordnen der Pfeile nach Farbe und nach Hunderterschritten.

· Die Pfeile werden aus dieser Ordnung heraus zur Tausenderkette gelegt.

8.5 Orientierungsübungen an der Tausenderkette

· „Zeige 500, 800, – 150, 830, …"

Unterschied Kardinal- und Ordinalzahl:

· „Wo ist die dreihundertste Perle?"

· „Wie viel sind dreihundert Perlen?"

· „Wie heißt der Hunderter vor/nach 600?"

· „Wie heißt die Zehnerzahl vor/nach 600?"

· „Zeige 700, 830, … wie viel fehlt noch bis 1000?"

· „Wie heißen die Nachbarhunderter von 430?"

· Auf Blankopfeile gemischte Zahlen schreiben z.B. 652 und den Pfeil an die richtige Stelle legen lassen.

· Einen Blankopfeil an eine bestimmte Perle legen und die dargestellte Zahl darauf schreiben lassen.

· „Mit welcher Zahl beginnt/endet der 4. Hunderter?"

· In Zehner- oder auch in Einerschritten unter die Hunderterzahlen zählen.

8.6. Mündliches Rechnen im ersten Tausender

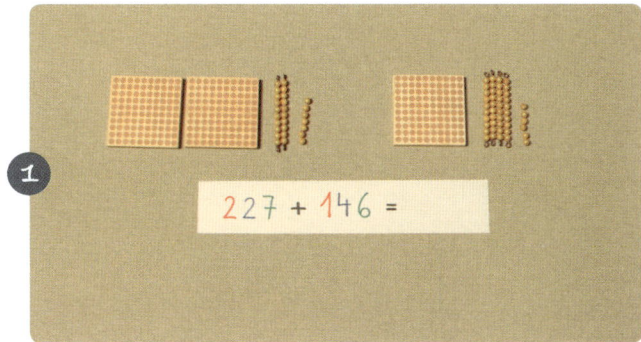

8.7. Rechnen mit dem Tausenderbuch

Für den Aufbau von mündlichen Rechenstrategien sind die goldenen Perlen, und in Ableitung davon das Tausenderbuch, besser geeignet als die Tausenderkette.

Rechnen mit den goldenen Perlen:

· Darstellen der Aufgabe
· Durchführen der Operation

Hier kann das Kind eigene Rechenwege finden. Anfangs sollen die Rechenschritte und die Zwischenergebnisse genannt/aufgeschrieben werden.

· Feststellen des Ergebnisses.

Gleich wie auf der Hundertertafel lassen sich im Tausenderbuch die Rechnungen als Wege darstellen.

Auch hier soll es dem Kind möglich sein, eigene Rechenwege zu gehen.

Die Rechenschritte und die Zwischenergebnisse sollen genannt oder auch aufgeschrieben werden.

Hinweis:

Das Tausenderbuch entsteht, wenn 10 Hundertertafeln wie ein Leporello aneinander geklebt werden.

Im Tausenderbuch können die gleichen Orientierungsübungen wie an der Tausenderkette gemacht werden.

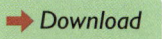 *Download*

9. Die Große Addition in aufsteigender Abstraktion
9.1. Markenspiel

9.1.1. Einführung

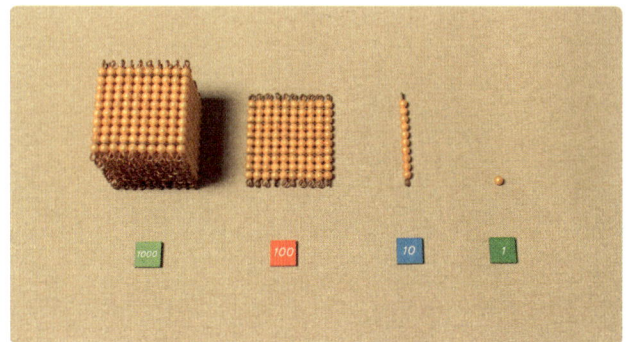

Die Bedeutung der Marken:
Marken und das Goldene Perlenmaterial werden nebeneinander gelegt.
„Das ist ein Einer." „Das bedeutet Eins."
„Das ist ein Zehner." „Das bedeutet Zehn."

In gleicher Weise werden Hunderter und Tausender nebeneinander gelegt und die „ist" und „bedeutet" Formulierung verwendet.

Beim Auslegen der Marken lassen sich in der Praxis folgende zwei Anordnungen beobachten:

①

Vorteil: Die paarige Anordnung erleichtert das simultane Erfassen, die dargestellten Zahlen erscheinen kompakter und lassen sich voneinander besser abgrenzen.

Nachteil: Es kommt vor, dass Kinder die zweite Reihe bei einem Markenpaar mit der nächstfolgenden Spalte der Stellenwerttabelle verwechseln.

②

Vorteil: Die Reihen der Marken sind identisch mit den Spalten der Stellenwerttabelle.

Nachteil: Sind an einer oder mehreren Stellen viele Marken, so nimmt die Zahl nach unten hin eine größere Fläche ein und wird dadurch unübersichtlicher. Im Buch wird die paarige Darstellung verwendet. Ein Vergleich in der Praxis hilft, sich für die eine oder die andere Anordnung zu entscheiden.

Ziel:

Ausführen der Rechenoperationen auf der ersten Abstraktionsstufe nach dem Goldenen Perlenmaterial

Hinweis:

Im Vergleich zum Goldenen Perlenmaterial materialisiert das Markenspiel das Dezimalsystem um eine Stufe abstrakter.

Während bei den goldenen Perlen die Dezimalstellen sich in ihrer Mächtigkeit real voneinander unterscheiden (der Tausender hat wirklich 1000 Perlen), ist der Wert der Stellen im Markenspiel nur noch durch die Farbe und den Aufdruck der Zahl gekennzeichnet.

Jede Marke steht für eine bestimmte Bedeutung, einen Wert, den das Kind in seiner Vorstellung aktivieren muss.

Übung:

Darstellen und Benennen von Mengen

· Einer mit dem Kartensatz gelegten Zahl die Marken zuordnen.
· Den Kartensatz einer Menge zuordnen.
· Die Leiterin legt eine Menge und lässt sie vom Kind benennen. „Wie heißt diese Menge?"
· „Lege eintausenddreihundertzweiundvierzig in Marken."
· Eine Menge auf drei Ebenen (Karten, Marken, goldene Perlen) darstellen lassen.

9.1.2. Große Addition mit Marken

Der Ablauf der Operation gestaltet sich bei Markenspiel und goldenen Perlen gleich.

1 Darstellung der Aufgabe
Die beiden Summanden werden mit den kleinen Karten (oder mit Farbstiften geschrieben) dargestellt und die Marken in der Stellenordnung ausgelegt.

Notation der Zahlen:

Die Kartensätze können schon bald durch die Notation mit Farbstiften ersetzt werden. Später werden auch die Stellenwerte nicht mehr farblich unterschieden und so auf die übliche Schreibweise für die Arbeit im Heft übergeleitet.

2 Durchführung der Operation
Die Marken werden Stelle für Stelle nach unten zusammen geschoben.

Addition als Handlung:

Auf dieser Stufe löst das Kind die Addition als Handlung. Es gibt die Summanden zusammen (addiert) und zählt beim Ergebnis die Marken.

3 Feststellen des Ergebnisses
Die Marken werden gezählt, und wenn notwendig, in die nächst höhere Stelle gewechselt.

Dann wird das Ergebnis aufgeschrieben, und die Aufgabe nochmals besprochen.
„Was hast du getan?"
„Was wolltest du wissen?"
„Kann das Ergebnis stimmen?"

Übertragung ins Heft:

Nachdem das Kind das Ergebnis (die Summe) festgestellt hat, kann es die Rechnung in sein Heft übertragen. So wird es mit der späteren Schreibweise vertraut, ohne dass schon schriftlich gerechnet wird.

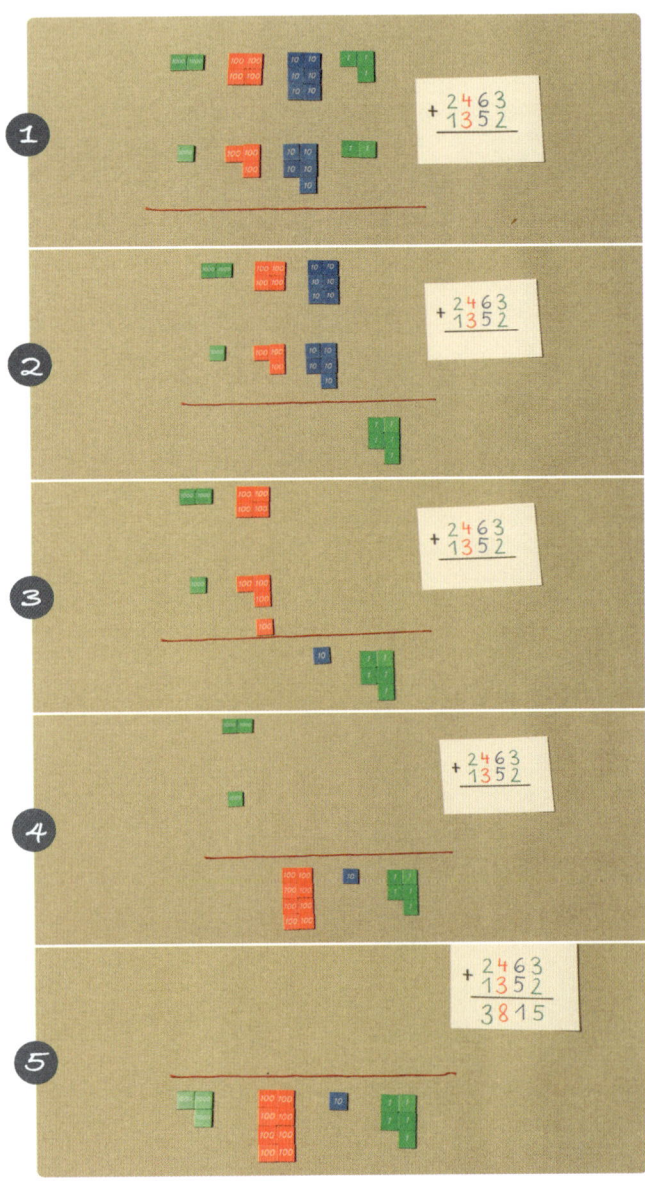

Aufgabe darstellen.

Die Operation durchführen.

„Einer: zwei plus drei gleich fünf."
Parallel zum Sprechen werden zuerst die zwei und dann die drei Einer nach unten geschoben, so dass dann fünf Einer im Ergebnisfeld liegen.

„Zehner: fünf plus sechs gleich elf."

„Wechseln - zehn Zehner in einen Hunderter." –
„Ein Zehner an, ein Hunderter weiter."

„Hunderter: eins plus drei gleich vier,
vier plus vier gleich acht."
„Tausender: eins plus zwei gleich drei."

Das Ergebnis feststellen:

„Zusammen ergeben die beiden Mengen 3 8 1 5."

Hinweis:

Das Kind hat sich inzwischen die Grundaufgaben zur Addition (Kleines Einspluseins) erarbeitet und hat die Aufgaben weitgehend automatisiert.

Nun kann an jeder Stelle das Zusammenschieben der Summanden mit der gesprochenen Rechnung mündlich begleitet werden.

Auf diesem Weg wird die spätere Sprech- und Schreibweise über die Handlung schon vorbereitet.

Steigerung der Schwierigkeit:

· Aufgaben ohne Überschreitung

· Aufgaben mit einer und später mehreren Überschreitungen

· Aufgaben mit Nullstellen bei den Summanden und in der Summe

9.2. Punktspiel

Eine mehrstellige Addition in der Stellenwerttafel aufschreiben

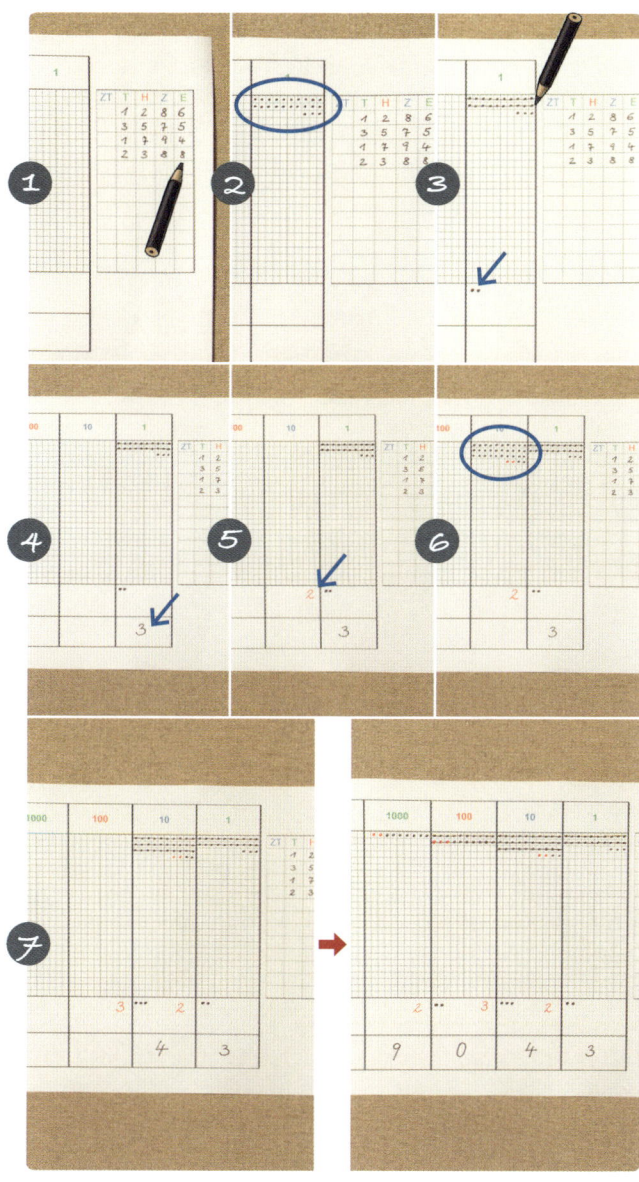

1 Eine mehrstellige Addition in die Stellenwerttafel schreiben.

2 Die Summanden der Einerstelle als Punkte in die erste Spalte von rechts nach links eintragen.

3 Die vollen Zeilen mit schwarzem Stift durchstreichen. Jede gestrichene Zeile durch einen schwarzen Punkt im unteren Feld ersetzen.

4 Die überzähligen Einerpunkte als Zahl in das unterste Feld eintragen.

5 Die Zahl der zu übertragenden Zehnerpunkte in die Zehnerspalte mit rotem Stift schreiben.

6 Im nächsten Schritt die Summanden der Zehnerstelle als schwarze Punkte in die Zehnerspalte eintragen und zuletzt die aus der Einerspalte stammenden Zehner als rote Punkte dazu geben.

7 Von hier wiederholt sich die Arbeit wie an der Einerstelle. Am Ende erscheint unten das Ergebnis.

Alter: Ab 6-7 Jahren

Ziel:

· Addition mehrstelliger Summanden

· Vertiefung des Verständnisses des Übertrags

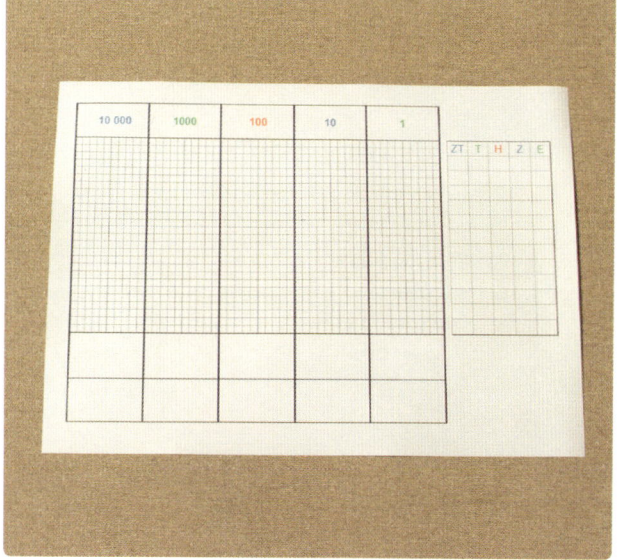

Hinweis:

Die Arbeit mit dem Punktspiel ermöglicht dem Kind schon sehr früh Additionen mit vielen Summanden durchzuführen.

Das Augenmerk wird dabei auf das Erreichen der Bündelungszahl 10, das Wechseln in den höheren Stellenwert und das Finden des Ergebnisses auf der jeweiligen Stelle gelegt.

➡ **Download**

9.3. Kleiner Rechenrahmen

Ziel:

Ausführen von Rechenoperationen auf der zweiten Abstraktionsstufe nach dem Goldenen Perlenmaterial

Die Rechenrahmen sind in ihrer Darstellung der realen Mächtigkeit der Dezimalstellen noch einen Schritt abstrakter als das Markenspiel.

Die Sprossen repräsentieren nun untereinander angeordnet die Dezimalstellen. Auf jeder Stelle stehen nur mehr zehn Perlen zur Verfügung.

Hinweis:

Um bei den Stellenwerten nicht zu verrutschen, ist es hilfreich, die Stelle, auf der man gerade arbeitet, mit dem Daumen am linken Rand des Rahmens zu fixieren.

Die Perlen werden mit einem spitzen Stift verschoben, damit für das Kind der Blick auf die Sprossen nicht durch die Hand verdeckt wird.

Merkhilfe:

Auf der rechten Seite des Rahmens liegt das Ergebnis, auf der linken Seite ist die Bank, von der die Perlen geholt und von wo weg gewechselt wird.

9.3.1. Einführung

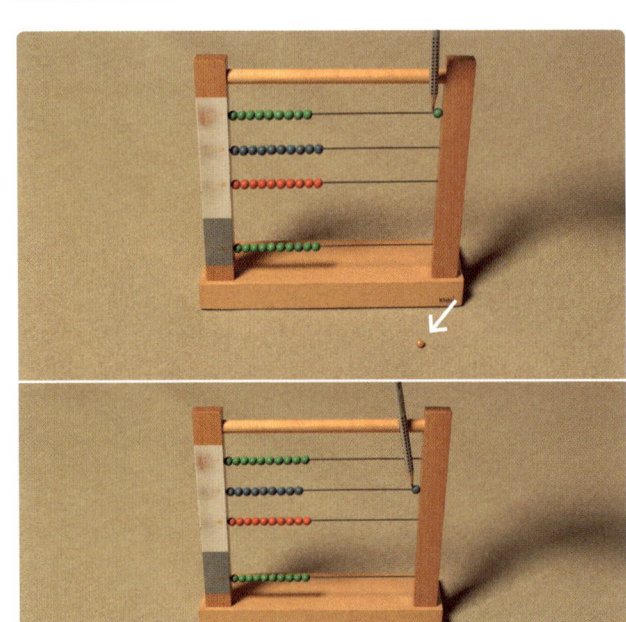

Die Bedeutung der einzelnen Sprossen

Auf der obersten Sprosse wird eine Perle nach rechts geschoben und eine Einerperle neben den Rahmen gelegt.

„Das ist ein Einer. Das bedeutet Eins."

„Das ist ein Zehner. Das bedeutet Zehn."

In gleicher Weise werden dann die Werte der Hundertersprosse und Tausendersprosse durch die „ist" und „bedeutet" Formulierung eingeführt.

Übungen:

Zählen

Mit dem Stift werden die Perlen einzeln nach rechts geschoben und gezählt: „Einer: 1, 2, 3, ...10."
Sind die zehn erreicht, werden die zehn Einer und eine Zehnerperle von der darunter liegenden Sprosse gegengleich verschoben: „Für zehn Einer, ein Zehner."

Dann wird auf der Zehnersprosse weitergezählt – „Zehner: 1, 2, 3, ...10." – und beim Erreichen der Zehn wieder gewechselt.

Der Zählvorgang wird bei eintausend beendet.

→ **Download**

Zählen und Schreiben

Am Rahmen wird Perle für Perle gezählt und parallel dazu ihr Wert in der Stellentafel notiert.

Auf dem Vordruck wird zunächst in die rechte Stellentafel geschrieben.

Einerperle nach rechts schieben. – „ein Einer" – 1 in die Einerspalte schreiben.

Nächste Einerperle nach rechts schieben. – „zwei Einer" – 2 in die Einerspalte schreiben.
…

Zehnte Einerperle nach rechts schieben. – „Wechseln.". - Zehn Einerperlen werden gegen eine Zehnerperle gewechselt. – „ein Zehner" - 1 wird in die Zehnerspalte geschrieben.

Zähl- und Schreibvorgang enden bei 1 in der Tausenderspalte. Die Nullstellen bleiben vorerst leer.

Linke Stellentafel:

Hier wird nochmals der gleiche Zählvorgang durchgeführt. Es werden nun die Nullen dazugeschrieben und die Zahlen gelesen. .

Sprechweise „1, 2, …10, 20, … 100, 200, … 1000."

Übungen :

Zahlen im Rahmen aufschreiben/benennen und bilden

· Die Leiterin bildet am Rahmen eine Zahl, das Kind schreibt sie mit Farbstiften auf und liest sie.
· Die Leiterin schreibt eine Zahl auf, das Kind liest sie und stellt sie am Rahmen dar.
· Die Leiterin stellt eine Zahl am Rahmen dar, das Kind liest sie ab.
· Die Leiterin nennt eine Zahl, das Kind stellt sie am Rahmen dar.

Immer wieder auch Zahlen mit Nullstellen verwenden!

In Einerschritten über/unter reine Zehner- und Hunderterzahlen zählen

z.B. zähle und zeige von 327 bis 332, von 98 bis 103, von 503 bis 487, …

Wechseln

„Versuche 15 Einer, 45 Zehner, 23 Hunderter, … zu zeigen."

Interessante Aufgaben .... 9 plus 1
99 plus 1
999 plus 1
…

9.3.2. Addieren ohne Zehnerüberschreitung

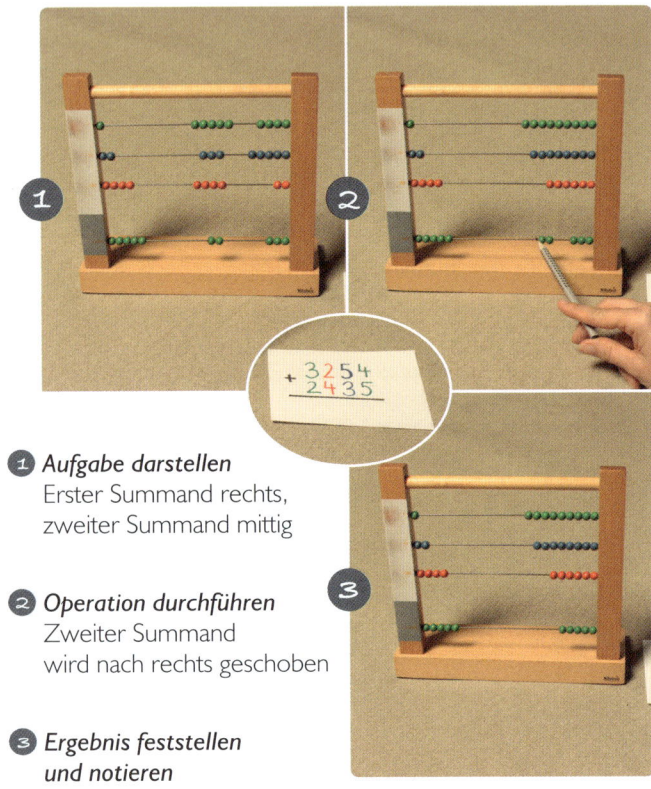

1 *Aufgabe darstellen*
Erster Summand rechts,
zweiter Summand mittig

2 *Operation durchführen*
Zweiter Summand
wird nach rechts geschoben

3 *Ergebnis feststellen*
und notieren

Hinweis:

Zuerst wird die Aufgabe mit den beiden Summanden
dargestellt. Dann folgt die Operation, indem
beide Summanden zusammengefügt werden,
zuletzt kann das Ergebnis abgelesen werden.

In diesem Modus können nur Aufgaben ohne
Überschreitung gelöst werden!

9.3.3. Addieren mit Zehnerüberschreitung

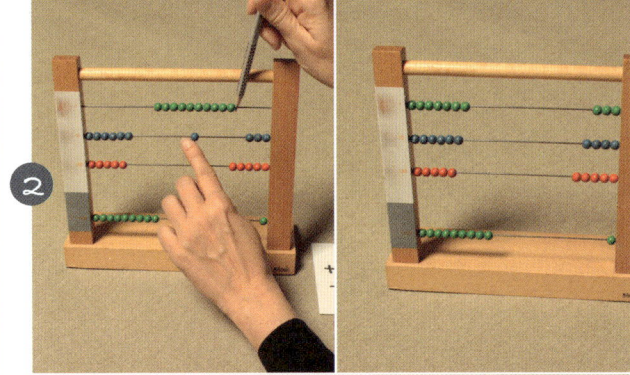

1 *Aufgabe darstellen*
Der erste Summand kommt nach rechts.

2 *Operation durchführen*
Der zweite Summand wird stellenweise addiert.

Einer:
Auf der Einersprosse kommen 3 Perlen nach rechts,
dann wird gewechselt. Nach dem Wechseln werden noch
3 Einerperlen nach rechts geschoben / gezählt.

Zehner, Hunderter und Tausender:
In gleicher Weise werden die Zehner, Hunderter und
Tausender des zweiten Summanden dazu addiert.

3 *Ergebnis feststellen*
Zuletzt wird das Ergebnis abgelesen.

Hinweis:

Aufgaben wie diese richten als Vorübungen
die Aufmerksamkeit auf das Wechseln
in die nächsthöhere Stelle.

$$9 + 1 =$$

$$90 + 10 =$$

$$900 + 100 =$$

$$99 + 1 =$$

$$999 + 1 =$$

9.3.4. Addieren nach Stellenwerten

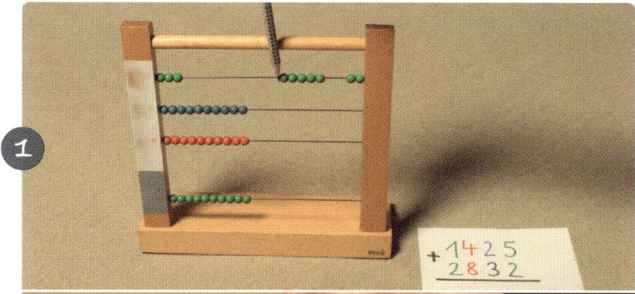

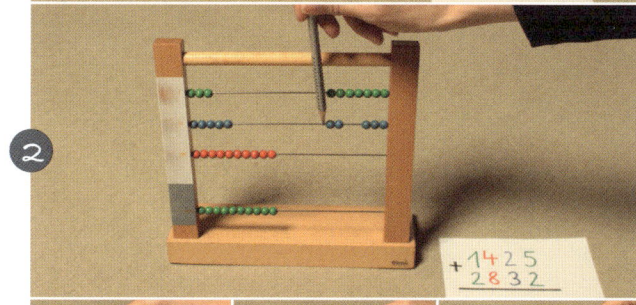

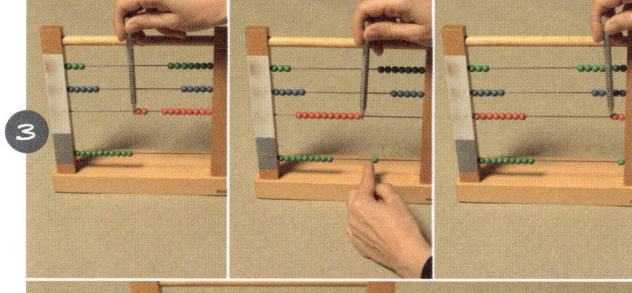

Einer

„Einer: 2 plus 5 gleich 7."

Mit dem Stift werden erst 2 und dann 5 Perlen von links nach rechts gezählt/geschoben.

Zehner

„Zehner: 3 plus 2 gleich 5."

Es werden 3 und dann 2 Perlen von links nach rechts gezählt/geholt.

Hunderter

„Hunderter: 8 plus 4.
Zuerst 8 plus 1, 2 – wechseln – 3, 4."
Sind alle 10 Hunderter auf der rechten Seite, werden sie in einen Tausender gewechselt. Dann sind auf der Hundertersprosse noch 2 dazu zu geben.
„8 + 4 = 12"

Tausender

„Tausender: 1 plus 2 plus 1 gleich 4."
Zu dem gewechselten Tausender werden dann noch die beiden Summanden 2 und 1 gegeben.
„Die Summe ist 4257."

Allmählicher Übergang zum schriftlichen Addieren:

Nachdem das Kind den Handlungsablauf geübt hat, motiviert es die Leiterin, die Ergebnisse der einzelnen Schritte zu notieren und die Rechnungen mitzusprechen.

Der Wechsel vom anfangs zählenden in den rechnenden Modus erfolgt fließend, je nachdem wie sicher das Kind in den Grundaufgaben zur Addition ist.

Hinleiten zum Überschlagsrechnen:

Versuche, bevor du die Rechenarbeit beginnst, herauszufinden, wie das Ergebnis ungefähr sein wird.

Tipp:

· Vereinfache die Zahlen der Aufgabe.
· Löse dann die Aufgabe mit oder ohne Material.

Schreibe dein Schätzergebnis auf und vergleiche es dann mit dem genauen Rechenergebnis.

9.4. Hierarchie der Zahlen

1 *Benennen der Körper*

Die Leiterin vermittelt dem Kind die Namen der Körper in der Schrittfolge der Wortlektion. Sie nennt die Namen, dann lässt sie sich die Körper vom Kind zeigen und zuletzt soll das Kind sie benennen.

2 *Die Beziehung zwischen den Stellenwerten*

Gemeinsam messen die Leiterin und das Kind, wie oft eine Stelle in der nächsthöheren enthalten ist. Sie beginnen mit dem Einerwürfel.

Die Abfolge der Stellenwertfarben ergibt sich aus dieser Ordnung: Grün steht für Würfel, Blau steht für Stange, Rot steht für quadratische Platte.

3 *Messen*

„Wie oft ist der Einer im Tausender enthalten? Der Tausender in der Million?

Der Zehner im Zehntausender? Der Hunderter im Hunderttausender?"

4 *Die Zahlen*

Die Namen der noch nicht bekannten Zahlenkarten werden in den Stufen der Wortlektion eingeführt.

1000 000   100 000   10 000

Zuordnen der Zahlen zu den Körpern.

Ziel:

· Erkennen, dass sich im Stellenwertsystem die Abfolge Würfel, Stange, Platte – Würfel, Stange, Platte – Würfel, … beliebig fortsetzen lässt.

· Eine Vorstellung für die Größenproportionen der Stellenwerte von 1 bis 1000 000 entwicklen.

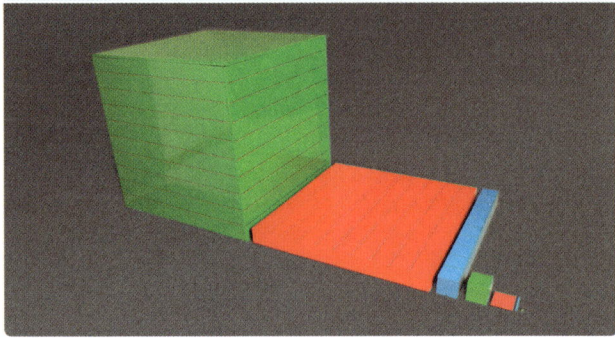

Hinweis:

Für das spätere Schreiben und Rechnen im Stellenwertraster ist es hilfreich, wenn auch die Darstellung in Buchstaben erarbeitet wird:

M HT ZT T H Z E

Das Kind kann erkennen, dass die von den goldenen Perlen her bekannte Zehnerbündelung über den Tausender hinaus fortgesetzt werden kann: jeweils in der Folge Würfel/Stange/Platte – Würfel/Stange/Platte – Würfel/ …

9.5. Großer Rechenrahmen

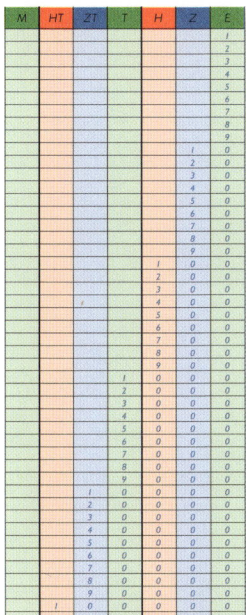

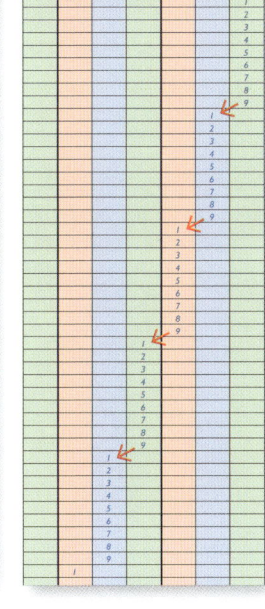

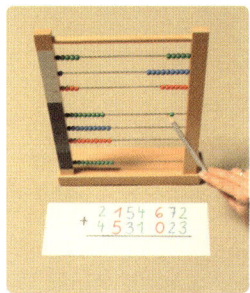

9.5.1. Einführung

Bedeutung der Sprossen

„Ein Einer. Das bedeutet 1."
„Ein Zehner. Das beutet 10." …
„Ein Zehntausender. Das bedeutet 10 000."
„…"

Zählen

In der Sprossenfolge bis zur Million zählen.
(wie beim Kleinen Rechenrahmen bis Eintausend)

Zählen und Schreiben

Wie beim Kleinen Rechenrahmen wird Perle für
Perle gezählt und parallel dazu ihr Wert in der Stellentafel
notiert. Zuerst in die rechte Stellentafel Zeile für Zeile ohne
Nullen, danach die linke Stellentafel mit den Nullen.

Übungen:

Zahlen im Rahmen aufschreiben, bilden und benennen, z.B.:

· Die Leiterin stellt eine Zahl am Rahmen dar.
  „Welche Zahl ist das? Schreibe sie auf."
· „Zeige 52 619." Auch Zahlen mit Nullstellen verwenden.

In Einerschritten über/unter reine Tausender-, Zehntausender- und Hundertrausenderzahlen zählen, z.B.:

„Zähle und zeige von 997 bis 1005, von 29 998 bis
30 002, von 100 003 bis 99 996, …"

Wechseln

z.B.: „Zeige 23 Tausender.".

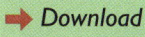 **Download**

9.5.2. Addieren nach Stellenwerten

Die Addition erfolgt nach Stellenwerten so,
wie sie beim Kleinen Rechenrahmen
als dritte Stufe eingeführt wurde.

Besondere Aufgaben:

9 plus 1
99 plus 1
999 plus 1
9 999 plus 1
99 999 plus 1
999 999 plus 1

Ziel:

Addieren, Subtrahieren und Multiplizieren im
Zahlenraum bis 9 999 999.

Bei der Einführung geht es zuerst darum,
dem Kind zu erschließen, was die drei
hinzugekommenen Sprossen bedeuten.

Die Hierarchie der Zahlen wird neben dem
Rahmen ausgelegt, dann wird mit der Formulierung
„Das ist … und das bedeutet …" die Beziehung
zwischen der tatschlichen Mächtigkeit eines
Stellenwertes und seiner symbolischen Darstellung
am Rahmen hergestellt.

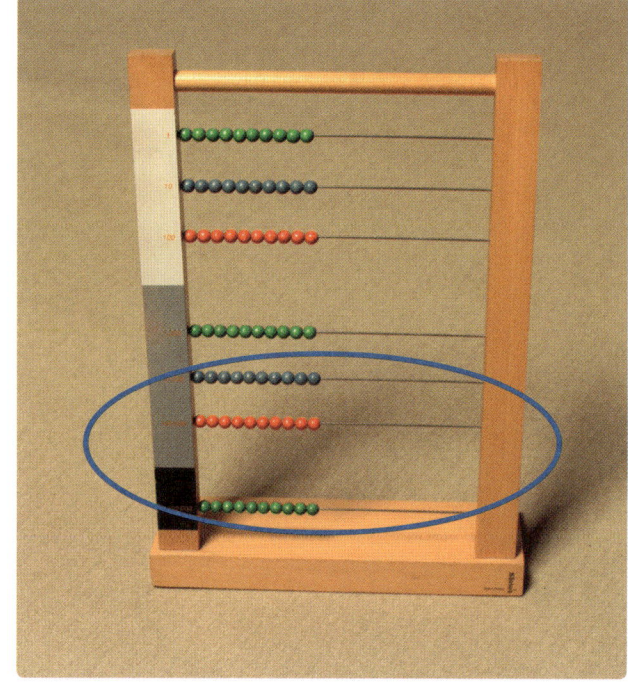

10. Die Große Subtraktion in aufsteigender Abstraktion

10.1. Subtrahieren nach dem Restverfahren mit dem Markenspiel

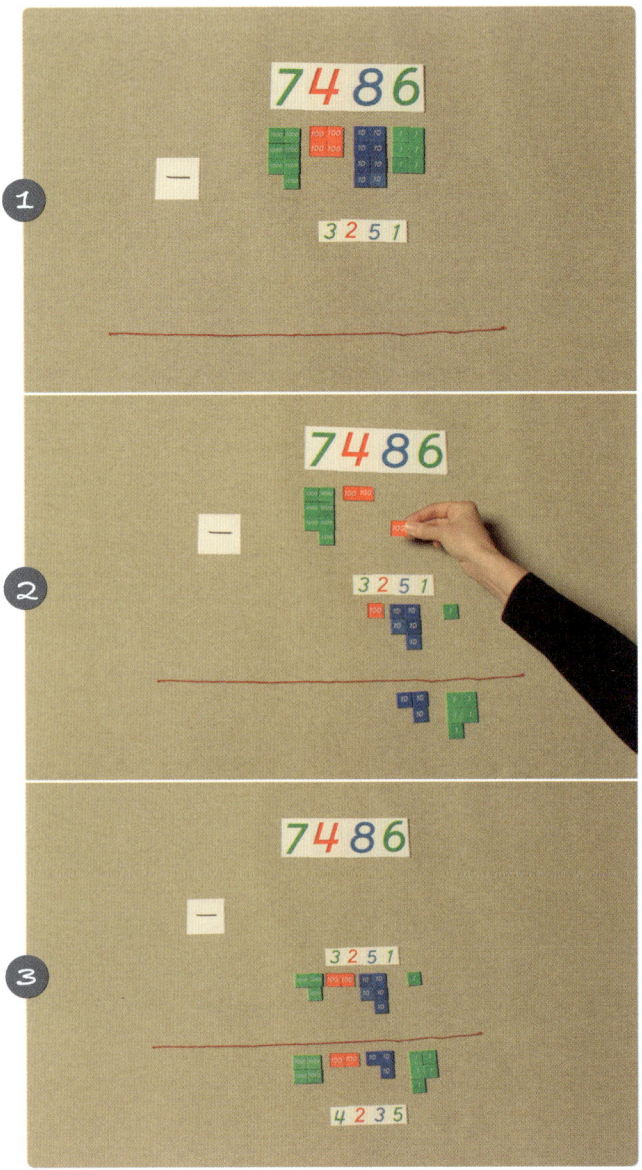

Die Rechenoperation folgt dem gleichen Ablauf wie beim Goldenen Perlenmaterial.

Aufgabe darstellen
Der Minuend wird mit dem großen Kartensatz und den Marken dargestellt.

Darunter wird die Zahl, die weggenommen werden soll, in kleinen Karten gelegt. Die Aufgabe kann aber auch schriftlich in den Stellenwertfarben vorgebeben werden.

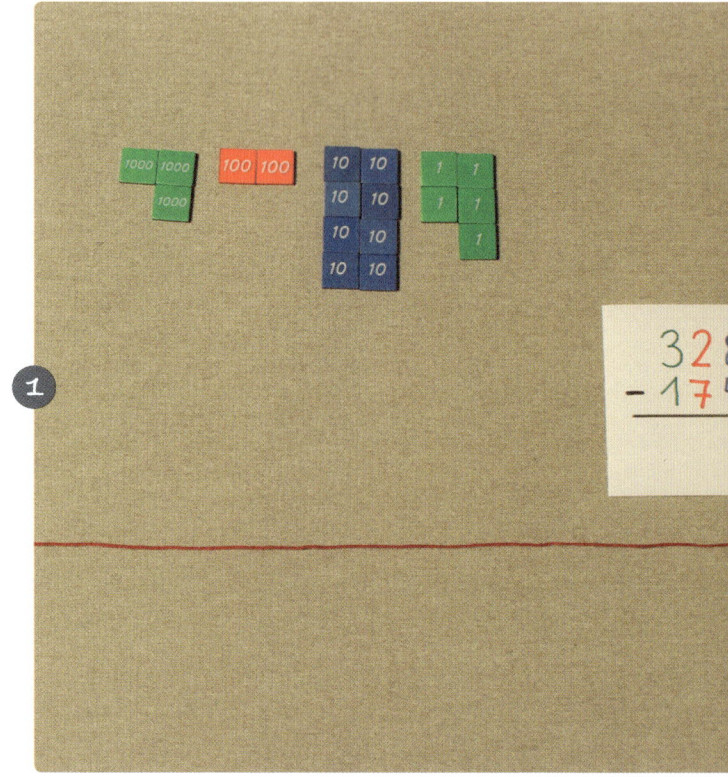

Operation durchführen
„Wir wollen wissen, wie viel übrig bleibt, wenn wir von der größeren Menge die kleinere Menge wegnehmen."

Der Subtrahend wird herunter geschoben, dann der Rest nach unten gehoben.

Ergebnis feststellen
Die nach unten gelegten Marken (=Rest) werden gezählt und mit kleinen Karten dargestellt.

Reflexion:
„Was wolltest du wissen?"
„Wie bist du vorgegangen?"
„Kann das Ergebnis stimmen?"

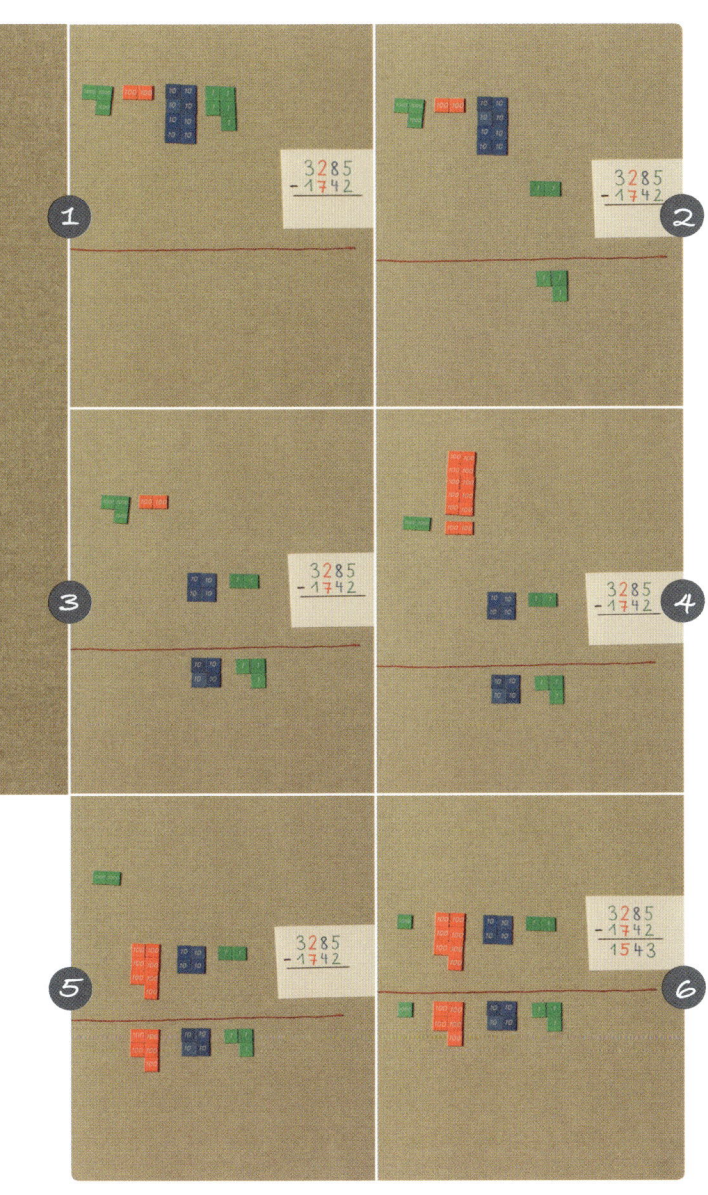

Nächster Schritt der Entwicklung

Das Kind hat sich inzwischen das Kleine 1 + 1 erarbeitet und hat die Subtraktionen im Zahlenraum 18 weitgehend automatisiert.

Nun kann das Feststellen des Restes an jeder Stelle mit der gesprochenen Rechnung mündlich begleitet werden.

Aufgabe in Marken darstellen

1. Der Minuend wird mit dem großen Kartensatz und den Marken dargestellt. Nach einiger Übung wird die Rechnung nicht mehr mit Karten gelegt, sondern aufgeschrieben.

Der Subtrahend wird mit dem kleinen Kartensatz gelegt, jedoch ohne Marken, die müssen ja vom Minuenden weggenommen werden.

Operation durchführen

2. „Einer: 5 minus 2 gleich 3." –
parallel zum Sprechen werden zuerst die zwei Marken von den fünf Marken weggenommen, und nach unten gelegt. Die verbleibenden drei Einer kommen als Rest unter den roten Faden.

3. „Zehner: 8 minus 4 gleich 4." –
Gleich wie bei den Einern wird auch bei den Zehnern der Rest ermittelt.

4. Von 2 Hundertern können nicht 7 Hunderter weggenommen werden. Daher wird ein Tausender in 10 Hunderter gewechselt. Es bleiben noch 2 Tausender.

„Hunderter: 12 minus 7 gleich 5."

5. „Tausender: 2 minus 1 gleich 1."

Das Ergebnis feststellen:

6. „Als Rest bleiben 1543 übrig."

Alter: Ab 6-7 Jahren

Ziel:

Subtraktionen mit dem Markenspiel im Restverfahren lösen

· ohne Wechseln

· mit Wechseln

Hinweis:

Das Restverfahren ist in vielen europäischen Staaten das Normverfahren, das in den Schulen unterrichtet wird.

Zitat aus dem Bayerischen Lehrplan:

Subtrahieren - Abziehverfahren

7	4		3 minus 6 geht nicht;
~~8~~	~~5~~	3	eins herüber bleibt 4;
			13 minus 6 gleich 7;
- 2	7	6	4 minus 7 geht nicht;
			eins herüber bleibt 7;
			14 minus 7 gleich 7;
5	7	7	7 minus 2 gleich 5.

Lösung mit Nullstelle

5	9		
~~6~~	~~0~~	3	3 minus 5 geht nicht;
			eins herüber bleibt 59;
- 3	7	5	13 minus 5 gleich 8;
			9 minus 7 gleich 2;
2	2	8	5 minus 3 gleich 2.

Lässt man das Kind Sachaufgaben lösen, ist es sinnvoll, nur solche Aufgaben auszuwählen, bei denen der Rest ermittelt werden soll. So stimmen Fragestellung und Rechenhandlung überein.

10.2. Subtrahieren nach dem Ergänzungsverfahren - Goldenes Perlenmaterial

10.2.1. Ergänzungsverfahren ohne Überschreitung

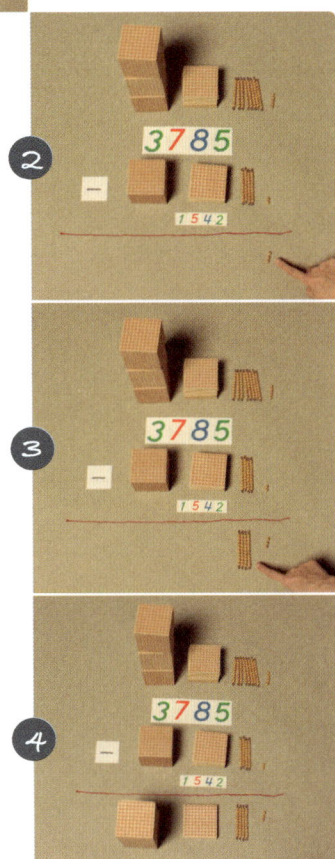

Aufgabe darstellen

1 Minuend mit großen Karten und goldenen Perlen.
Subtrahend mit kleinen Karten und Perlen.

Operation durchführen

Leiterin: „Wir wollen wissen wie groß der Unterschied ist.
Wie viel musst du zur kleineren Menge dazu geben,
damit sie gleich groß wird wie die größere?"

2 „Einer: 2 plus wie viel gleich 5, plus 3 gleich 5." –
parallel zum Sprechen werden aus der Bank drei Perlen
geholt und unten hingelegt.
Der Unterschied ist bei den Einern 3.

3 „Zehner: 4 plus wie viel gleich 8, plus 4 gleich 8." -
Der Unterschied (vier Zehnerstäbchen) wird hingelegt.

Bei den Hunderten und Tausendern wird in gleicher Weise
der Unterschied gefunden.

Ergebnis feststellen

4 „Der Unterschied ist 2243."

Reflexion:

„Was wolltest du wissen."
„Wie bist du vorgegangen?"
„Kann das Ergebnis stimmen?"

Das **Ergänzungsverfahren** unterscheidet sich vom Restverfahren in der Fragestellung und im Handlungsablauf.
Daher wird für die Einführung dieser neuen Operation
das Goldene Perlenmaterial verwendet.

In Österreich ist das Ergänzungsverfahren gebräuchlich
und auch im Lehrplan vorgesehen.

Obwohl Rest- und Ergänzungsverfahren zum gleichen Ergebnis führen, sind die Fragestellungen und die damit ver-
bundenen Rechenhandlungen gänzlich verschieden.

Beim Ergänzungsverfahren wird nicht nach dem Rest sondern
nach dem Unterschied gefragt und dieser nicht durch Wegnehmen sondern durch Ergänzen von der kleineren auf die
größere Zahl ermittelt. Die handlungsleitende Frage lautet:
„Wie viel muss ich dazu geben – plus wie viel?"

Die Überschreitung (siehe nächste Seite)

Woher kommt das „Eins weiter"? War das Problem der
kleineren Zahl im Minuenden beim Restverfahren relativ
leicht zu lösen (aus dem höheren Stellenwert wurde einfach heruntergewechselt), so erfordert seine Lösung beim
Ergänzungsverfahren etwas mehr an Erklärungsaufwand.

Bevor das neue Verfahren eingeführt wird, ist dem Kind das
„Monotoniegesetz" einsichtig zu machen: Der Unterschied
zwischen zwei Mengen bleibt gleich, wenn beide in
die gleiche Richtung um den gleichen Betrag verändert
werden."

Beispiele dazu:
Der Größenunterschied zwischen zwei Kindern wird gemessen, dann steigen sie beide auf einen Tisch. Beide sind
„größer" geworden. Hat sich auch der Unterschied verändert?

Oder: Der Gewichtsunterschied zwischen zwei Kindern
wird festgestellt. Beide werden dann noch einmal mit dem
gleichen Gewicht in der Hand gewogen. Beide sind schwe-
rer geworden. Hat sich der Unterschied verändert?

10.2.2. Ergänzungsverfahren mit Überschreitung

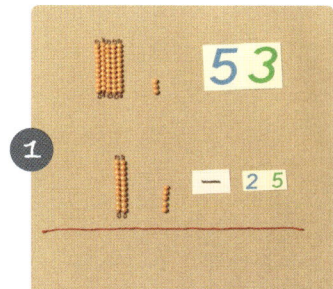

Aufgabe darstellen

1 Wie viel muss ich zu 25 dazu geben, damit ich auf 53 komme?

Operation durchführen

2 „Einer: 5 plus wie viel gleich 3 geht nicht."

Damit gerechnet werden kann, leiht man aus der Bank 10 Einerperlen als Helfer. Damit der Unterschied aber gleich bleibt, muss auch 1 Zehnerstange zur unteren Menge gelegt werden. Diese wird ebenfalls von der Bank geliehen. Nun kann gerechnet werden.

3 „5 plus wie viel gleich 13, plus 8 gleich 13."

8 Einerperlen (sie kommen ebenfalls aus der Bank) werden als ermittelter Unterschied unten hingelegt.

4 „Zehner: 1 plus 2 gleich 3, plus wie viel gleich 5."

Zwei Zehnerstäbchen ins Ergebnisfeld.

Ergebnis feststellen

„Der Unterschied zwischen 25 und 53 ist achtundzwanzig."

Zum Schluss werden die Helfer (10 Einer, 1 Zehner) weggenommen und in die Bank zurückgelegt.

Probe:

Werden die Perlenmengen des Subtrahenden und des Unterschieds zusammengelegt, so müssen sie gleich wie die des Minuenden sein.

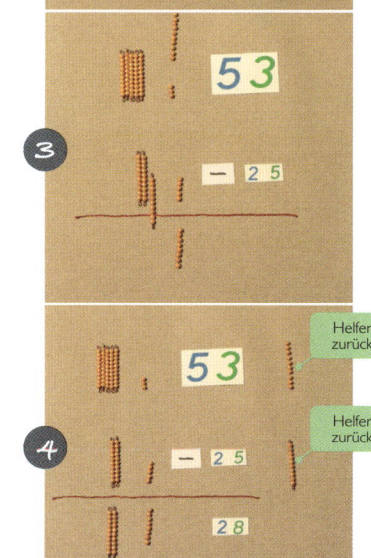

Alter: Ab 6-8 Jahren

Ziel:

· Subtraktionen im Ergänzungsverfahren lösen

· Den Lösungsprozess bei der Überschreitung verstehen

Hinweis:

Der Unterschied zum Restverfahren ist augenscheinlich. Nichts wird von einer Menge weggenommen (subtrahiert), es werden zwei Mengen hingelegt und auch das Ergebnis wird aus der Bank geholt. Trotzdem wird auch dieses Verfahren als Subtraktion bezeichnet.

Die Begründung, das Ergänzen als Normverfahren in Österreich zu führen, dürfte darin liegen, dass, wenn es schriftlich durchgeführt wird, die Abläufe einfacher und auch Nullstellenaufgaben problemlos zu bewältigen sind.

Um das Kind nicht zu verwirren, ist darauf zu achten, dass nur beim Restverfahren vom Wegnehmen gesprochen, beim Ergänzungsverfahren jedoch die „plus wie viel Frage" verwendet wird.

Kommen nach der Einübung des Ergänzungsverfahrens die ersten Sachaufgaben zur Bearbeitung, sollen diese Ergänzungsaufgaben sein.

Überlegungen zur weiteren Arbeit an Sachaufgaben:

Sind dem Kind beide Verfahren geläufig, so kann, nachdem bei einer Aufgabe geklärt ist, ob nach dem Rest oder dem Unterschied gefragt wird, die Rechnung mit dem passenden Verfahren am Material gelöst werden.

Oder man zeigt dem Kind an einer konkreten Subtraktion, dass es bei beiden Verfahren zum gleichen Ergebnis kommt.

„Egal, ob du den Rest oder den Unterschied berechnen möchtest, du kommst mit jedem Verfahren zur gleichen Ergebniszahl."

10.3. Subtrahieren am Rechenrahmen

10.3.1. Subtrahieren ohne Unterschreitung

Der Minuend wird am rechten Rand dargestellt.
Danach folgt die Subtraktion, indem die Perlen des Subtrahenden stellenweise zurück in die Mitte geschoben / gezählt werden.

Der Rest bleibt am rechten Rand übrig.
Dort wird er abgelesen.

10.3.2. Subtrahieren mit Unterschreitung

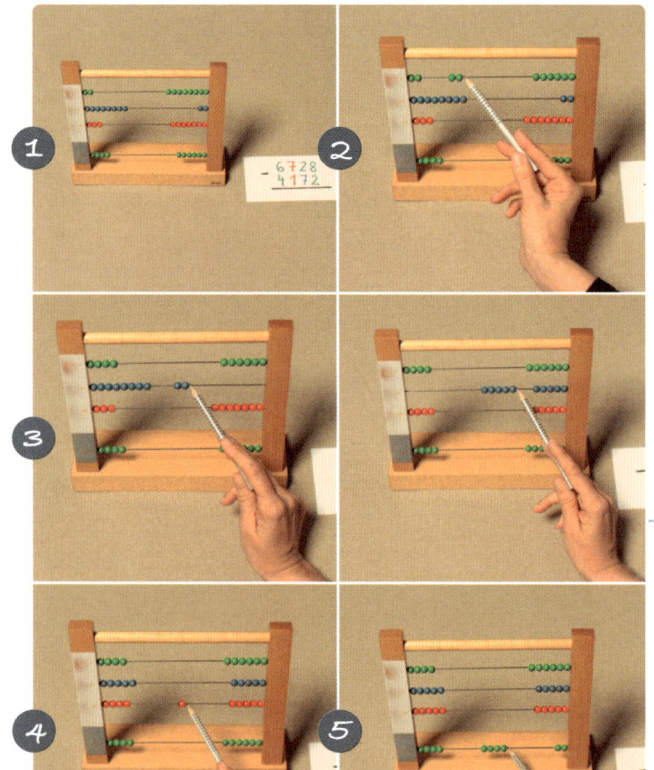

Aufgabe darstellen

❶ Darstellung des Minuenden am rechten Rand.

Operation durchführen
Stellenwertweises Wegnehmen des Subtrahenden

❷ „Einer: minus 2 (minus 1, 2)"
Zwei Perlen von rechts nach links schieben / zählen.

❸ „Zehner: minus 7 (minus 1, 2, – wechseln – 3, 4, 5, 6, 7)."

Der Tauschvorgang (ein Hunderter gegen zehn Zehner) erfolgt gleichzeitig in gegenläufiger Richtung.

❹ „Hunderter: minus 1."

❺ „Tausender: minus 4 (minus 1, 2, 3, 4)."

Alter: Ab 7-8 Jahren

Ziel:

Subtraktionen am Rechenrahmen im Restverfahren lösen

Hinweis:

Auf dem kleinen und dem großen Rechenrahmen wird die Subtraktion im Restverfahren durchgeführt. Der Ablauf der Handlung ist auf beiden gleich, sie unterscheiden sich nur im Umfang des Zahlenraumes in dem gerechnet werden kann.

Hinleiten zum Überschlagsrechnen:

Versuche, bevor du die Rechenarbeit beginnst, herauszufinden, wie das Ergebnis ungefähr sein wird.

Tipp:
· Vereinfache die Zahlen der Aufgabe
· Löse die vereinfachte Aufgabe im Kopf
· Schreibe dein Schätzergebnis auf und vergleiche es dann mit dem genauen Rechenergebnis.

Steigerung der Schwierigkeit:
· ohne Unterschreitung
· mit Unterschreitung
· Aufgaben mit Nullstellen

Der Wechselvorgang bei den Zehnern in seinen einzelnen Phasen:

Phase 1: Zwei Zehnerperlen werden mit den Stift nach links geschoben / gezählt.
Phase 2: Um weiter Zehner abziehen zu können, wird ein Hunderter in zehn Zehner gewechselt.
Phase 3 : Dann können auf der Zehnersprosse die restlichen 5 Perlen nach links geschoben / gezählt werden.

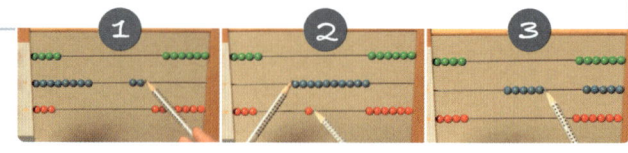

Ergebnis feststellen
„Der Rest ist 2556."

11. Große Multiplikation in aufsteigender Abstraktion

11.1. Multiplizieren mit dem Markenspiel

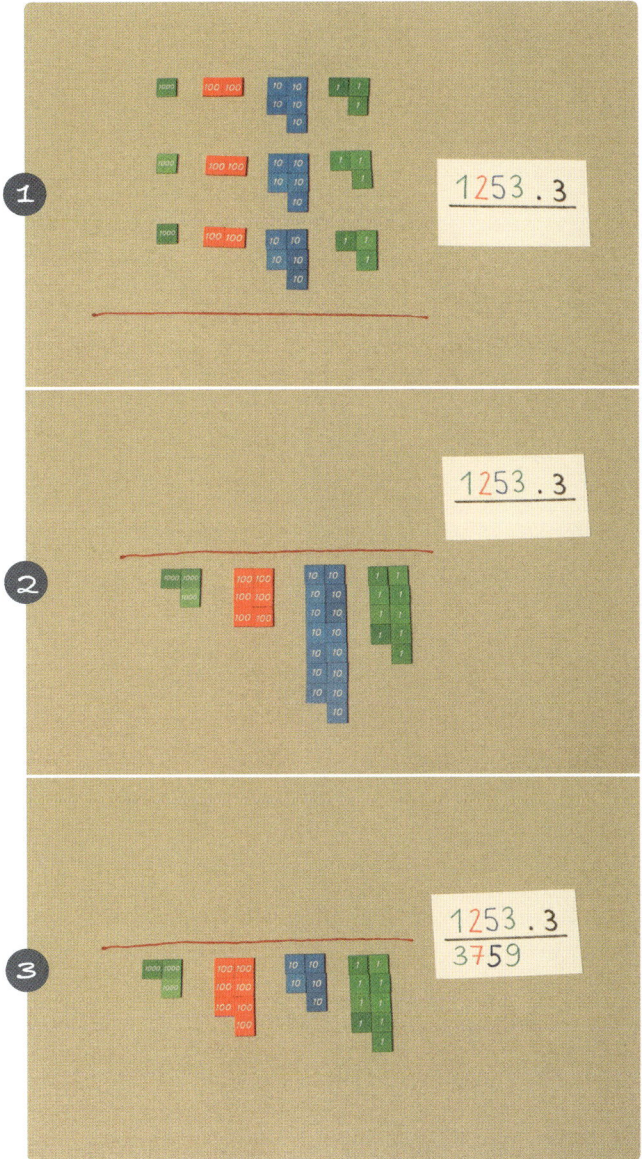

Aufgabe darstellen

Leiterin: „Lege mit den Marken dreimal 1253"
Der Multiplikand wird dreimal untereinander aufgelegt.

Operation durchführen

Die drei Mengen werden nach unten zusammen geschoben. Sollte bei einer Stelle die Bündelungszahl erreicht werden, kann gleich nach oben gewechselt werden (z.B. 15 Zehner = 1 Hunderter und 5 Zehner), es kann aber auch damit bis zum Feststellen des Ergebnisses gewartet werden.

Ergebnis feststellen

Die Marken werden stellenweise gezählt (ev. noch gewechselt) und dann das Ergebnis aufgeschrieben.

Abschließend Besprechung der Operation.

Ziel:

Die Multiplikation als fortgesetzte Addition durchführen

Hinweis:

Der Ablauf der Operation ist gleich wie mit den goldenen Perlen.

Nach der Einführung des Multiplikationszeichens versteht das Kind den Malpunkt als Handlungsauftrag, eine bestimmte Menge mehrfach aufzulegen, um dann festzustellen, wie viel das Ganze zusammen ist
→ *Addition gleicher Mengen*.

Bei Aufgaben, bei denen der Multiplikator drei nicht übersteigt, können zu den einzelnen Mengen auch noch die kleinen Karten gelegt werden.

Beherrscht das Kind das 1·1, so kann das Zusammenschieben mit der jeweiligen Multiplikation mündlich begleitet werden.

11.2. Multiplizieren am Rechenrahmen mit einstelligem Multiplikator

1253.3

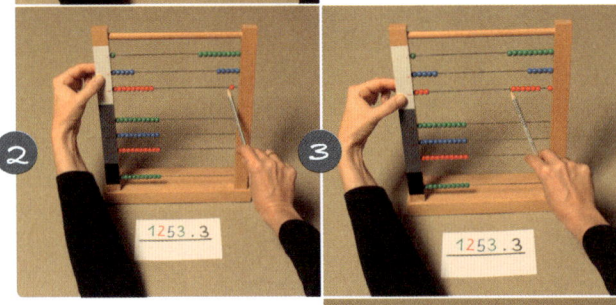

1253.3

1253.3

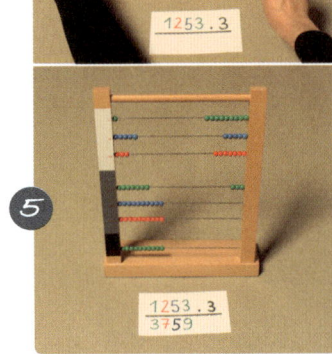

1253.3

1253.3
3759

1 „Einer: 3 mal 3 gleich 9."
9 Perlen werden nach rechts geschoben.

2 „Zehner: 3 mal 5 gleich 15."
Es werden 5 Perlen auf der Zehnersprosse und
Eine Perle auf der Hundertersprosse nach rechts
geschoben.

3 „Hunderter: 3 mal 2 gleich 6."
Die 6 Perlen werden zu der schon bei den Zehnern
heraufgewechselten Perle nach rechts geschoben.

4 „Tausender: 3 mal 1 gleich 3."

5 Ergebnis feststellen und aufschreiben.
Überlegen, ob es stimmen kann.

Ziel:

Die Multiplikation am Rechenrahmen mittels
Multiplizieren der Stufenzahlen lösen.
Voraussetzung ist die Kenntnis des kleinen 1 · 1

Vorübung:

Malreihen und Malaufgaben mit verschiedenen Stufenzahlen

$1 . 400 =$
$2 . 400 =$
$3 . 400 =$
...
$1 . 4000 =$
$2 . 4000 =$
$3 . 4000 =$
...
$4 . 20 =$
$6 . 600 =$
$5 . 3000 =$

Hinweis:

Bei der Durchführung wird der Multiplikand stellenweise
multipliziert und das Ergebnis am Rahmen dargestellt.

Liegt das Ergebnis bei zehn oder darüber,
wird auf die nächste Stelle (Sprosse) gewechselt.

Steigerung der Schwierigkeit:

Multiplizieren
· auf verschiedenen Stufenzahlen
· ohne Wechseln
· mit Wechseln

11.3. Multiplizieren am großen Multiplikationsbrett

11.3.1. Einführung

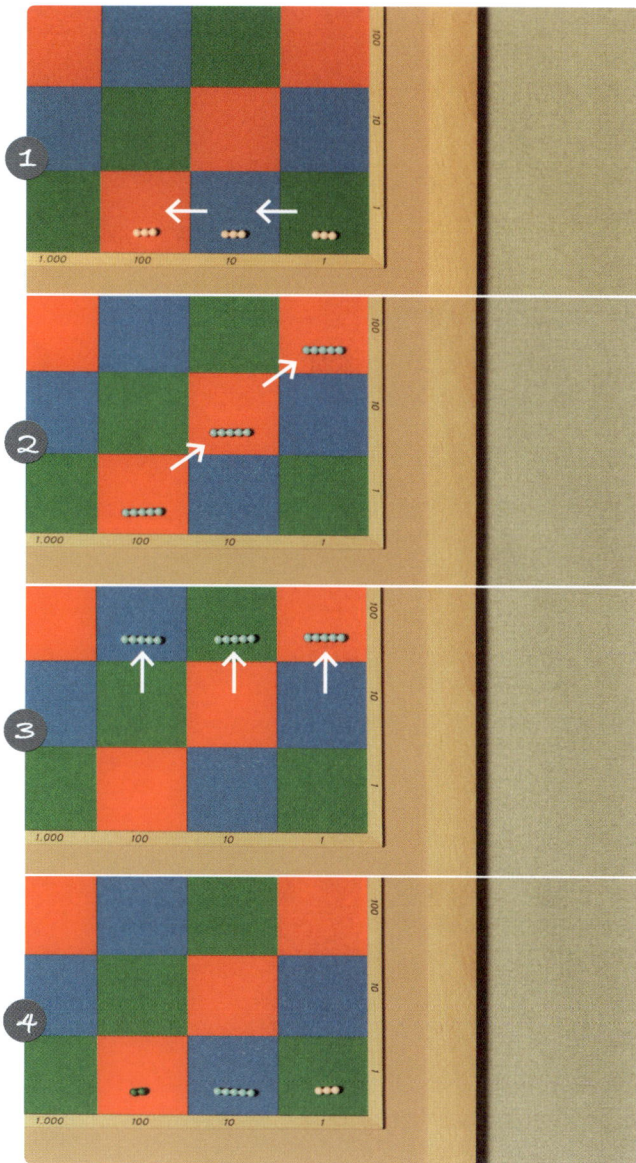

Die Leiterin legt ein Dreierstäbchen in das erste Feld.
„Drei im Einerfeld bedeutet drei."
Dann verschiebt sie das Stäbchen um ein Feld nach links.
„Drei im Zehnerfeld bedeutet dreißig."
Und dann weiter in das nächste Kästchen nach links.
„Drei im Hunderterfeld bedeutet dreihundert." ...
„Drei im Millionenfeld bedeutet drei Millionen."

Ein Fünferstäbchen wird ins Hunderterfeld gelegt
und dann diagonal nach rechts oben in die roten Felder
verschoben.
„Fünfhundert – fünfhundert – fünfhundert."

Das Fünferstäbchen kann dann weiter von Feld zu Feld
verschoben werden.
„Fünfhundert – fünftausend – fünfzigtausend - ...."

Benennen und darstellen von Zahlen

Die Leiterin legt Perlenstäbchen in die unterste Zeile
und lässt das Kind die Zahl lesen und aufschreiben.

Oder umgekehrt: die Leiterin schreibt eine Zahl auf und
lässt sie vom Kind im Brett mit Perlen darstellen.

Ziel:

Multiplizieren mehrstelliger Zahlen mit bis zu
vierstelligem Multiplikator

Hinweis:

Das große Multiplikationsbrett kann schon vor dem
Beherrschen des Kleinen 1x1 und dann weiter bis zur
Ableitung des schriftlichen Rechenverfahrens verwendet
werden.

Beschreibung:
· Multiplikand - waagrechte Leiste unten
· Multiplikator – senkrechte Leise rechts
· Tabellenanordnung der Ergebnisfelder.
  Der Wert eines Feldes ergibt sich aus dem Produkt der
  jeweiligen Zeile und Spalte die sich darin kreuzen.

$10 \cdot 10 = 100$	$10 \cdot 1 = 10$	10
$1 \cdot 10 = 10$	$1 \cdot 1 = 1$	1
10	1	

11.3.2. Multiplizieren ohne Kenntnis des Einmaleins

162.3

162.3

162.3
486

Aufgabe darstellen

Der Multiplikand wird mit weißen Plättchen unten waagrecht und der Multiplikator mit grauen Plättchen rechts senkrecht dargestellt.

Operation durchführen

Das Multiplikatorenplättchen (3) wird in das Einerfeld gelegt.

„Drei mal zwei", drei Zweierstäbchen werden waagrecht übereinander ins Einerfeld gelegt.

Das Dreierplättchen wird ins Zehnerfeld weitergeschoben.

„Drei mal sechs", drei Sechserstäbchen werden waagrecht abgelegt.

In gleicher Weise wird im Hunderterfeld verfahren.

Ergebnis feststellen

In jedem Feld werden die Perlen gezählt und in ein Stäbchen gewechselt.

Im Zehnerfeld sind es achtzehn Perlen, sie werden in ein Achterstäbchen und in eine rote Perle gewechselt.

Die acht bleiben im Zehnerfeld, die eine Perle kommt als ein Hunderter in das Hunderterfeld. Im Hunderterfeld liegen dann vier Perlen, die in ein Viererstäbchen gewechselt werden.

Die Rechnung wird notiert: $162 \cdot 3 = 486$

Ziel:

Multiplikation mit einstelligem Multiplikator

Auf dieser Stufe braucht das kleine Einmaleins noch nicht beherrscht werden.

Hinweis:

Ordnet man die Perlen waagrecht in die Ergebnisfelder, so wird gut erkennbar, dass hier die Zahl 162 dreimal gelegt wurde.

11.3.3. Multiplizieren mit Kenntnis des Kleinen Einmaleins

Aufgabe darstellen

1 Multiplikand mit weißen Plättchen, Multiplikator mit grauen Plättchen legen.

Operation durchführen

2 Multiplizieren der Einerzahl (3 mal 2):
Das graue Multiplikatorplättchen 3 wird ins grüne Einerfeld geschoben. „3 . 2 = 6." Ein Sechserstäbchen wird ins Einerfeld gelegt.

3 Multiplizieren der Zehnerzahl (3 mal 60):
Das Mulitplikatorplättchen wird ins Zehnerfeld verschoben. „3 . 6 = 18. - 8 an, 1 weiter."
Ein Achterstäbchen kommt ins Zehnerfeld und eine Einerperle ins Hunderterfeld.

4 Multiplizieren der Hunderterzahl (3 mal 100):
Das Multiplikatorplättchen wird ins Hunderterfeld verschoben. „3 . 1 = 3."
Ein Dreierstäbchen kommt zur Einerperle ins Hunderterfeld.

Ergebnis feststellen

5 Im Hunderterfeld werden die Einerperle und das Dreierstäbchen in ein Viererstäbchen gewechselt.

Dann kann das Ergebnis abgelesen werden.
$162 \cdot 3 = 486$

Alter: Ab 6-7 Jahren

Ziel:

Multiplizieren mit Kenntnis des Kleinen Einmaleins

Hinweis:

Bei der Auswahl der Aufgaben ist es anfangs sinnvoll, Nullstellen im Multiplikanden (204 . 6) und Nullstellen bei den Zwischenergebnissen (4 . 5 = 20) zu vermeiden.

Ist ein Zwischenergebnis eine reine Zehnerzahl, z. B. $4 \cdot 5 = 20$, so ist darauf zu achten, dass das Zweierstäbchen in das richtige Feld gelegt wird.

11.3.4. Multiplizieren mit dem Schnellverfahren

Einer: „3 · 8 = 24. - 4 an, zwei weiter."
Viererstäbchen ins Einerfeld.
Zweierstäbchen kommt in die rechte Hand.

Zehner: „3 · 2 = 6. 6 + 2 = 8"
Zweierstäbchen kommt in die Bank.
Achterstäbchen ins Zehnerfeld.

Das Ergebnis kann gleich
(ohne, dass noch gewechselt werden muss)
abgelesen werden.

Ziel:

Multiplizieren mit Weiterzählen des Übertrags

Schnellverfahren:

Hat das Kind Routine entwickelt, dann kann man ihm diese „Turbomethode" zeigen.

Dabei werden bei den Zwischenergebnissen die „weitergezählten" Perlen nicht im nächsthöheren Stellenfeld abgelegt, sondern in der Hand behalten und bei der darauf folgenden Multiplikation gleich dazu gezählt.

Diese Vorgangsweise kann bei jeder Multiplikation verwendet werden, sie entspricht auch dem Ablauf des schriftlichen Rechenverfahrens.

11.3.5. Multiplizieren mit zweistelligem Multiplikator - Einführung

1

4 . 10

2

4 . 10

3

4 . 10
───
40

„Zehn mal vier."

Leiterin: „ 10 mal 4 gleich 40." -
dann legt sie das graue Plättchen mit der 1
in das blaue Zehnerfeld –

„Das ist so viel wie 1 mal 4 ins Zehnerfeld" –
und legt ein Viererstäbchen in das Zehnerfeld.

„Das Ergebnis ist 40." –
zugleich wird das Viererstäbchen in das Zehnerfeld
links darunter verschoben.

Alter: Ab 7-8 Jahren

Ziel:

Multiplizieren mit mehrstelligem Multiplikator

Hinweis:

Der erste zweistellige Multiplikator ist die Zahl 10.
Mit ihr wird das Verständnis für die Arbeit mit mehrstelligem
Multiplikator entwickelt.

Übungen:

Mehrere Übungsbeispiele mit 10 als Multiplikator
sind zu empfehlen.

$73 \cdot 10 =$

$268 \cdot 10 =$

$9037 \cdot 10 =$

Wie spricht man 4 · 10 ?

Hier wird „zehn mal vier" gesprochen.
Anders als bei den Aufgaben zum Kleinen Einmaleins steht
bei der schriftlichen Multiplikation der Multiplikator an der
hinteren Stelle, sie ist daher auch von dort her zu lesen.

11.3.6. Multiplizieren mit gemischtem mehrstelligen Multiplikator

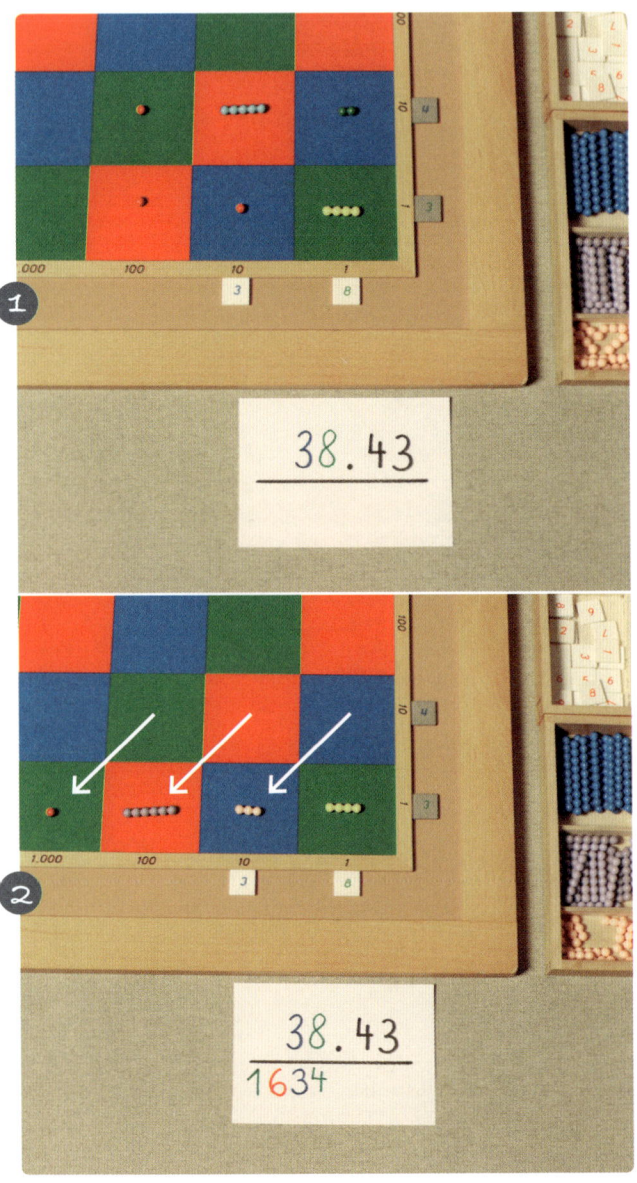

1

38.43

2

38.43
1634

Operation durchführen
Zuerst wird mit 40 und dann mit 3 multipliziert.

Ergebnis feststellen
Die Perlenstäbchen werden Stelle für Stelle nach links unten verschoben (addiert) und jeweils in **ein** Stäbchen gewechselt.

Dann kann das Ergebnis abgelesen und aufgeschrieben werden.

Möglichkeit zur Verschriftlichung:

Später kann bei diesen Operationen mitgeschrieben und so das schriftliche Verfahren abgeleitet werden.

Beginnt man beim Multiplikator mit der Zehnerzahl (40 x 8) und geht dann zur Einerzahl (3 x 8) weiter, so muss man in das leere Einerfeld eine 0 setzen.
Bei dieser in Österreich üblichen Schreibweise wird nach rechts gerückt, dabei ist zu beachten, dass unter dem Strich die Stellenwerte nach rechts verrutschen.

T	H	Z	E		Z	E
		3	8	.	4	3
	1	5	2	0		
		1	1	4		
	1	6	3	4		

Beginnt man die Multiplikation mit der Einerzahl (3 x 8) und geht dann zur Zehnerzahl (40 x 8) weiter, so muss man eine Stelle nach links rücken. Bei diesem Ablauf bleiben im Schriftbild die Stellen untereinander erhalten.

		3	8	.	4	3
		1	1	4		
	1	5	2			
	1	6	3	4		

In vielen europäischen Staaten ist unten stehendes Verfahren üblich. Die Zwischenergebnisse werden nicht unter den Multiplikanden, sondern unter den Multiplikator notiert. Auch hier wird eine Verschiebung der Stellenwerte vermieden.

3	8	.		4	3
			1	1	4
		1	5	2	
	1	6	3	1	

11.4. Multiplizieren mit dem liegenden Rechenrahmen

10.4.1. Einführung mit 1 als Multiplikator auf den Stufenzahlen.

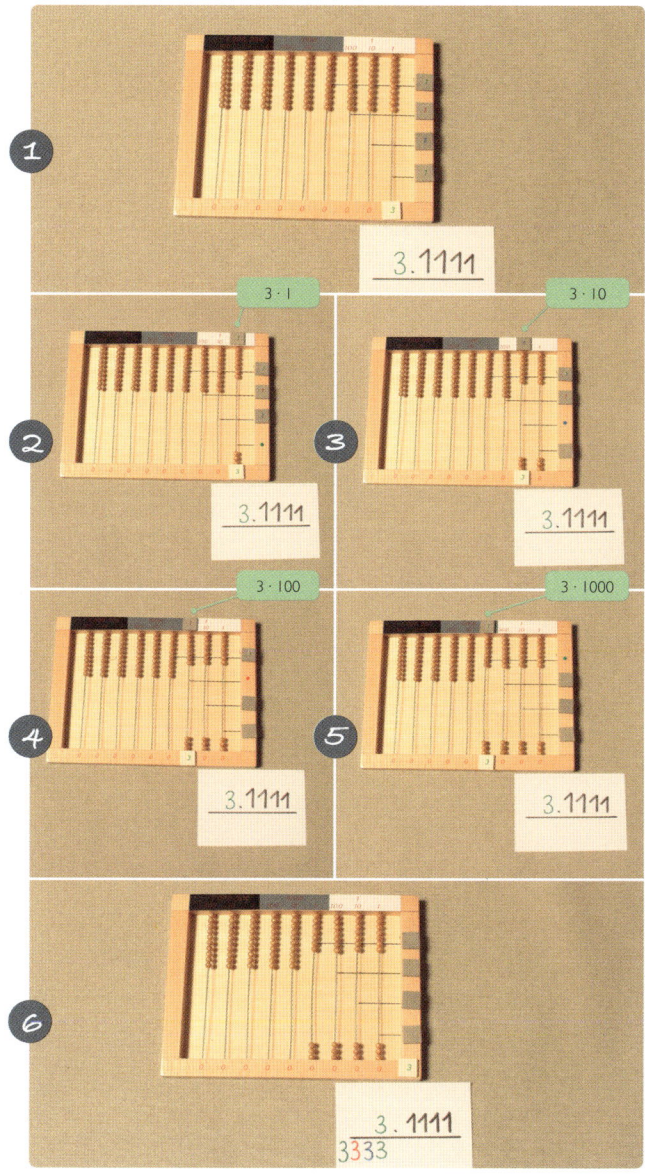

3.1111

3 · 1

3.1111

3 · 10

3.1111

3 · 100

3.1111

3 · 1000

3.1111

3.1111
3333

① *Aufgabe darstellen*

Operation durchführen

② 3 · 1

Plättchen des Einermultiplikators über die Einersprosse legen.

„1 · 3 = 3" – 3 Perlen nach unten schieben.

Das Multiplikatorplättchen zurück an den rechten Rand und umdrehen.

③ 3 · 10

Plättchen des Zehnermultiplikators über die Zehnersprosse legen. Das Multiplikandenplättchen eine Stelle nach links schieben. Multiplikation auf der Zehnersprosse durchführen.

„1 · 3 = 3" – 3 Perlen nach unten schieben.

Das Multiplikatorplättchen zurück an den rechten Rand und umdrehen.

④ 3 · 100
⑤ 3 · 1000

Bei der Multiplikation mit 100 und 1000 werden die Plättchen in gleicher Weise nach links verschoben und die Rechnung durchgeführt.

⑥ *Ergebnis feststellen*
3 · 1111 = 3333

Alter: Ab 8 Jahren

Ziel:

Multiplizieren mehrstelliger Zahlen mit bis zu vierstelligem Multiplikator

Hinweis:

Im liegenden Rechenrahmen begegnet das Kind dem Dezimalsystem um noch einen Schritt abstrakter als beim kleinen und großen Rechenrahmen.

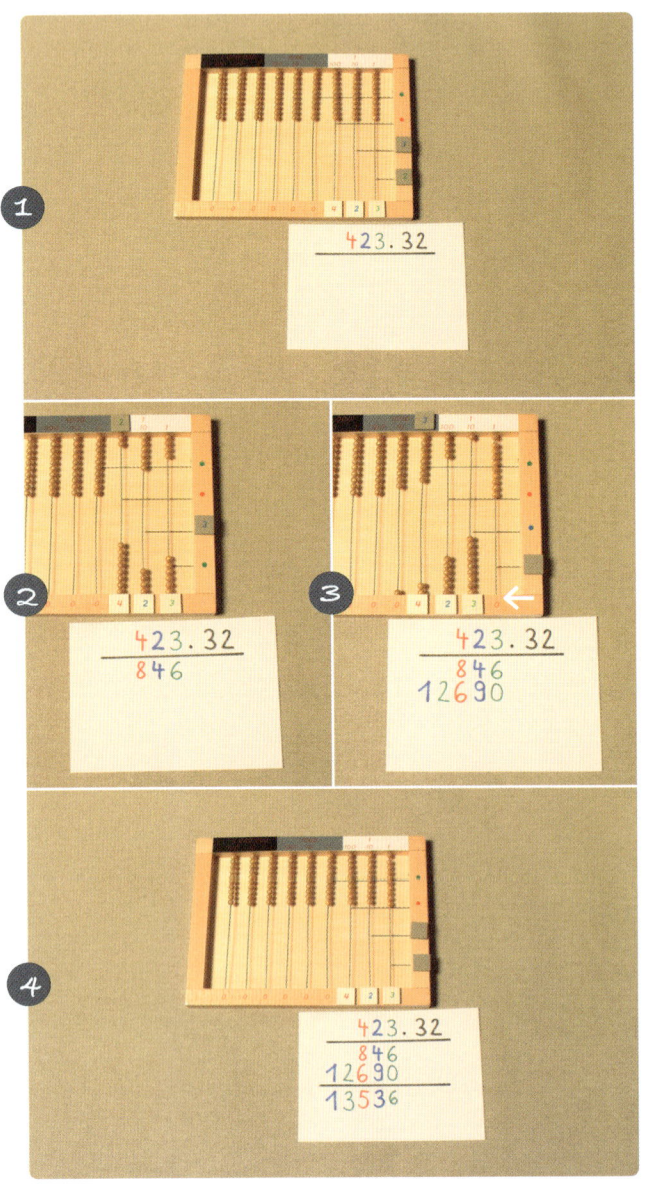

① *Aufgabe darstellen*

423.32

Operation durchführen

② Multiplizieren, mit dem Einermultiplikator:
Die 2 wandert als Multiplikator Stelle für Stelle nach links.
Das Ergebnis jeder Multiplikation wird auf der Sprosse nach unten geschoben.

③ Das erste Zwischenergebnis wird stellenwertrichtig notiert. Danach werden die Perlen wieder in die Ausgangslage hinauf geschoben.

Multiplizieren, mit dem Zehnermultiplikator:
Die Plättchen des Multiplikanden werden um eine Stelle nach links verschoben (also mit 10 multipliziert.)
Dann wandert die 3 als Multiplikator Stelle für Stelle nach links.

Das Ergebnis jeder Multiplikation wird auf der Sprosse nach unten geschoben. Das zweite Zwischenergebnis wird stellenwertrichtig notiert.

④ *Ergebnis feststellen*

Möglichkeit zur Verschriftlichung:

Wie beim großen Multiplikationsbrett lässt sich auch hier das schriftliche Rechenverfahren verständlich ableiten.

ZT	T	H	Z	E		Z	E
		4	2	3	·	3	2

·2

ZT	T	H	Z	E		Z	E
		4	2	3	·	3	2
		8	4	6			

·30

ZT	T	H	Z	E		Z	E
		4	2	3	·	3	2
		8	4	6			
	1	2	6	9			

Ergebnis feststellen:
zuletzt werden die beiden Zwischenergebnisse addiert.

ZT	T	H	Z	E		Z	E
		4	2	3	·	3	2
		8	4	6			
	1	2	6	9	0		
	1	3	5	3	6		

Die Multiplikation kann genau so bei der höheren Stelle des Multiplikators begonnen werden. Die Zwischenergebnisse werden stellenwertrichtig eingetragen und dann ebenfalls addiert.

ZT	T	H	Z	E		Z	E
		4	2	3	·	3	2
	1	2	6	9	0		
		8	4	6			
	1	3	5	3	6		

11.4.3. Multiplizieren mit mehrstelligem Multiplikator und unmittelbarem Zusammenfügen der Zwischenergebnisse

Der Ablauf der Operation ist komprimiert.
Die Zwischenergebnisse werden nicht nach oben zurückgeschoben. Die Multiplikationen der nächsten Schritte werden gleich dazu addiert.

Steigerung der Schwierigkeit:

Ohne Überschreiten beim Hinzuaddieren, z.B:

ZT	T	H	Z	E		Z	E
		2	1	2	·	1	3

Mit Überschreitung beim Hinzuaddieren, z.B:

ZT	T	H	Z	E		Z	E
		8	2	3	·	6	3

Hinweis:

In diesem letzten Schritt werden die Multiplikation und die Addition nahezu verschmolzen.
Beobachtet man Kinder, wie sie diese komplexe Operation routiniert durchführen, könnte leicht der Eindruck entstehen, dass hier lediglich ein unverstandener Automatismus abgearbeitet wird.
Das Gegenteil ist aber der Fall. Richtig gelöst kann die Aufgabe nur dann werden, wenn in jedem Schritt die Handlung von einer mathematischen Überlegung gesteuert wird. Ein Selbstversuch wird Sie davon überzeugen.

Hinleiten zum Überschlagsrechnen:

Versuche, bevor du die Rechenarbeit beginnst, herauszufinden, wie das Ergebnis ungefähr sein wird.

Tipp:

· Vereinfache die Zahlen der Aufgabe
  und löse sie dann im Kopf.
· Schreibe dein Schätzergebnis auf und vergleiche es
  dann mit dem genauen Rechenergebnis.

12. Große Division in aufsteigender Abstraktion
12.1. Dividieren mit einstelligem Divisor - Markenspiel

Nachdem das Kind bei den goldenen Perlen gelernt hat, die Division als ein gleichmäßiges Verteilen einer Menge zu verstehen, kann mit den abstrakteren Materialien weiter gearbeitet und auch die Schwierigkeit gesteigert werden.

Grundlektion – Verteilen ohne Wechseln und ohne Rest

$3\,693 : 3 =$

Verteilen mit Wechseln – zuerst nur an einer Stelle, später auch an mehreren

$5\,136 : 3 =$

$4\,952 : 4 =$

Verteilen mit Rest

$2\,639 : 3 =$

Aufgaben mit Nullstellen

$1\,308 : 4 =$

$5\,130 : 5 =$

Ziel:

Dividieren mit aufsteigendem Schwierigkeitsgrad

Hinweis:

Bei Aufgaben mit Rest soll die Aufmerksamkeit besonders dem gelten, was nicht mehr verteilt werden kann.

„Was wäre der größtmögliche Rest?"
„Wie viele Perlen müsstest du noch haben, damit kein Rest übrig bleibt?"

Notizen:

Beispiel für eine Aufgabe mit Wechseln und Rest

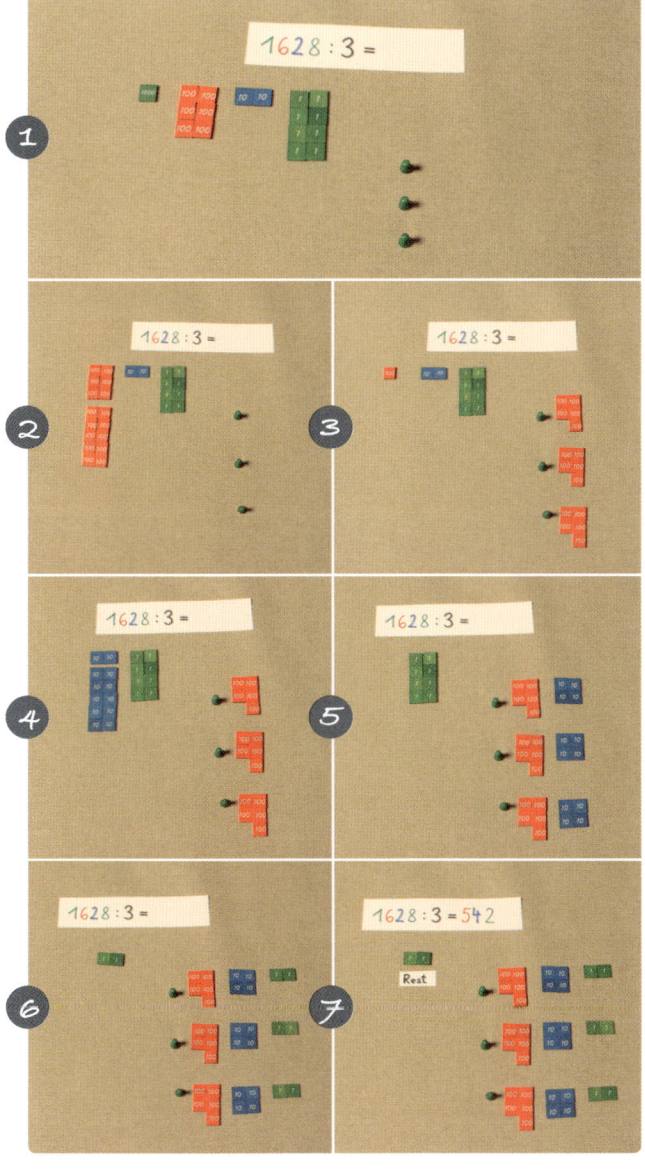

① Aufgabe darstellen

Operation durchführen

② Verteilen 1. Schritt:
Wechseln 1 T → 10 H
③ 15 H verteilt, 1 H Rest

Verteilen 2. Schritt:
④ Wechseln 1 H → 10 Z
⑤ 12 Z verteilt

Verteilen 3. Schritt:
⑥ 4 E verteilt
⑦ 2 Rest

Ergebnis feststellen
Ein Kegel bekommt 542. Zwei bleiben übrig.

Hinweis:

Wenn das Kind bei der Durchführung der Division genügend Routine entwickelt hat, kann es die Leiterin motivieren, den Verteilungsvorgang wie folgt zu protokollieren. So gelingt ein schlüssiger Übergang zum schriftlichen Rechenverfahren.

→ *Verteilen 1. Schritt:*

$$
\begin{array}{r}
1\ 6\ 2\ 8\ :\ 3 = 5 \\
-\ 1\ 5 \\
\hline
1
\end{array}
$$

„15 Hunderter sind verteilt, ein Hunderter bleibt übrig."

→ *Verteilen 2. Schritt*

$$
\begin{array}{r}
1\ 6\ 2\ 8\ :\ 3 = 5\ 4 \\
-\ 1\ 5 \\
\hline
1\ 2 \\
-\ 1\ 2 \\
\hline
0
\end{array}
$$

„12 Zehner sind verteilt, kein Zehner bleibt übrig."

→ *Verteilen 3. Schritt*

$$
\begin{array}{r}
1\ 6\ 2\ 8\ :\ 3 = 5\ 4\ 2 \\
-\ 1\ 5 \\
\hline
1\ 2 \\
-\ 1\ 2 \\
\hline
0\ 8 \\
-\ 6 \\
\hline
2\ \text{Rest}
\end{array}
$$

„6 Einer sind verteilt. Zwei Einer können nicht mehr verteilt werden. Sie bleiben als Rest - Einer bekommt 542"

12.2. Dividieren mit zweistelligem Divisor - Goldenes Perlenmaterial

12.2.1. Mit 10 im Divisor

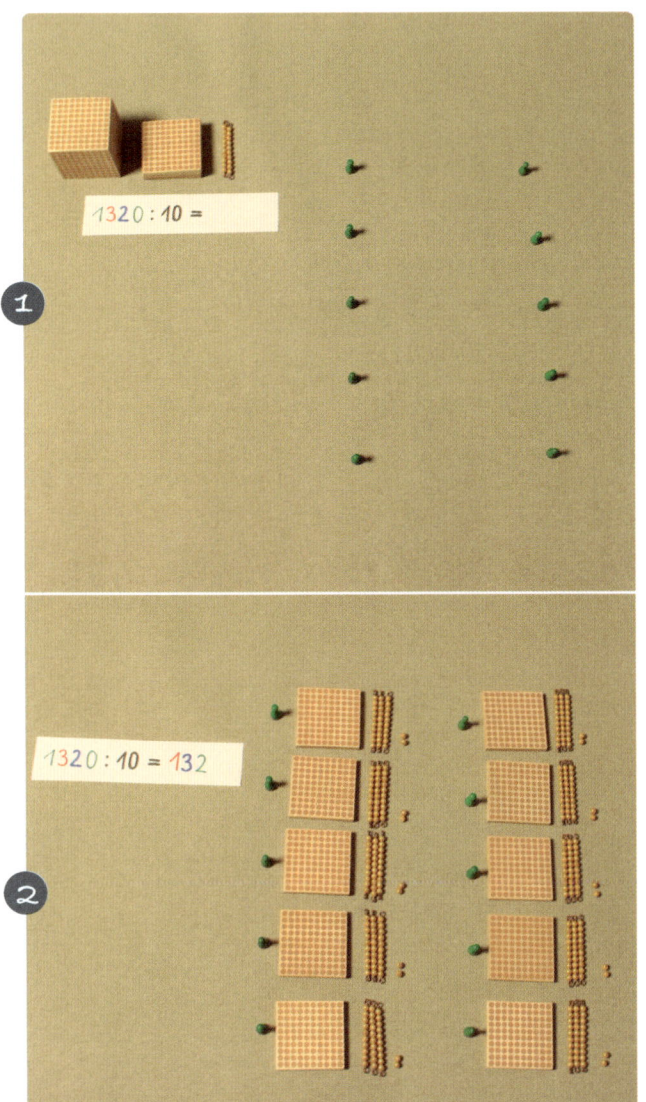

Der erstmögliche zweistellige Divisor ist die Zahl 10.

Diese Division wird wie bisher durch das Verteilen auf 10 grüne Kegel gelöst.

Wichtig!
Nach dem Feststellen des Ergebnisses wird das Kind auf die Übereinstimmung zwischen Dividend und Quotient aufmerksam gemacht.

1320 : 10 = 132

„Wie kannst du rasch, ohne verteilen zu müssen, das Ergebnis finden?"

Auch Aufgaben mit Rest lösen und herausfinden, ob auch da die Lösung und der Rest rasch gefunden werden können - z.B.: 2127 : 10 =

Ziel:

Dividieren mit zwei und später mehrstelligem Divisor

Praktischer Hinweis zur Wahl der Aufgaben:
Auf allen Stellen nur kleine Zahlen wählen, da sonst mühselig oft gewechselt werden muss.

12.2.2. Mit gemischtem Zehner im Divisor

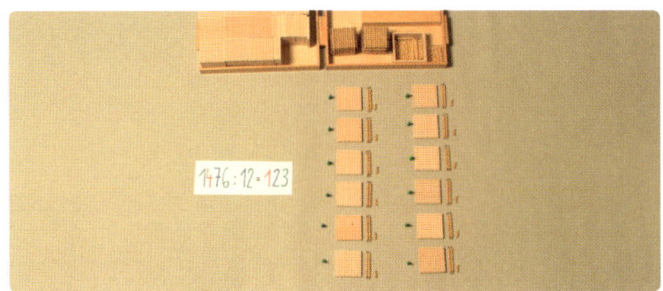

Bisheriger Lösungsweg:

1476 : 12 =

Die Aufgabe wird wie bisher durch das Verteilen auf 12 Spielfiguren gelöst. Das dauert lange und es muss viel gewechselt werden.

Neuer Lösungsweg:

Auf den nächsten und komfortableren Lösungsweg wird wie folgt übergeleitet: „Das Verteilen auf so viele Kegel ist langwierig. Wir können das verkürzen. Dafür holen wir einen blauen Zehnerkegel. Er vertritt 10 grüne Kegel und nimmt für sie die Perlen in Empfang."

Am Teppich werden 10 grüne Kegel durch einen blauen ersetzt. Dieser erhält nun beim Verteilen das Zehnfache der grünen Einerkegel – oder umgekehrt gedacht – ein Einerkegel bekommt den zehnten Teil von dem, was dem blauen Zehnerkegel zugeteilt wird.

12 wird als Divisor mit einem Zehnerkegel und zwei Einerkegeln dargestellt.

Darstellung der Aufgabe

❶ Verteilungsschritt
„Wenn der blaue Kegel einen Tausender bekommt, dann bekommt jeder grüne Kegel einen Hunderter. Es bleiben 276 zum Verteilen."

❷ Verteilungsschritt
„Wenn der blaue Kegel einen Hunderter bekommt, dann bekommt jeder grüne Kegel einen Zehner. Es bleiben 156 zum Verteilen."

❸ Verteilungsschritt
„Wenn …, dann … .
Es bleiben 36 zum Verteilen."

❹ Verteilungsschritt
„Wenn …, dann … ."
Hier wiederholt sich der Verteilungsvorgang, bis das Ergebnis feststeht.

❺ Ergebnis feststellen
Das Ergebnis liegt bei einem Einerkegel.

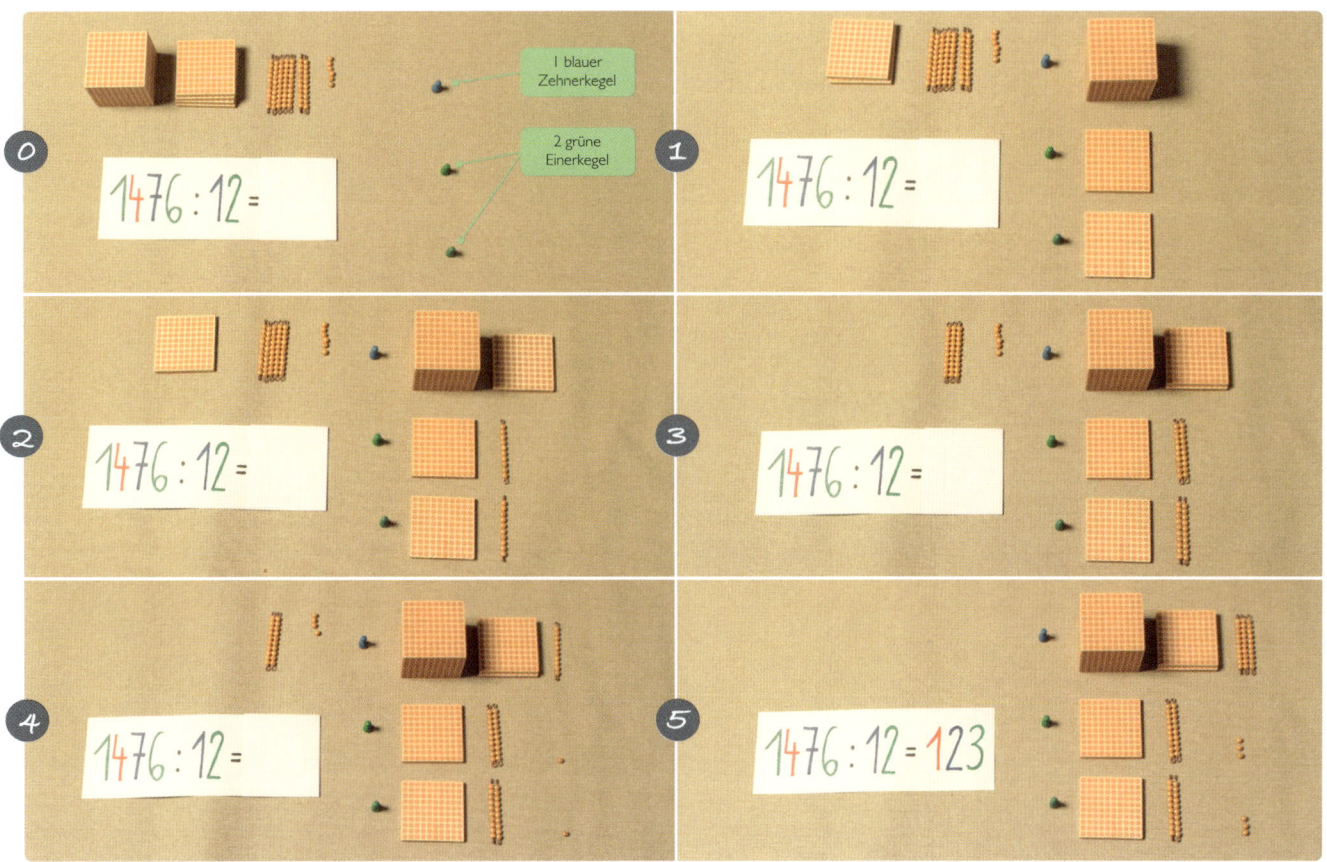

Das Kind kommt beim Verteilen am ehesten dann zu seinem „Wenn-Dann-Schluss", wenn es der Leiterin gelingt, die Lösungsidee nur zu beschreiben, diese jedoch nicht als Handlungsanweisung vorzugeben.

Nachdem das Ergebnis festgestellt wurde, kann noch überprüft werden, ob die Perlen des Zehnerkegels mit dem gleichen Ergebnis auf die 10 Einerkegel aufgeteilt werden könnten.

Nach der Einführung können Aufgaben mit zweistelligem Divisor geübt werden.

Tipp:

Eindrucksvoll lässt sich dieser Lösungsmodus auch in der Gruppe erarbeiten. Dabei spielen die Kinder die Kegel.

Im ersten Durchgang werden die Perlen an 12 Kinder verteilt. Im zweiten verkürzten Durchgang wird ein Kind zum Vertreter von zehn Kindern bestimmt. Es wird mit einer blauen „Zehnerschleife" gekennzeichnet. Die zwei verbleibenden „Einerkinder" bekommen grüne Schleifen.

12.2.3. Mit mehrstelligem Divisor - Markenspiel

Mit dem Markenspiel werden die Divisionen auf die gleiche Weise wie mit den goldenen Perlen gelöst.

Mit den farbigen Kegeln

können bis zu vierstellige Divisoren dargestellt werden.

1000   großer grüner Kegel

100   roter Kegel

10   blauer Kegel

1   grüner Kegel

Die farbigen Chips

werden für die Nullstellen im Divisor verwendet.

12.3. Dividieren mit sehr großen Zahlen - Apotheke

Alter: Ab 7-8 Jahren

12.3.1. Apotheke - Einführung

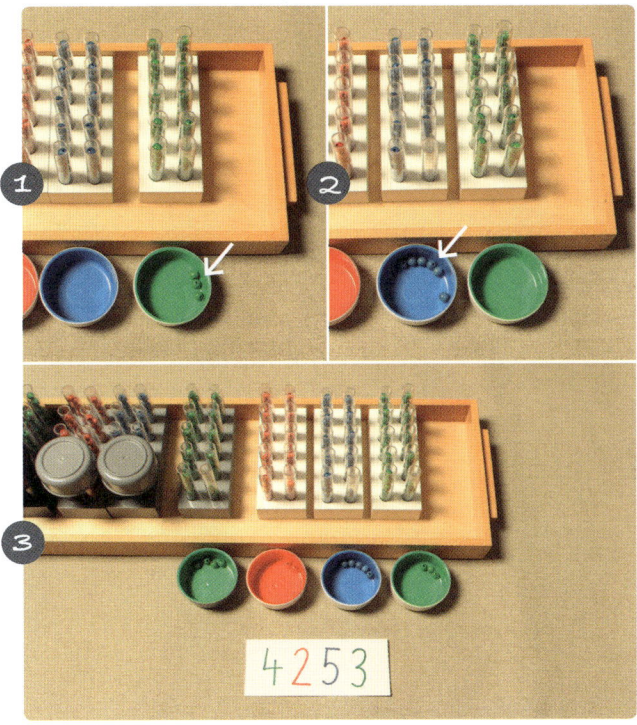

Die perlengefüllten Röhrchen in den Holzständern bilden die Bank.

· Gibt man Perlen in die zugehörigen Schälchen, so bekommen sie die Bedeutung einer Zahl.

· Die Farben der Holzständer und Schälchen: Weiß bedeutet, dass hier in der Bündelungsfolge (Würfel-Stange-Platte) mit Einern gebündelt wird. Grau steht für die Bündelung mit Tausendern und schwarz für die Million.

M   HT ZT T   H Z E

Dividend: Aufstellung wie hier abgebildet.

Einzelne Perlen werden in die Schälchen geschüttet und die dargestellte Menge benannt.

1. „Drei grüne Perlen im Einerschälchen bedeuten drei."

2. „Sechs blaue Perlen im Zehnerschälchen bedeuten sechzig." - usw. auf allen Stellen.

3. Dann wird das Darstellen und Benennen von Zahlen geübt.

Dem Kind sollte auch geläufig werden, wie große Zahlen übersichtlich geschrieben werden.

Der Divisor wird mit farbigen Kegeln auf Divisionsbrettern dargestellt.

Analogie zum Großen Rechenrahmen:

· Die Perlen links sind die Bank.

· Nach rechts geschoben stellen sie eine Zahl dar.

· Die Farbfolge weiß – grau – schwarz findet sich am linken Rand des Rahmens. Auch hier steht
 - weiß für die Bündelungseinheit Einer
 - grau für die Bündelungseinheit Tausender
 - schwarz für die Bündelungseinheit Million

Ziel:

Dividieren mit sehr großen Zahlen (Dividend bis zu sieben Stellen, Divisor bis zu vier Stellen)

Hinweis:

Wenn das Kind in die Arbeit mit der „Apotheke" einsteigt, hat es schon alle für die Durchführung der Division notwendigen Gedankengänge erworben und diese bei den goldenen Perlen und dem Markenspiel geübt und verinnerlicht. Die „Apotheke" bringt nicht grundsätzlich Neues, mit ihr erweitert sich jedoch der Zahlenraum in dem Divisionen durchgeführt werden können.

Tipp:

In der Praxis hat es sich bewährt, mit der Apotheke am Tisch zu arbeiten.

12.3.2. Dividieren mit einstelligem Divisor

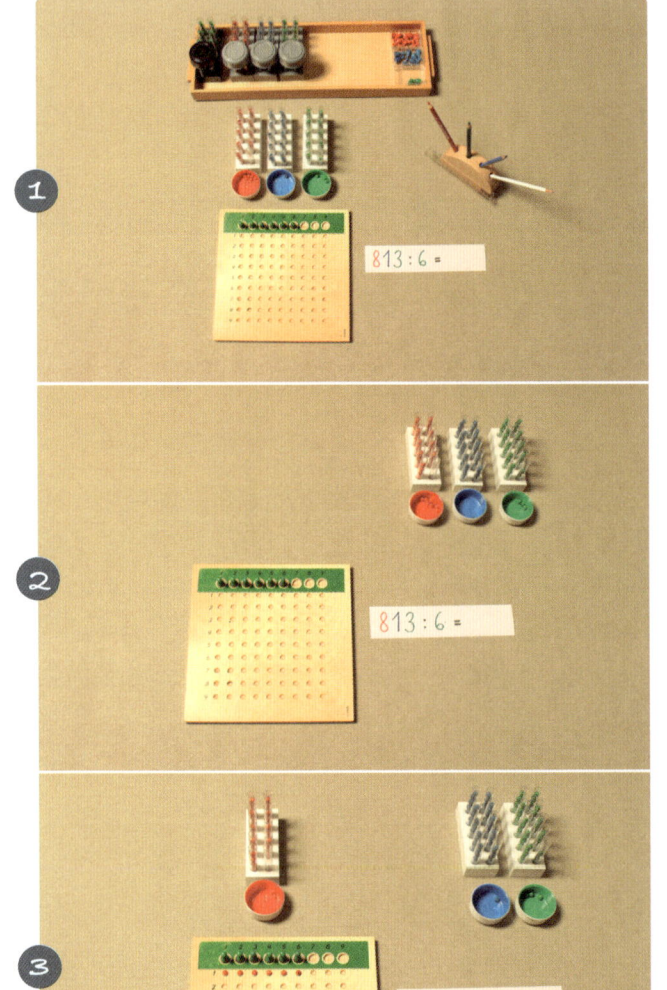

1 *Darstellung der Aufgabe:*
813 : 6 =

2 *Ausgangsposition:*
Zu Beginn wird der Dividend nach rechts geschoben.

3 *Verteilen: Hunderter*
Als erstes werden die Hunderterperlen auf die Kegel verteilt und das erste Zwischenergebnis notiert. Zwei Hunderterperlen bleiben übrig.

H	Z	E					H	Z	E
8	1	3	:	6	=		1		

④ *Wechseln:*
Nachdem das erste Zwischenergebnis notiert ist, können die verteilten Hunderterperlen in die Bank zurück gegeben werden. Dann werden die zwei verbliebenen Hunderterperlen in zwanzig Zehnerperlen gewechselt.

⑤ *Die nächste Stelle rückt nach.*
Der Hunderterständer wandert nach links und der Zehnerständer über die sechs Kegel.

⑥ *Verteilen: Zehner*
Die Perlen werden verteilt, das Zwischenergebnis notiert. Drei Zehnerperlen bleiben übrig.

H	Z	E					H	Z	E
8	1	3	:	6		=	1	3	

⑦ *Wechseln:*
Die verteilten Zehnerperlen kommen zurück in die Bank. Für drei Zehnerperlen werden dreißig Einerperlen eingewechselt. Der Zehnerständer wandert nach links, der Einerständer über die sechs Kegel.

⑧ *Verteilen und Ergebnis feststellen*
Die Einerperlen werden Zeile für Zeile verteilt. Drei bleiben als Rest übrig. Das Ergebnis wird notiert. Zuletzt kommen alle Perlen zurück in die Bank.

H	Z	E					H	Z	E
8	1	3	:	6		=	1	3	5

Rest 3 E

12.3.3. Dividieren mit zweistelligem Divisor

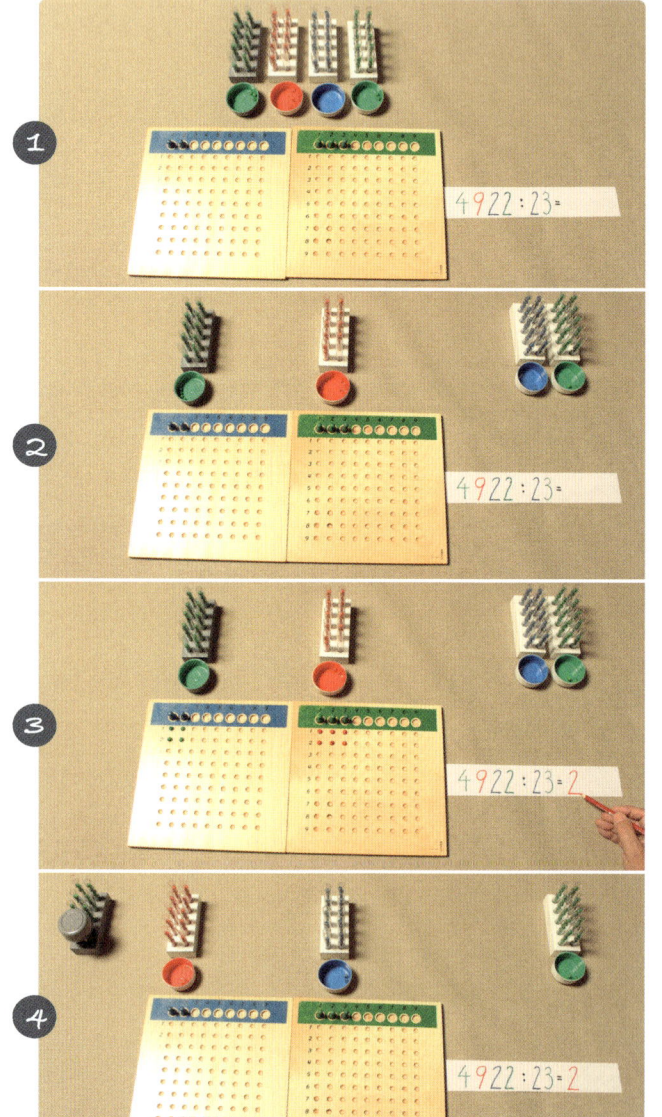

① Darstellung der Aufgabe:
4922 : 23 =

② Ausgangsposition:
„Wenn die blauen Kegel Tausender bekommen, so bekommen die grünen Kegel Hunderter."

③ Verteilen:
Zeile für Zeile werden die Tausender- und Hunderterperlen verteilt: so lange, bis die Perlen verbraucht sind, oder nicht mehr ausreichen, um jede Figur zu versorgen. Ein grüner Kegel bekommt 2 Hunderter. Das Zwischenergebnis wird notiert. Die verteilten Perlen kommen zurück in die Bank.

④ Die nächste Stelle rückt nach:
Der Tausenderständer wandert nach links. Der Hunderterständer wird zu den blauen Kegeln geschoben, und der Zehnerständer rückt von rechts her zu den grünen Kegeln nach.

Hinweis:

Wenn das Kind die Arbeit mit der „Apotheke" sicher beherrscht, kann zur schriftlichen Form übergeleitet werden.

Notation zu 3: „4600 sind verteilt, es bleiben 3 Hunderter"

$$
\begin{array}{r}
4\ 9\ 2\ 2 : 2\ 3 = 2 \\
-\ 4\ 6 \\
\hline
3
\end{array}
$$

Notation zu 7: „230 sind verteilt, es bleiben 9 Zehner."

$$
\begin{array}{r}
4\ 9\ 2\ 2 : 2\ 3 = 2\ 1 \\
-\ 4\ 6 \\
\hline
3\ 2 \\
-\ 2\ 3 \\
\hline
9
\end{array}
$$

Notation zu 11: „92 sind verteilt, es bleibt kein Rest."

$$
\begin{array}{r}
4\ 9\ 2\ 2 : 2\ 3 = 2\ 1\ 4 \\
-\ 4\ 6 \\
\hline
3\ 2 \\
-\ 2\ 3 \\
\hline
9\ 2 \\
-\ 9\ 2 \\
\hline
0
\end{array}
$$

Überlegung zur Notation der Zwischenergebnisse:

Bei noch ungeübten Kindern kommt es vor, dass das Zurückräumen der verteilten Perlen den Gedankenfluss ins Stocken bringt. Hier könnte man zu Beginn Aufgaben anbieten, bei denen alle Ergebnisperlen im Brett bleiben. Das ist immer dann der Fall, wenn die Quersumme des Ergebnisses nicht größer als 9 ist (z.B. die Quersumme von 314 ist 8). So finden die Perlen in den Ergebnisbrettern Platz. Sie werden erst nach der Feststellung des Ergebnisses in die Bank zurückgegeben.

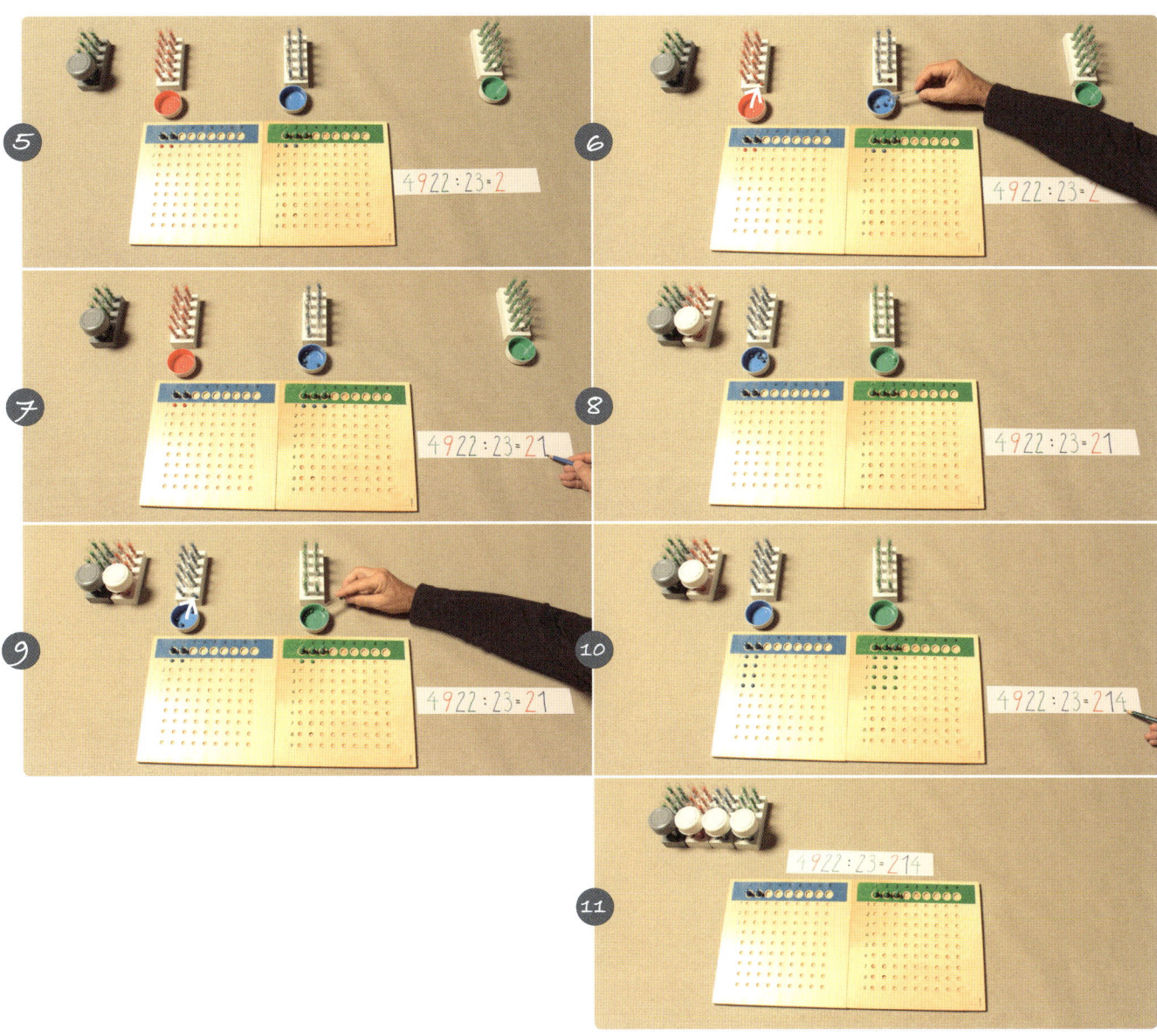

5 *Verteilen:*
„Die blauen Kegel bekommen Hunderterperlen, die grünen Kegel Zehnerperlen. -
Stopp! Die Zehnerperlen sind nicht genug, aber im Hunderterschälchen ist noch eine rote Perle. Wechseln!"

6 *Wechseln:*
„Für einen Hunderter zehn Zehner."

7 *Fertig verteilen:*
Zwischenergebnis notieren und verteilte Perlen zurück in die Bank.

8 *Die nächste Stelle rückt nach.*

9 *Verteilen und wechseln:*
„Zwei Einerperlen reichen nicht aus. Wechseln!"

10 *Weiter verteilen und Ergebnis notieren*

11 *Die Division ist abgeschlossen*
Zum Schluss die Perlen in die Röhrchen zurückgeben.

13. Brüche

13.1. Die Namen der Brüche

Alter: Ab 6-7 Jahren

1 Zahlen kleiner als 1

Leiterin: „Das ist 1. Wir wollen nun mit kleineren Zahlen als 1 arbeiten. Dafür müssten wir die Perle in kleinere gleiche Teile zerteilen. Die Teile wären dann sehr unhandlich,…

Ziel:

· Verstehen des Bruches als Zahl die kleiner ist als 1
· Brüche darstellen und benennen

2 Eins

… daher verwenden wir für 1 diesen Kreis. Das ist 1 (weist auf die Einerperle) und das ist 1 (weist auf den Kreis).".

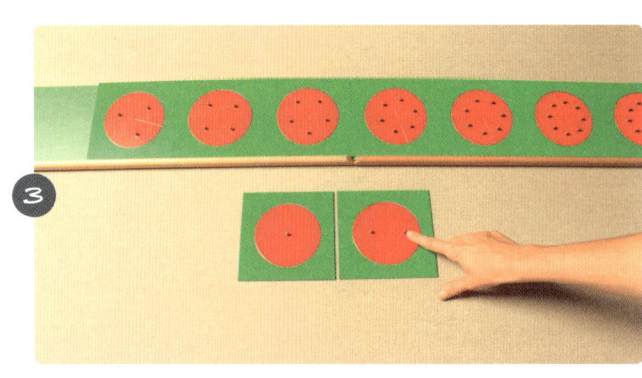

3 Gleiche Teile

„Eins teilen wir nun in 1, 2 gleiche Teile (tippt zählend auf die zwei Hälften) und nehmen eins davon."

Variation der Anschauung

Dieser Ablauf kann auch mit dem geometrischen Material vertieft werden.

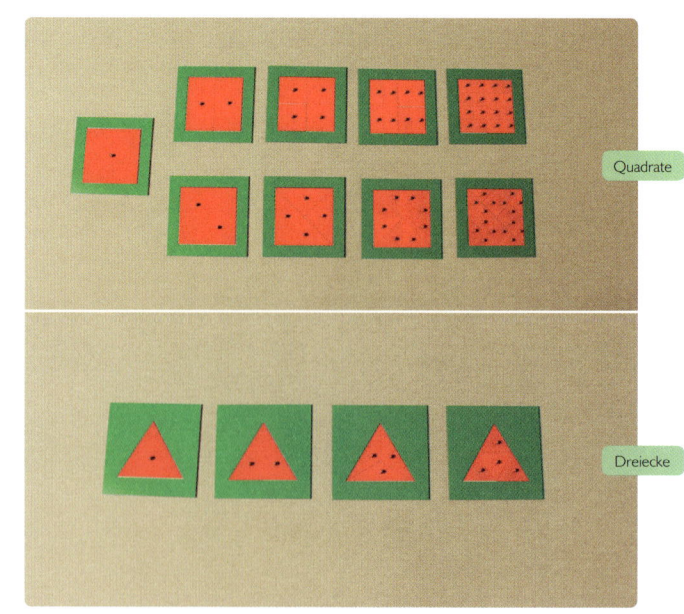

Quadrate

Dreiecke

4 **Name des Bruchs**
„Das ist ein Halb (legt eine Hälfte heraus)."

5 **Gleichheit der Teile**
„Die Teile sind gleich (Hälften werden aufeinander gelegt)."

6
7 **Gleichheit der Teile mit dem Ganzen**
„Die Teile sind so groß wie das Ganze
(die Teile werden auf das Ganze gelegt …
… und dann in den Rahmen des Ganzen gegeben)."

8 **Gleichheit des Ganzen mit den Teilen**
„Das Ganze ist so groß wie die Teile (das Ganze kommt in
den Rahmen der Hälften.)"

Die Namen der Brüche
In diesen Schritten werden dann die Namen der Brüche bis
zu den Zehnteln abgeleitet.
1. „Ich teile 1 in … Teile und nehme 1 davon.
   Das ist ein …tel."
   Die Anzahl der Teile gibt dem Bruch den Namen.
2. Die Teile sind gleich
3. Teile und Ganzes sind gleich

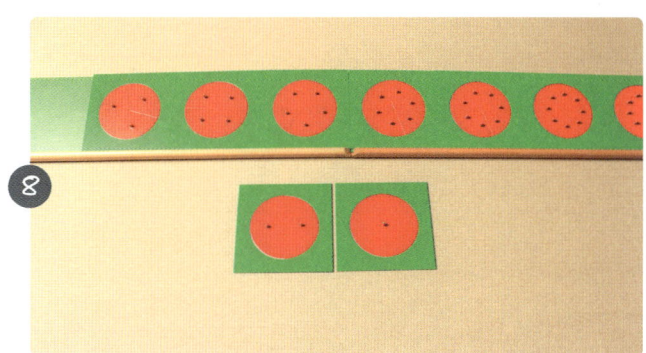 

9 **Brüche zeigen**
Alle Brüche, jeweils ein Teil liegt unter dem Rahmen.
„Zeig mir $\frac{1}{3}$, … ."

Brüche darstellen und benennen
Darstellen: „Lege $\frac{1}{6}$ heraus."

Auch mehrere Teile eines Bruches sollen dargestellt
werden. „Lege $\frac{2}{5}$ heraus."

Benennen: Die Leiterin legt Brüche heraus und fragt,
wie sie bezeichnet werden.

13.2. Die Schreibweise von Brüchen

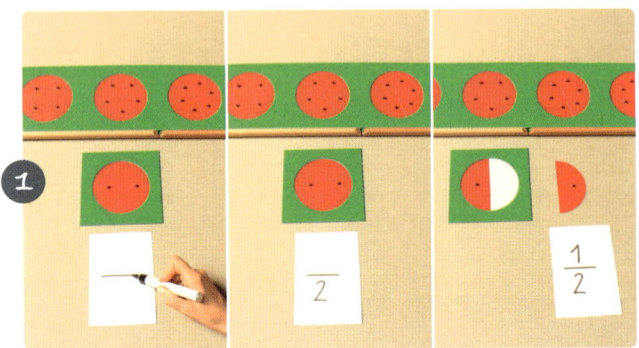

Bedeutung des Bruchstrichs
„Dieser Strich bedeutet ich teile."

Bedeutung des Nenners
„Ich teile ein Ganzes in 2 Teile
(schreibt 2 unter den Strich) …"

Bedeutung des Zählers
„… und nehme 1 davon
(schreibt 1 über den Strich), ein Halbes."

Tipp:

Kinder lieben es, die Brüche auf Papier zu übertragen,
auszuschneiden und zu beschriften.

Brüche schreiben
Auf diese Weise wird die Schreibweise aller Brüche
eingeführt.

Beispiel:
„Ich teile ein Ganzes in 5 Teile und nehme 3 davon,
drei Fünftel."

Üben
Brüche darstellen:
„Lies diese Bruchzahl und lege den Bruch dazu."

Brüche aufschreiben:
Die Leiterin legt einen Bruch heraus.
„Schreibe auf, welcher Bruch das ist. –
Lies dann die Bruchzahl."

13.3. Die Größe eines Bruchs wird bestimmt von der Größe des Ganzen

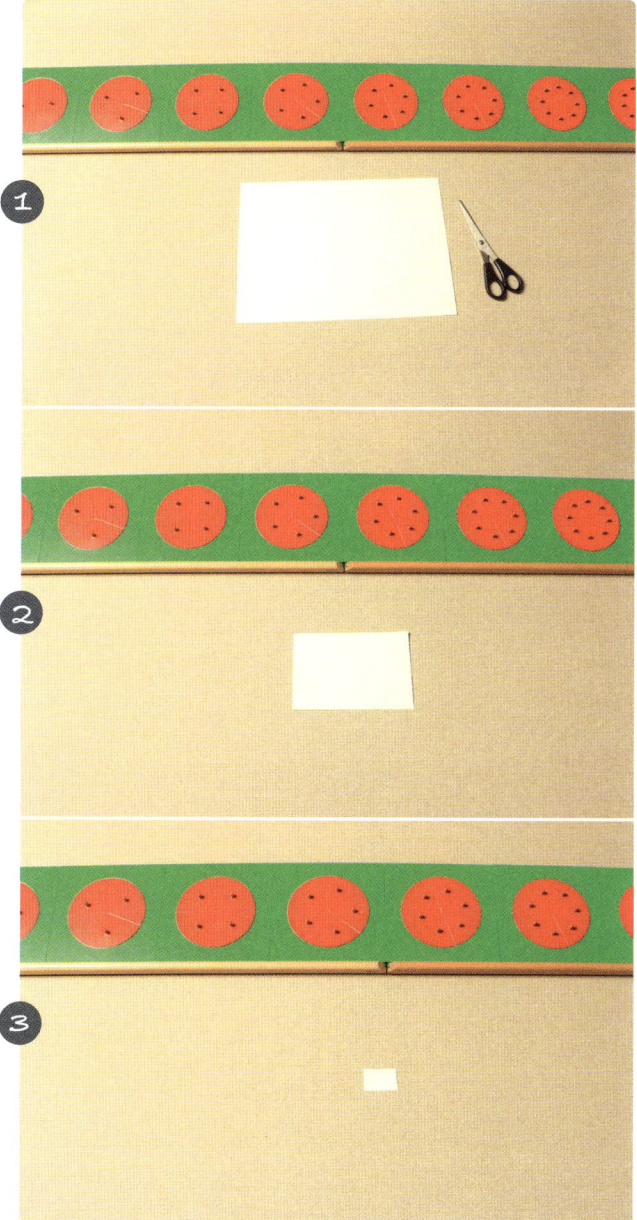

„Das ist ein Ganzes. Gib mir $\frac{1}{4}$ davon."

„Das ist ein Ganzes. Gib mir $\frac{1}{4}$ davon."

„Das ist ein Ganzes. Gib mir $\frac{1}{4}$ davon."

Das Kind bildet so lange Viertel,
bis das Blatt zu klein dafür ist.

Ziel:

· Übertragen des Bruchbegriffs auf andere
Anschauungsmittel

· Erkennen, dass die Größe eines Bruchs
nicht absolut ist

Tipp:

Diese Einsicht kann z.B. auch noch mit einem Stück Schnur
vertieft werden.

13.4. Erweitern und Kürzen von Brüchen

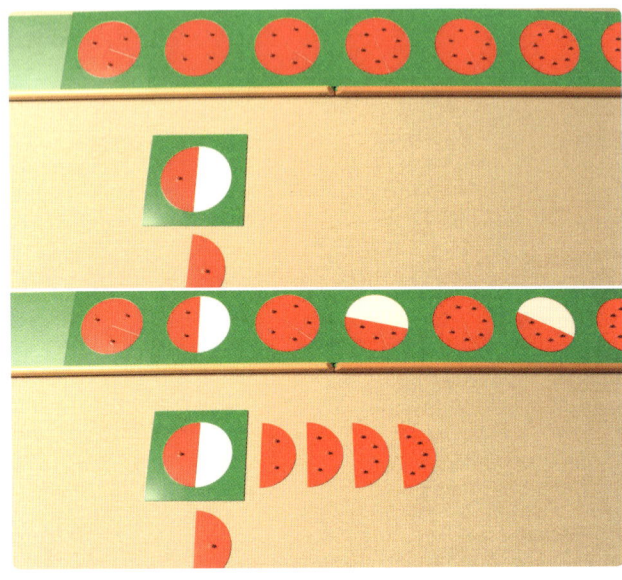

Erweitern:

„Versuche $\frac{1}{2}$ gegen kleinere, gleiche Brüche einzutauschen.
– Welche Möglichkeiten findest du?"

Die Leiterin notiert die gefundenen Möglichkeiten.

Brüche auf Erweiterungsmöglichkeiten untersuchen
Dann werden aufsteigend Brüche untersucht, ob bzw. wie sie erweitert werden können.
Ein Vordruck unterstützt das systematische Vorgehen.

$$\frac{1}{2} = \frac{2}{4} \qquad \frac{1}{2} = \frac{4}{8}$$
$$\frac{1}{2} = \frac{3}{6} \qquad \frac{1}{2} = \frac{5}{10}$$

Kürzen:

„Versuche $\frac{2}{10}$ gegen größere, gleiche Brüche einzutauschen."

Die Leiterin notiert mit.

Schritt für Schritt werden Zehntel aus dem Rahmen genommen und versucht, den freien Platz durch jeweils größere gleiche Brüche zu füllen.

$$\frac{2}{10} = \frac{1}{5}$$
$$\frac{4}{10} =$$
$$\frac{5}{10} =$$

Ziel:

· Das Erweitern als ein Ersetzen eines Bruches durch (mehrere) kleinere, gleiche Brüche verstehen

· Das Kürzen als ein Ersetzen von Brüchen durch (weniger) größere, gleiche Brüche verstehen

Brüche auf Kürzungsmöglichkeiten untersuchen

Nach dem Zehntelkreis werden absteigend die weiteren Bruchkreise untersucht, ob bzw. wie in ihnen gekürzt werden kann. Ein Vordruck unterstützt das systematische Vorgehen.

➡ Download

Kopiervorlagen

Erweitern:

$1 = \dfrac{}{2}$ $1 = \dfrac{}{6}$ │ $\dfrac{1}{2} = \dfrac{}{3}$ $\dfrac{1}{4} =$ $\dfrac{1}{5} =$ $\dfrac{2}{6} =$

$1 = \dfrac{}{3}$ $1 = \dfrac{}{7}$ │ $\dfrac{1}{2} = \dfrac{1}{3}$ $\dfrac{2}{4} =$ $\dfrac{2}{5} =$ $\dfrac{4}{6} =$

$1 = \dfrac{}{4}$ $1 = \dfrac{}{8}$ │ $\dfrac{1}{2} = \dfrac{2}{3}$ $\dfrac{2}{4} =$ $\dfrac{1}{5} =$

$1 = \dfrac{}{5}$ $1 = \dfrac{}{9}$ │ $\dfrac{1}{2} = \dfrac{2}{3}$ $\dfrac{2}{4} =$ $\dfrac{4}{5} =$

$1 = \dfrac{}{10}$ $\dfrac{3}{4} =$

Kürzen:

$\dfrac{2}{10} =$ $\dfrac{3}{9} =$ $\dfrac{2}{8} =$ $\dfrac{2}{6} =$ $\dfrac{2}{4} =$

$\dfrac{4}{10} =$ $\dfrac{3}{9} =$ $\dfrac{4}{8} =$ $\dfrac{6}{6} =$

$\dfrac{5}{10} =$ $\dfrac{6}{9} =$ $\dfrac{6}{8} =$ $\dfrac{4}{6} =$

$\dfrac{6}{10} =$ $\dfrac{6}{9} =$

$\dfrac{8}{10} =$

13.5. Addieren und Subtrahieren von gleichnamigen Brüchen

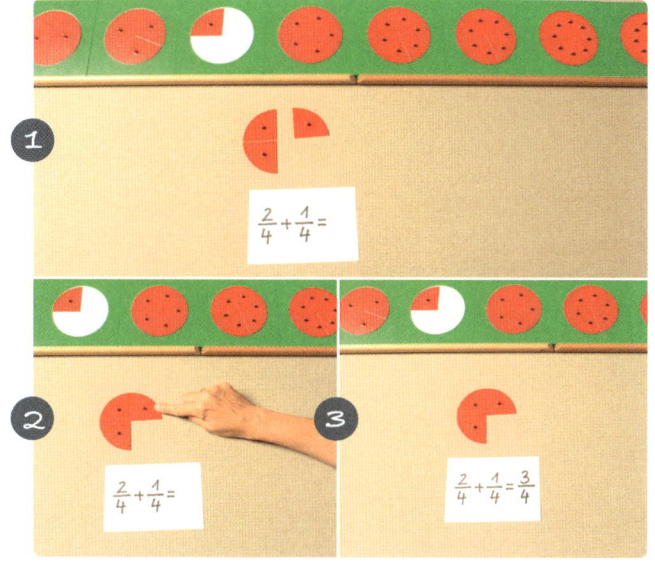

Addieren:

Aufgabe darstellen

Addition durchführen
Die beiden Summanden werden zusammengefügt.

Ergebnis feststellen

Subtrahieren:

Aufgabe darstellen

Subtraktion durchführen
Zwei Sechstel werden weggenommen.

Ergebnis feststellen

Übungsreihe zur Addition

$$\frac{3}{8} + \frac{4}{8} = \qquad \frac{2}{6} + \frac{1}{6} = \qquad \frac{4}{10} + \frac{2}{10} =$$

$$\frac{3}{10} + \frac{5}{10} = \qquad \frac{3}{5} + \frac{1}{5} = \qquad \frac{3}{9} + \frac{2}{9} =$$

$$\frac{2}{7} + \frac{4}{7} = \qquad \frac{1}{3} + \frac{1}{3} = \qquad \frac{3}{6} + \frac{3}{6} =$$

$$\frac{5}{9} + \frac{2}{9} = \qquad \frac{3}{8} + \frac{1}{8} = \qquad \frac{5}{7} + \frac{1}{7} =$$

Übungsreihe zur Subtraktion

$$\frac{2}{3} - \frac{1}{3} = \qquad \frac{5}{9} - \frac{2}{9} = \qquad \frac{7}{9} - \frac{1}{9} =$$

$$\frac{6}{7} - \frac{2}{7} = \qquad \frac{8}{10} - \frac{4}{10} = \qquad \frac{6}{10} - \frac{2}{10} =$$

$$\frac{3}{4} - \frac{1}{4} = \qquad \frac{2}{2} - \frac{1}{2} = \qquad \frac{5}{8} - \frac{4}{8} =$$

$$\frac{6}{8} - \frac{5}{8} = \qquad \frac{4}{5} - \frac{3}{5} = \qquad \frac{4}{4} - \frac{2}{4} =$$

➡ Download

13.6. Multiplizieren und Dividieren mit ganzen Zahlen

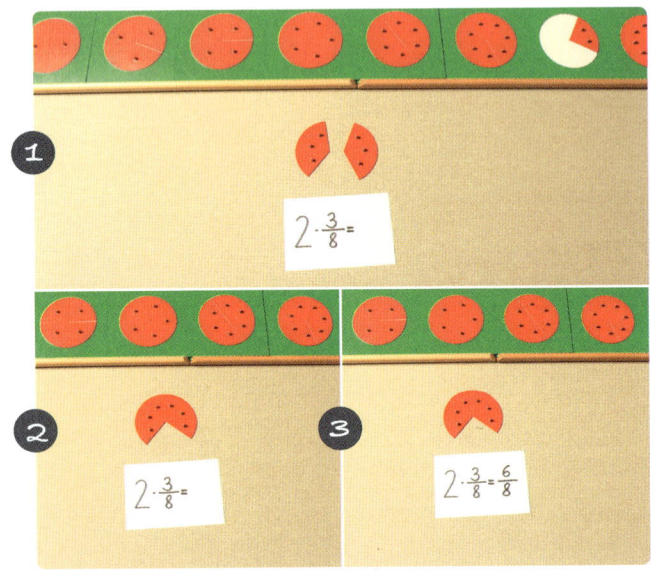

Multiplizieren:

Aufgabe darstellen
„Gib mir zwei mal drei Achtel."

Multiplikation durchführen
Die Multiplikanden werden zusammen gegeben.

Ergebnis feststellen
„Zusammen sind es sechs Achtel."

Dividieren:

Aufgabe darstellen
„Verteile sechs Siebtel auf die drei Kegel."

Division durchführen
Der Dividend wird auf die 3 Kegel verteilt.

Ergebnis feststellen
„Ein Kegel bekommt zwei Siebtel."

Übungsreihe zur Multiplikation

$2 \cdot \dfrac{3}{7} =$ $4 \cdot \dfrac{2}{9} =$ $5 \cdot \dfrac{1}{8} =$

$2 \cdot \dfrac{4}{9} =$ $6 \cdot \dfrac{1}{7} =$ $2 \cdot \dfrac{2}{7} =$

$5 \cdot \dfrac{2}{10} =$ $1 \cdot \dfrac{5}{6} =$ $4 \cdot \dfrac{2}{8} =$

$3 \cdot \dfrac{1}{8} =$ $3 \cdot \dfrac{2}{7} =$ $2 \cdot \dfrac{3}{10} =$

Übungsreihe zur Division

$\dfrac{6}{8} : 3 =$ $\dfrac{8}{9} : 2 =$ $\dfrac{8}{10} : 4 =$

$\dfrac{9}{10} : 3 =$ $\dfrac{10}{10} : 5 =$ $\dfrac{6}{7} : 3 =$

$\dfrac{6}{9} : 2 =$ $\dfrac{9}{10} : 3 =$ $\dfrac{6}{9} : 3 =$

$\dfrac{4}{6} : 4 =$ $\dfrac{4}{5} : 2 =$ $\dfrac{8}{10} : 2 =$

Wiederholende Übung zur Vorbereitung auf die folgenden Aufgaben

Erweitern: „Tausche in mehrere gleiche Brüche ein. Bei einigen sind mehrere Lösungen möglich."

$\dfrac{1}{2} =$ $\dfrac{2}{3} =$ $\dfrac{3}{4} =$ $\dfrac{4}{5} =$

$\dfrac{1}{4} =$ $\dfrac{2}{5} =$ $\dfrac{3}{5} =$ $\dfrac{4}{6} =$

$\dfrac{1}{3} =$ $\dfrac{2}{4} =$ $\dfrac{4}{6} =$ $\dfrac{4}{8} =$

Kürzen: „Tausche in weniger gleiche Brüche ein. Bei einigen sind mehrere Lösungen möglich."

$\dfrac{2}{4} =$ $\dfrac{3}{9} =$ $\dfrac{4}{10} =$ $\dfrac{6}{8} =$

$\dfrac{2}{8} =$ $\dfrac{3}{6} =$ $\dfrac{4}{6} =$ $\dfrac{8}{10} =$

$\dfrac{2}{6} =$ $\dfrac{4}{8} =$ $\dfrac{5}{10} =$ $\dfrac{6}{10} =$

➡ Download

13.7. Addieren und Subtrahieren ungleichnamiger Brüche – mit Eintauschen

Alter: Ab 7-8 Jahren

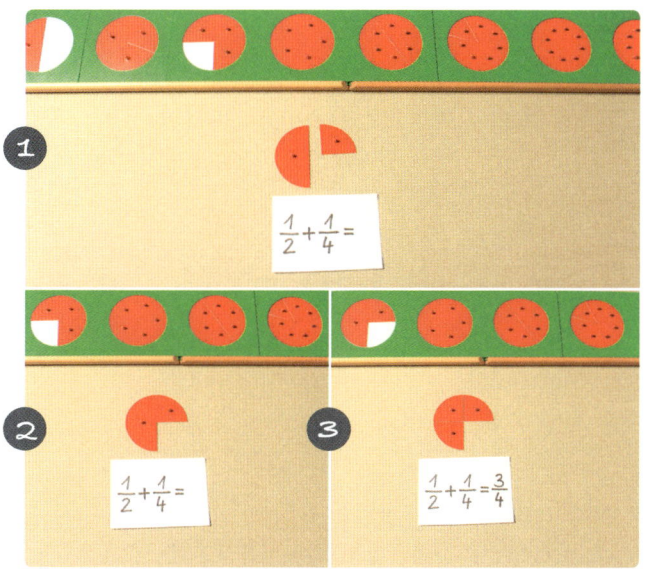

Addieren:

Aufgabe darstellen

Addition durchführen

Die gebildete Summe besteht vorerst
aus zwei verschiedenen Bruchteilen.

Ergebnis feststellen

Um das Ergebnis benennen/schreiben zu können, wird es
durch Eintauschen (Erweitern) gleichnamig gemacht.

Subtrahieren:

Aufgabe darstellen

Subtraktion durchführen

Damit von einem Halben ein Sechstel weg genommen
werden kann, muss das Halbe in Sechstel eingetauscht
(erweitert) werden.

Ergebnis feststellen

„Es bleiben zwei Sechstel übrig."

Übungsreihe zur Addition mit Eintauschen

$$\frac{1}{2} + \frac{1}{10} = \qquad \frac{2}{4} + \frac{3}{8} = \qquad \frac{3}{4} + \frac{1}{8} =$$

$$\frac{1}{3} + \frac{1}{6} = \qquad \frac{2}{3} + \frac{2}{9} = \qquad \frac{2}{2} + \frac{5}{10} =$$

$$\frac{1}{3} + \frac{1}{9} = \qquad \frac{2}{3} + \frac{1}{6} = \qquad \frac{10}{?} + \frac{3}{10} =$$

$$\frac{1}{4} + \frac{1}{8} = \qquad \frac{1}{5} + \frac{1}{10} = \qquad \frac{1}{2} + \frac{1}{3} =$$

...zur Subtraktion mit Eintauschen

$$\frac{1}{3} - \frac{1}{6} = \qquad \frac{1}{4} - \frac{1}{8} = \qquad \frac{1}{4} - \frac{1}{3} =$$

$$\frac{1}{2} - \frac{1}{4} = \qquad \frac{1}{5} - \frac{1}{10} = \qquad \frac{1}{2} - \frac{1}{5} =$$

$$\frac{1}{2} - \frac{2}{10} = \qquad \frac{2}{3} - \frac{2}{6} = \qquad \frac{5}{6} - \frac{1}{2} =$$

$$\frac{1}{2} - \frac{1}{8} = \qquad \frac{2}{3} - \frac{1}{9} = \qquad \frac{4}{6} - \frac{1}{9} =$$

➡ Download

13.8. Dividieren durch ganze Zahlen mit Eintauschen

Aufgabe darstellen

$$\frac{1}{2} : 2 =$$

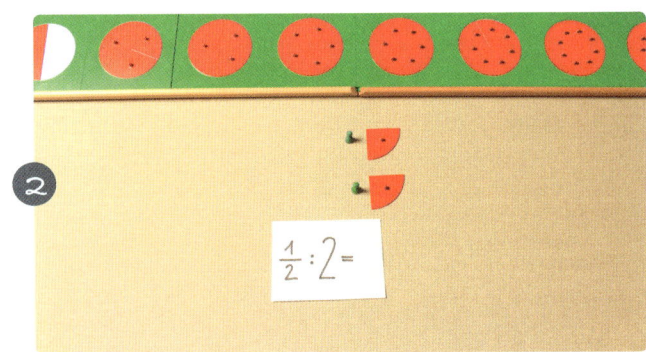

Division durchführen
„Das Halbe wird in zwei Viertel eingetauscht.
So kann es auf zwei Kegel verteilt werden."

$$\frac{1}{2} : 2 =$$

Ergebnis feststellen
„Ein Kegel bekommt ein Viertel."

$$\frac{1}{2} : 2 = \frac{1}{4}$$

Übungsreihe zur Division

$\frac{2}{5} : 4 =$	$\frac{1}{3} : 3 =$	$\frac{2}{3} : 6 =$
$\frac{1}{2} : 5 =$	$\frac{1}{4} : 2 =$	$\frac{2}{4} : 4 =$
$\frac{1}{2} : 4 =$	$\frac{1}{3} : 2 =$	$\frac{3}{5} : 2 =$
$\frac{1}{2} : 3 =$	$\frac{1}{5} : 2 =$	$\frac{3}{4} : 2 =$

➡ Download

13.9. Multiplizieren – Bruch mal Bruch ohne Eintauschen

Aufgabe darstellen

**Übungsreihe zum Multiplizieren
Bruch mal Bruch ohne Eintauschen**

$$\frac{1}{2} \cdot \frac{2}{5} = \qquad \frac{1}{3} \cdot \frac{3}{8} = \qquad \frac{2}{3} \cdot \frac{3}{4} =$$

$$\frac{1}{2} \cdot \frac{4}{7} = \qquad \frac{1}{4} \cdot \frac{8}{9} = \qquad \frac{3}{4} \cdot \frac{8}{10} =$$

➡ Download

Operation durchführen
Die Leiterin formuliert:
„Gib mir $\frac{1}{2}$ mal $\frac{2}{3}$."
oder vielleicht besser verständlich:
„Gib mir $\frac{1}{2}$ *von* $\frac{2}{3}$."

Durch Fragen führt die Leiterin das Kind darauf hin, dass bei diesen Multiplikationen das Ergebnis kleiner wird statt größer.

Hinweis:

Es wäre verlockend, neben dem Multiplikanden ($\frac{2}{3}$) auch den Multiplikator ($\frac{1}{2}$) mit einem Bruch darzustellen. Der Multiplikator ist jedoch eine Handlungsaufforderung. Sie wird ausgeführt und nicht mit Material dargestellt.

Ergebnis feststellen
„$\frac{1}{2}$ mal/von $\frac{2}{3}$ gleich $\frac{1}{3}$ "

13.10. Multiplizieren – Bruch mal Bruch mit Eintauschen

Aufgabe darstellen

„Gib mir $\frac{1}{2}$ mal/von $\frac{1}{4}$."

Operation durchführen

$\frac{1}{4}$ muss in zwei gleiche Teile getauscht werden, erst dann kann davon $\frac{1}{2}$ genommen werden.

Ein weiteres Beispiel:

„Gib mir $\frac{2}{3}$ von $\frac{1}{3}$."
Zuerst wird $\frac{1}{3}$ in drei gleiche Teile geteilt.
Von diesen können dann 2 genommen werden.

Hinter der Regel „Zähler mal Zähler und Nenner mal Nenner" steht diese Handlung:

„$\frac{1}{3}$ **geteilt durch 3 mal 2**" $\rightarrow$ $\frac{1}{3}$ **: 3 · 2 =**

Ergebnis feststellen

„$\frac{1}{2}$ mal $\frac{1}{4}$ gleich $\frac{1}{8}$."

Als Bruch geschrieben: $\dfrac{1 \cdot 2}{3 \cdot 3} = \dfrac{2}{9}$

mal 2

$\frac{1}{3}$ geteilt durch 3

13.11. Dividieren – Bruch durch Bruch

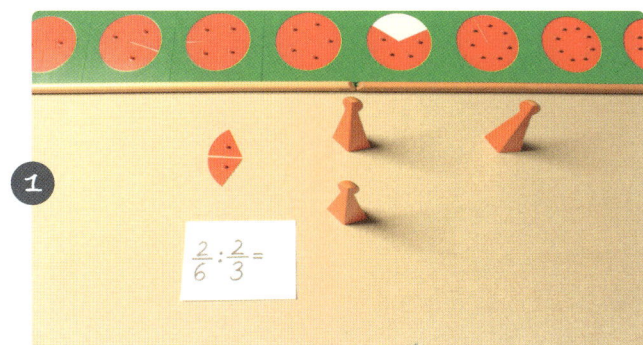

Bevor die Leiterin mit der Lektion beginnt,
bringt sie in Erinnerung, dass bei der Division das Ergebnis
das ist, was ein (ganzer) Kegel bekommt.

❶ Aufgabe darstellen
„Zwei Sechstel geteilt durch zwei Drittel."

$$\frac{2}{6} : \frac{2}{3} =$$

❷ Operation durchführen – 1. Schritt:
„Die Sechstel werden den zwei Drittelkegeln zugeteilt."

❸ Operation durchführen – 2. Schritt:
„Das Ergebnis ist, was ein ganzer Kegel bekommt.
Daher bekommt auch der dritte Kegelteil ein Sechstel."

Um das Ergebnis feststellen zu können wird aus der „Bank"
ein Sechstelkreis geholt und dem dritten Drittelkegel
zugeteilt.

Übungsreihe Bruch dividiert durch Bruch

$\frac{2}{5} : \frac{2}{3} =$	$\frac{6}{10} : \frac{2}{4} =$	$\frac{3}{7} : \frac{3}{4} =$
$\frac{4}{9} : \frac{2}{4} =$	$\frac{2}{5} : \frac{2}{3} =$	$\frac{1}{2} : \frac{1}{2} =$
$\frac{6}{9} : \frac{3}{4} =$	$\frac{4}{7} : \frac{2}{3} =$	$\frac{4}{9} : \frac{1}{2} =$
$\frac{4}{10} : \frac{2}{4} =$	$\frac{6}{9} : \frac{2}{3} =$	$\frac{6}{10} : \frac{3}{4} =$

 **Download**

❹ Ergebnis feststellen
„Ein ganzer Kegel bekommt drei Sechstel."

Durch Fragen führt die Leiterin das Kind darauf hin, dass bei
diesen Divisionen das Ergebnis größer wird statt kleiner.

$$\frac{2}{6} : \frac{2}{3} = \frac{3}{6}$$

Hinweis:

Hinter der Regel
„es wird mit dem Kehrwert des Divisors multipliziert"
steht diese Handlung:

„$\frac{2}{6}$ geteilt durch 2 mal 3." $\rightarrow \frac{2}{6} : 2 \cdot 3 =$

Als Bruch: $\quad \frac{2 \cdot 3}{6 \cdot 2} = \frac{6}{12} = \frac{3}{6}$

mal 3

$\frac{2}{6}$ geteilt durch 2

13.12. Arbeiten mit unechten Brüchen

1

Einführung - unechter Bruch
Aufgabe darstellen
Die Leiterin legt $\frac{6}{4}$ heraus.

Mit den Plastikbrüchen können unechte Brüche gebildet und dann damit gerechnet werden.

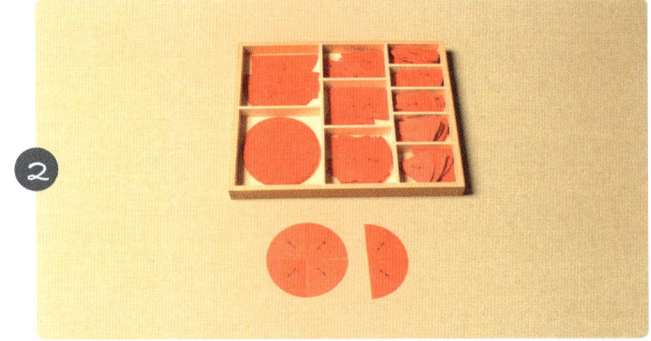

2

Operation durchführen
Dann fordert sie das Kind auf, diese zusammen zu fügen.

Umwandeln: unechte Brüche in gemischte Brüche

$\frac{3}{2} =$ $\frac{5}{3} =$ $\frac{7}{4} =$ $\frac{6}{5} =$

$\frac{9}{6} =$ $\frac{5}{2} =$ $\frac{14}{7} =$

...gemischte Brüche in unechte Brüche

$1\frac{1}{4} =$ $2\frac{2}{3} =$ $1\frac{1}{2} =$ $2\frac{3}{6} =$

$2\frac{1}{8} =$ $3\frac{1}{2} =$ $4\frac{2}{4} =$

➡ Download

3

Ergebnis feststellen
Die $\frac{4}{4}$ werden in ein Ganzes gewechselt.
Der gemischte Bruch wird benannt und geschrieben.

„Sechs Viertel sind ein Ganzes, zwei Viertel - einzweiviertel."

$\frac{6}{4} = 1\frac{2}{4}$

Wortlektion:

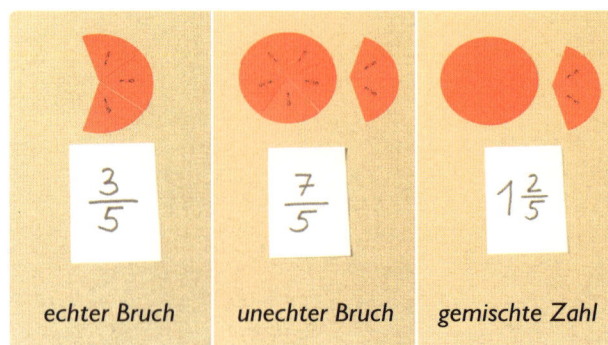

| echter Bruch | unechter Bruch | gemischte Zahl |

13.13. Brüche im Prozentkreis und im 360°-Kreis

Übungsreihen

Addieren

$1\frac{1}{2} + 2\frac{1}{2} =$

$2\frac{3}{4} + 1\frac{2}{4} =$

$1\frac{2}{4} + 2\frac{3}{8} =$

$2\frac{4}{6} + 1\frac{1}{3} =$

$3\frac{8}{10} + 1\frac{3}{5} =$

Subtrahieren

$1\frac{2}{8} - \frac{5}{8} =$

$3\frac{3}{4} - 2\frac{1}{4} =$

$2\frac{1}{4} - \frac{3}{8} =$

$3\frac{3}{4} - 2\frac{7}{8} =$

$2\frac{1}{2} - 1\frac{4}{6} =$

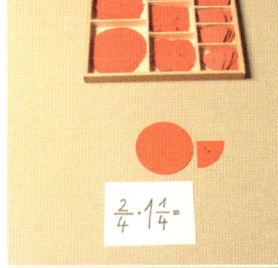

Multiplizieren

$\frac{2}{4} \cdot 1\frac{1}{4} =$

$\frac{1}{3} \cdot 3\frac{6}{9} =$

$\frac{2}{6} \cdot 2\frac{2}{3} =$

$\frac{1}{2} \cdot 4\frac{2}{8} =$

$\frac{4}{5} \cdot 1\frac{1}{2} =$

Dividieren

$2 : \frac{2}{3} =$

$3\frac{3}{9} : \frac{4}{4} =$

$1\frac{4}{6} : \frac{2}{3} =$

$2\frac{1}{3} : \frac{3}{4} =$

$1\frac{1}{2} : \frac{1}{4} =$

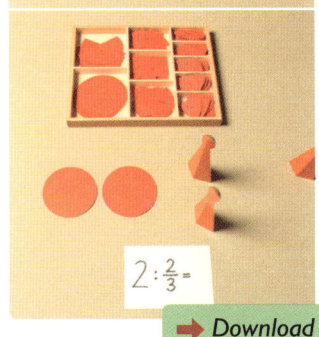

➡ Download

Der Prozentkreis
teilt 1 in 100 Bruch-Teile.

Liegt $\frac{1}{2}$ im Prozentkreis, so ist es offensichtlich, dass $\frac{1}{2}$ gleich 50 Prozent sind.

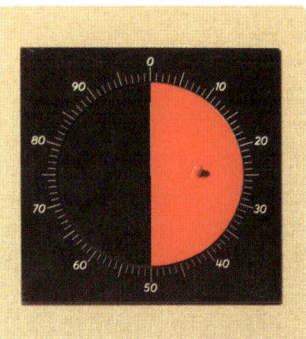

$\frac{1}{2} = \frac{50}{100} = 50\%$

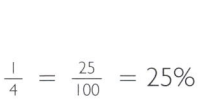

$\frac{1}{4} = \frac{25}{100} = 25\%$

$\frac{1}{10} = \frac{10}{100} = 10\%$

Der 360°-Kreis
teilt 1 in 360 Bruch-Teile.

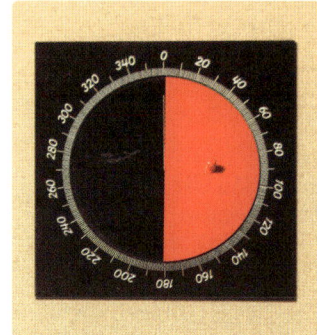

$\frac{1}{2} = 180°$

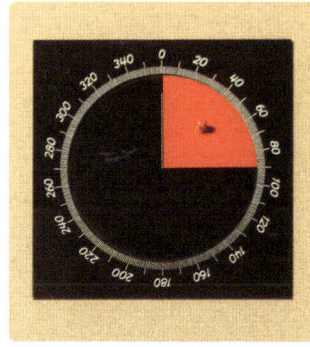

$\frac{1}{4} = 90°$

$\frac{1}{8} = 45°$

14. Das Perlenregal

Das Kind begegnet im Kettenkasten Strukturen und Arbeitsweisen, die ihm schon von den kurzen Ketten (Seite 76f) und der Tausenderkette (Seite 98f) bekannt und geläufig sind. Neu hinzu kommen die langen Ketten mit den Basiszahlen 1 bis 9.

Das Kind kann mit dem Perlenmaterial auf unterschiedlichen Anspruchsebenen arbeiten. Wenn es Interesse zeigt, ist ein erstes Kennenlernen schon nach der Erarbeitung des Zahlenraums 10 möglich. Die Reihenfolge und die Komplexität der Arbeitsschritte kann dem Entwicklungsstand des Kindes angepasst werden.

Alter: Ab 6-7 Jahren

Ziel:

· Die Gleichwertigkeit der linearen Darstellung mit der Bündelungsdarstellung verstehen
kurze Kette = Quadrat
lange Kette = Würfel
mehrere Quadrate = Würfel

· In den Ketten die Bündelungsstruktur (Perle – Stange – Quadrat – Würfel) erkennen

· Erfahren, wie verschiedene Potenzen sich in ihrer Mächtigkeit unterscheiden (x^0, x^1, x^2, x^3)

· Ableitung und Verstehen der Potenzschreibweise

Hinweis:

Die Handhabung einer langen Kette zeigen die Bilder auf Seite 98. Damit die Ketten im Kasten so hängen, dass ihre Quadratstruktur sichtbar wird, muss beim Aufhängen mit dem Ring nach der ersten kurzen Kette begonnen werden.

14.1. Arbeit mit einer Basiszahl

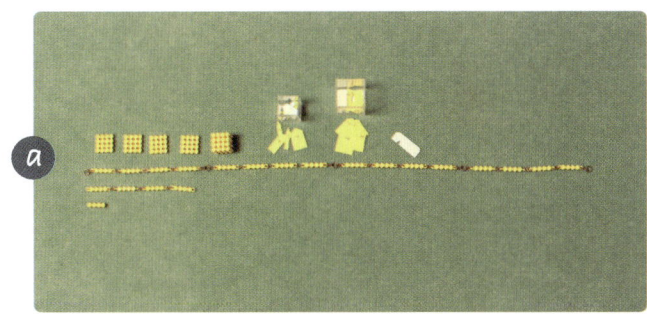

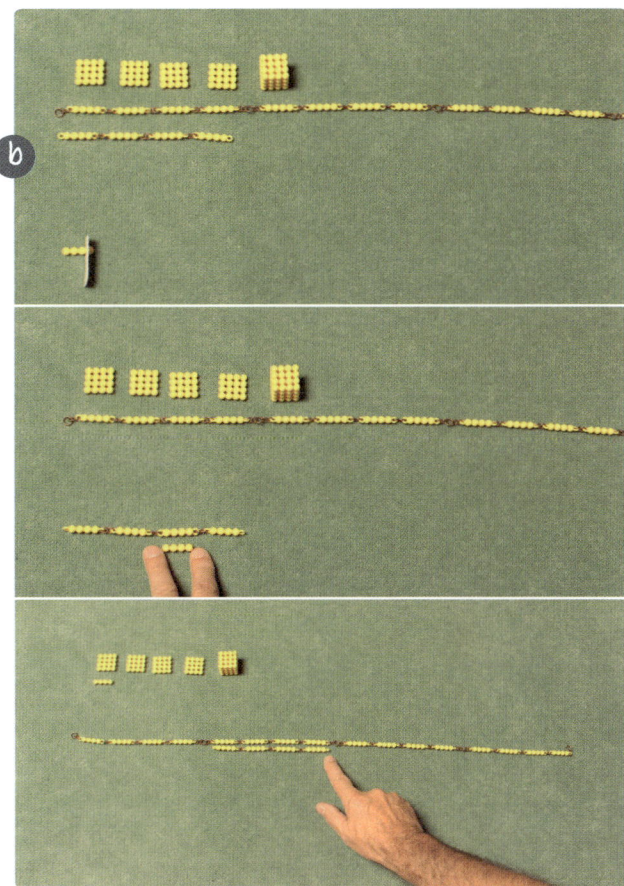

a Material auflegen
Das zur 4 gehörende Material wird geholt und ausgelegt.

b Messen
„Wie viele Perlen hat das Stäbchen?"

„Wie viele Viererstäbchen hat die kurze Kette?"

„Wie viele kurze Viererketten hat die lange Kette?"

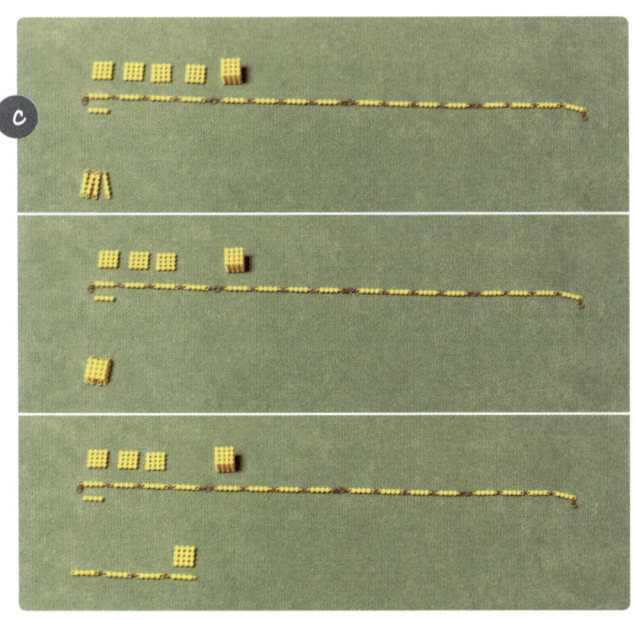

c *Kurze Kette falten und Gleichmächtigkeit mit dem Quadrat feststellen*

„Die kurze Kette und das Quadrat haben gleich viele Perlen."

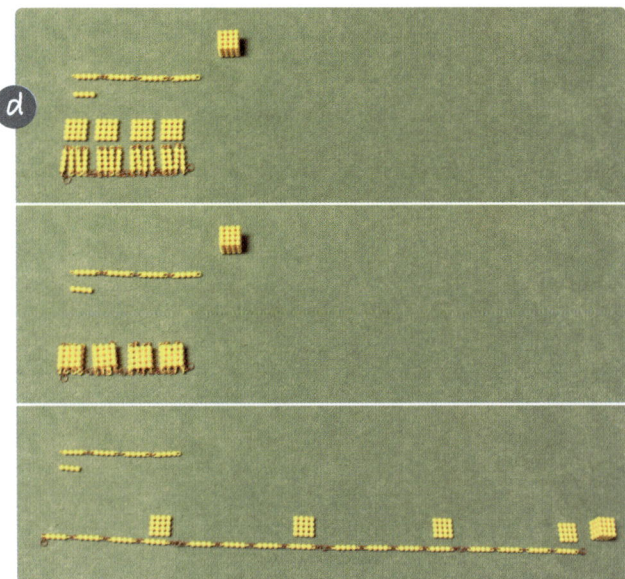

d *Lange Kette falten und die Gleichmächtigkeit mit dem Würfel feststellen.*

„Die lange Kette hat vier Viererquadrate. Gestapelt ergeben die Viererquadrate einen Viererwürfel. Die lange Viererkette hat gleich viele Perlen wie der Viererwürfel."

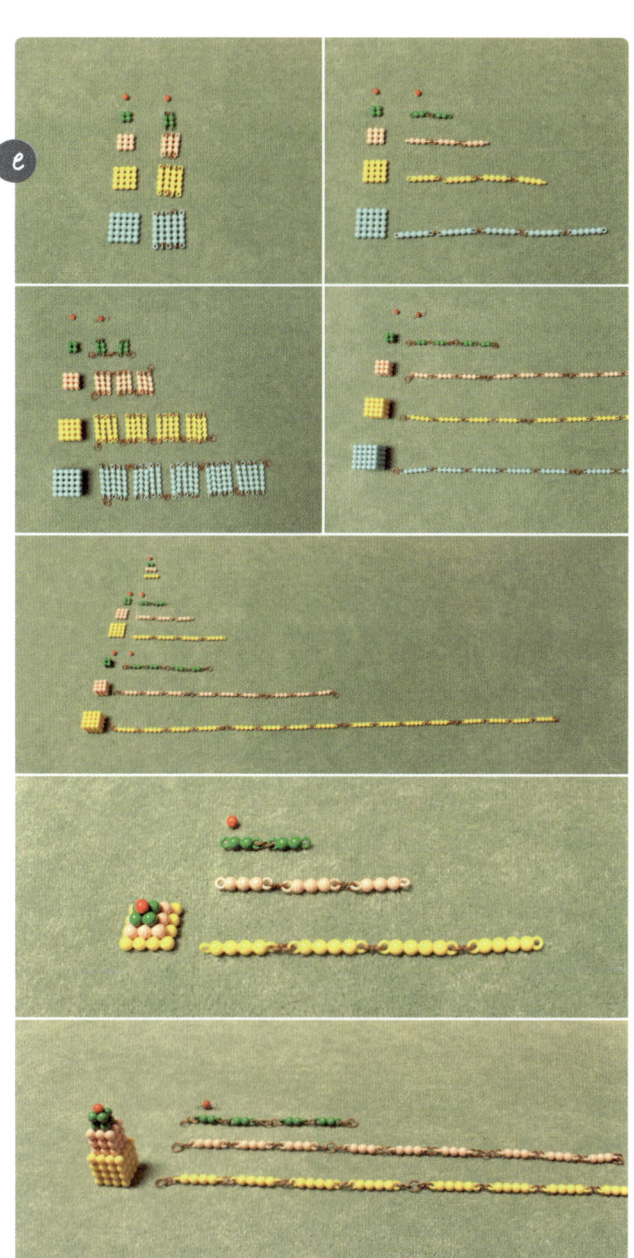

e

e *Vertiefende Übungen zur Gleichwertigkeit*

Gleichwertigkeit kurze Ketten und Quadrate
(siehe auch Seite 77 oben)

Gleichwertigkeit lange Ketten und Würfel

Der Unterschied der Potenzen

Gleichwertigkeit Pyramide und kurze Ketten

Gleichwertigkeit Turm und lange Ketten

Anregungen zum Auslegen von Mustern:

· regelmäßige Vielecke
· Bogen aus kurzen und langen Ketten
· Fächer
· Treppe aus Quadraten

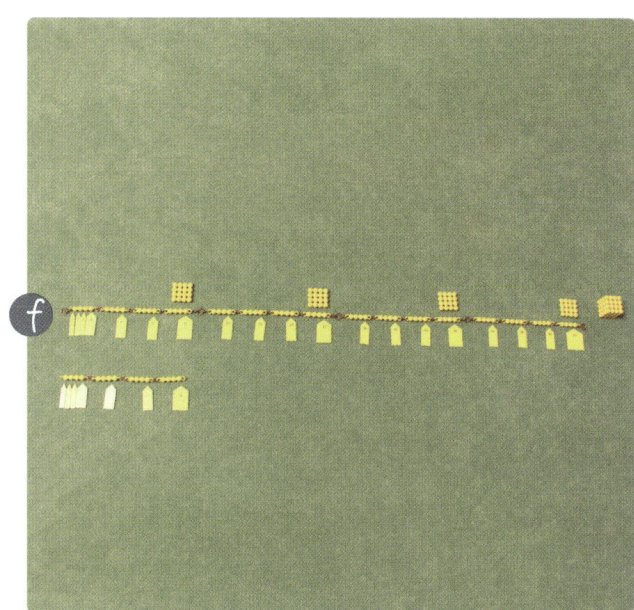

f *Zählen und Zuordnen der Pfeile*

Die Ketten werden auseinander gezogen und anschließend
die Pfeile zugeordnet.

Hinweis:

· Vorordnen, bevor die Pfeile zu den Ketten gelegt werden

· Beim Zählen mit dem Reiterchen
über jede Perle streichen

· Pfeil zeigt genau auf die Perle

· Zählen und Zuordnen ist eine beliebte
arbeitsteilige Partnerarbeit

g *Vertiefende Übungen zum Zählen*

· Zahlenfolge lesen

· Quadratzahlen und Kubikzahl herausheben
und aufschreiben

· Zahlenfolge über die Kubikzahl hinaus fortsetzen

· Zahlenfolge aufschreiben und lernen

· Aufträge zum ordinalen und kardinalen Aspekt einer Zahl:
„Zeig mir 32 Perlen. Hebe dieses Kettenstück hoch."
„Zeige auf die 32. Perle."

· Ketten auslegen, Würfel und Quadrate zuordnen
und ihre Werte aufschreiben

14.2. Die Bedeutung der Potenzschreibweise

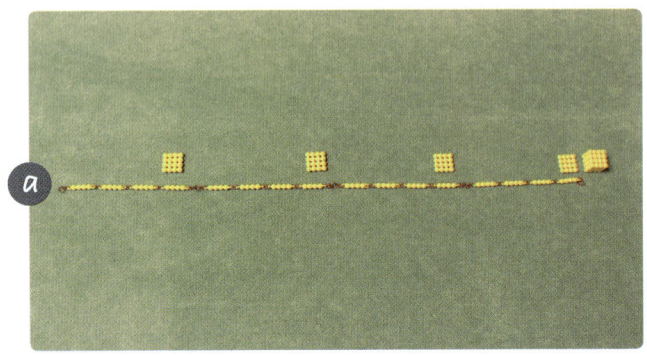

a Die lange Kette mit Quadraten und dem Würfel auslegen.

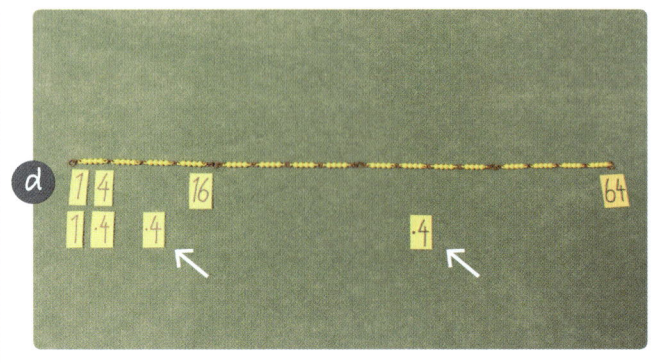

d

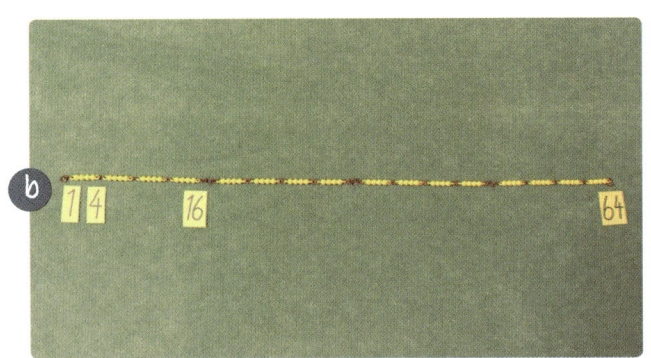

b Die Leiterin ordnet mit dem Kind folgende Kärtchen zu.

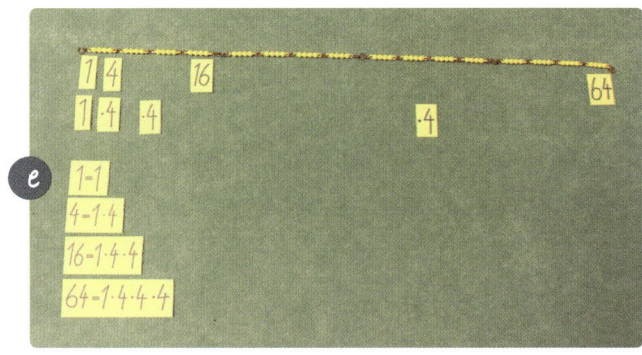

e

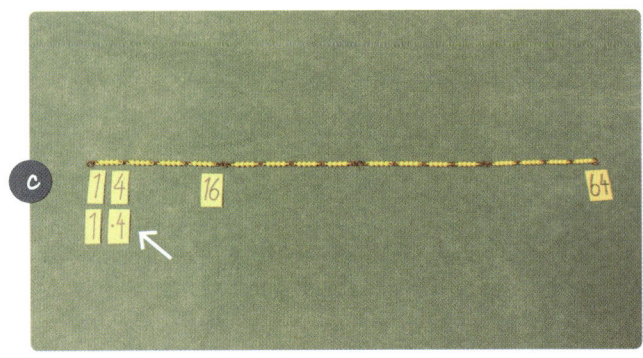

c Im nächsten Schritt legt die Leiterin an den Beginn wieder eine 1, dann fragt sie:

„Wie viel Mal muss man 1 nehmen, damit daraus ein Viererstäbchen wird?" – Die Antwort schreibt sie auf ein Kärtchen und legt diese unter das Viererstäbchen.

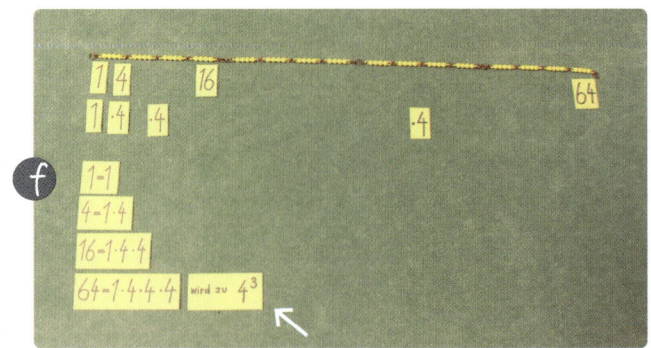

f

d Diese Fragereihe setzt sie bis zum Ende der Kette fort.

„Wie viel Mal muss man ein Viererstäbchen nehmen, damit daraus eine kurze Kette wird?"

„Wie viel Mal muss man eine kurze Kette nehmen, damit daraus eine lange Kette wird?"

g Mit dieser Frage wird auch bei den nächsten Kärtchen die Potenzschreibweise abgeleitet.
„Wie oft mal steht hier · 4? …"

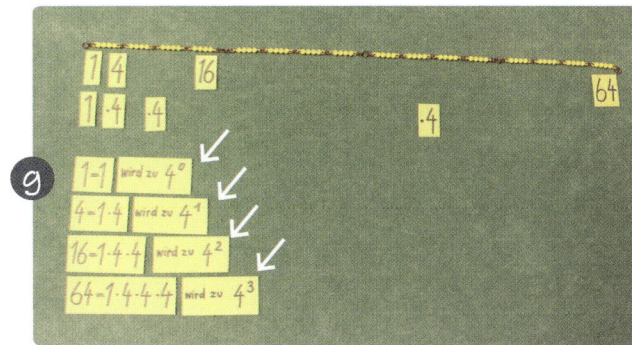

e Nun kann notiert werden, aus welchen Multiplikationen sich die Stäbchen, die kurzen Ketten und die lange Kette zusammenfügen

h *Übung*

Nachdem diese Kärtchen gemischt wurden, kann das Kind sie der Kette zuordnen.

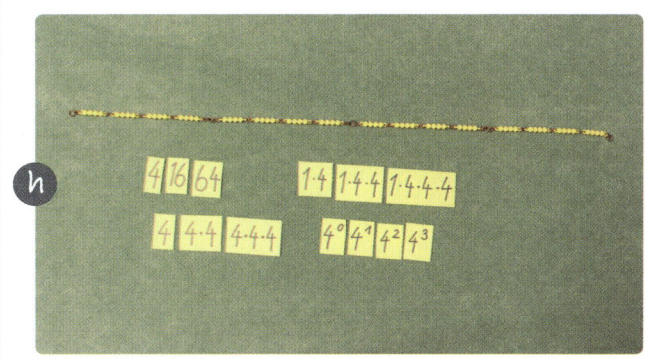

f Zuletzt wird diese Notation in die Potenzschreibweise übertragen.

Leiterin weist auf die letzte Rechnung.
„Wie oft steht hier · 4?" - „Dreimal." –
„Dafür schreibt man 4 hoch 3."

System der Materialien / Übersicht

ZAHLENRAUM 1 - 10				
1.1, 1.4	1.2	1.3	1.5	1.6
Numerische Stangen	Sandpapier-Ziffern	Ziffern-Brettchen	Spindeln	Ziffern und Chips

RECHNEN IM ZR 10
4.1 – 4.5

Die Materialien können nach den hier angeführten didaktischen Bereichen gruppiert werden. Über die Kapitelangaben sind die Materialien im Buch leicht zu finden.

EINFÜHRUNG IN DAS DEZIMALSYSTEM			
2.1–2.2	2.3	2.4	2.5
Goldenes Perlenmaterial	Kartensatz	Goldenes Perlenmaterial und Kartensatz	Wechselspiel

LINEARES ZÄHLEN					
1.7	5.1	6.1	6.2	6.3	8.1 - 8.5
Farbige Perlentreppe	Seguintafeln 1	Seguintafeln 2	Hunderterkette	Kurze Perlenketten	Tausenderkette
	5.2		6.4 - 6.5		8.6 - 8.7
	Analogieaufgaben im zweiten Zehner		Hunderterbrett		Rechnen im ersten Tausender

ADDITION				
GROSSE ZAHLEN				
3.1	9.1	9.2	9.3	9.5
Goldenes Perlenmaterial	Markenspiel	Punktspiel	Kleiner Rechenrahmen	Großer Rechenrahmen
GRUNDAUFGABEN				
5.3	5.4	5.5	5.7, 5.8	
Schlangenspiel	Streifenbrett	Zehnerüberschreitung mit der Kraft der 5	Kontrolltafeln und Aufgabenkästen	

SUBTRAKTION		
GROSSE ZAHLEN		
3.2	10.1	10.3
G. P. M. Restverfahren	Markenspiel	Rechenrahmen
10.2		
Mit dem Ergänzungsverfahren		
GRUNDAUFGABEN		
5.6		5.9
Schlangenspiel		Kontrolltafeln und Aufgabenkästen

MULTIPLIKATION			
GROSSE ZAHLEN			
3.3	11.1	11.2	11.3
Goldenes Perlenmaterial	Markenspiel	Großer Rechenrahmen	Schachbrett
			11.4
			Liegender Rechenrahmen
GRUNDAUFGABEN			
7.1 - 7.3, 7.7 7.12, 7.13	7.4 - 7.5	7.8 - 7.10	7.9
Perlenstäbchen	Kleines Multiplikationsbrett	Multiplikationstabellen und Aufgabenkästen	Pythagorasbrett

DIVISION		
GROSSE ZAHLEN		
3.4	12.1 - 12.2	12.3
Goldenes Perlenmaterial	Markenspiel, Goldenes Perlenmaterial	Große Division mit Apotheke
GRUNDAUFGABEN		
7.6	7.11	
Divisionsbrett	Divisionstabellen und Aufgabenkästen	

HIERARCHIE DER ZAHLEN
9.4

PERLENREGAL
14.

BRÜCHE
13.